21世纪高等学校计算机应用技术规划教材

ASP.NET Web 程序设计与应用（第2版）

汪维清　汪维华　主编

清华大学出版社
北　京

内 容 简 介

本书以 Visual Studio 2013 和 Windows 7 为开发平台，以 C# 为编程语言，通过一系列实例详细地介绍 ASP.NET 网站开发技术，包括 C# 的基本语法知识、常用控件的基本使用方法、动态数据库连接技术、ASP.NET 程序开发基础、XML 和 Web 服务等内容。全书共 9 章，既包括基本的原理及语法，也包含大量编程技术细节和技巧。为了便于学生理解，各章均配有习题。

本书可作为各专业的学生或工程技术人员学习 ASP.NET 程序的教材，也可作为学习 ASP.NET 编程的初级和高级读者的参考用书。

为方便教师教学和自学，本书配有电子教案，可到清华大学出版社网站本书页面下载。

图书在版编目(CIP)数据

ASP.NET Web 程序设计与应用/汪维清，汪维华主编. --2 版. --北京：清华大学出版社，2015(2022.8重印)
21 世纪高等学校计算机应用技术规划教材
ISBN 978-7-302-40075-2

Ⅰ. ①A… Ⅱ. ①汪… ②汪… Ⅲ. ①网页制作工具－程序设计－高等学校－教材
Ⅳ. ①TP393.092

中国版本图书馆 CIP 数据核字(2015)第 089621 号

责任编辑：刘 星
封面设计：杨 兮
责任校对：徐俊伟
责任印制：宋 林

出版发行：清华大学出版社
网　　址：http://www.tup.com.cn，http://www.wqbook.com
地　　址：北京清华大学学研大厦 A 座　　**邮　　编**：100084
社 总 机：010-83470000　　**邮　　购**：010-62786544
投稿与读者服务：010-62776969，c-service@tup.tsinghua.edu.cn
质量反馈：010-62772015，zhiliang@tup.tsinghua.edu.cn
课件下载：http://www.tup.com.cn，010-83470236

印 装 者：大厂回族自治县彩虹印刷有限公司
经　　销：全国新华书店
开　　本：185mm×260mm　　**印　张**：18　　**字　　数**：450 千字
版　　次：2011 年 8 月第 1 版　2015 年 8 月第 2 版　　**印　　次**：2022 年 8 月第 9 次印刷
印　　数：7501～8000
定　　价：35.00 元

产品编号：063915-01

前言

ASP.NET 是一种建立在通用语言上的程序构架,能被用于一台 Web 服务器来建立强大的 Web 应用程序。ASP.NET 具有许多比现在的 Web 开发模式强大的优势。本书是作者结合多年的教学和项目开发经验,并根据近几年教学改革的实践以及对人才培养的要求而编写的。

本书的目的是以 Visual Studio 2013 和 Windows 7 为开发平台,以 C# 为开发语言,通过一系列实例详细地介绍 ASP.NET 网站开发技术的基础知识和工作原理,综合运用文字、图形和表格加强读者对教学内容的理解。

本书面向毫无程序设计基础的读者,采用案例方式,全面详细地介绍 C# 的基本语法知识、常用控件的基本使用方法、动态数据库连接技术、ASP.NET 程序开发基础、XML 和 Web 服务等。全书共 9 章,各章的主要内容如下。

第 1 章介绍动态网页(ASP)、.NET Framework 与 ASP.NET 各自的特点及其之间的关系,详细介绍 IIS 服务器的安装与配置,并通过一个 ASP.NET 实例来初步认识开发网站的过程。

第 2 章介绍 Visual C#.NET 程序设计基础,包括 Visual C#.NET 基本数据类型、常量和变量、表达式和程序基本结构等内容。

第 3 章介绍网页设计基础知识,包括静态网页、动态网页的基本概念,特别是详细讨论了 ASP.NET 的各种控件的使用方法,并通过开发实例介绍 ASP.NET 各类常用控件。

第 4 章介绍网页布局基本知识,包括站点建立、母版页和内容页的设计以及网站导航基本控件的使用等内容。

第 5 章介绍基本内置对象基础,包括 Page 对象、Cookie 对象、Request 对象、Response 对象、Application 对象和 Session 对象等。通过本章的学习,读者能轻松地在两个网页之间传递变量、输出数据以及记录变量值等。

第 6 章介绍数据库相关操作,包括 ADO.NET 数据库开发原理、Connection 对象、Command 对象、DataReader 对象、DataAdapter 对象、DataSet 对象、数据绑定和数据控件访问数据库等数据库开发技术基础。

第 7 章介绍有关文件与文件夹的基本操作、读写文件、文件的上传与下载等内容。

第 8 章介绍 XML 和 Web 服务的基本概念,XML 文件的读写,Web 服务的创建、发布与使用等内容。

第 9 章介绍与网站发布相关的内容,包括 IIS 的配置、FTP 的配置、网站的发布、Web 安装程序的创建以及 Web 网站安装等。

本书是基于 C# 介绍 ASP.NET 程序开发技术,书中的所有例程都在 Visual Studio 2013 编程环境中测试通过,能够非常方便地设计出 Windows 程序的图形用户界面,去掉了以前版本中那些晦涩难懂的托管语法形式，简化了编程过程，程序代码更加清晰易懂。

本书由汪维清、汪维华主编，其中，第1～5章由汪维清编写，第6～9章由汪维华编写。

动态网页程序设计是一项不断发展的程序技术，ASP.NET更是博大精深，鉴于作者水平有限，经验不足，书中难免存在错误和不当之处，敬请专家、同行和读者批评指正。

编　者

2015年3月

目 录

第1章 ASP.NET基础

介绍动态网页 ASP、.NET Framework 与 ASP.NET 各自的特点及其之间的关系，详细介绍 IIS 服务器的安装与配置，并通过一个 ASP.NET 实例来初步认识开发网站的过程。主要实现以下目标：

- 了解 ASP、.NET Framework 与 ASP.NET 的基本概念及其关系；
- 掌握 IIS 的安装与配置；
- 掌握 ASP.NET 简单网页的制作。

1.1 ASP.NET 概述

1.1.1 ASP 简介

ASP 是一种服务器端脚本编写环境，可以用来创建和运行动态网页或 Web 应用程序。ASP 网页可以包含 HTML 标记、普通文本、脚本命令以及 COM 组件等。利用 ASP 可以向网页中添加交互式内容(如在线表单)，也可以创建使用 HTML 网页作为用户界面的 Web 应用程序。与 HTML 相比，ASP 网页具有以下特点：

- 利用 ASP 可以实现突破静态网页的一些功能限制，实现动态网页技术。
- ASP 文件是包含在 HTML 代码所组成的文件中的，易于修改和测试。
- 服务器上的 ASP 解释程序会在服务器端执行 ASP 程序，并将结果以 HTML 格式传送到客户端浏览器上，因此使用各种浏览器都可以正常浏览 ASP 所产生的网页。
- ASP 提供了一些内置对象，使用这些对象可以使服务器端脚本功能更强。例如，可以从 Web 浏览器中获取用户通过 HTML 表单提交的信息，并在脚本中对这些信息进行处理，然后向 Web 浏览器发送信息。
- ASP 可以使用服务器端 ActiveX 组件来执行各种各样的任务，例如，存取数据库、发送 E-mail 或访问文件系统等。
- 由于服务器是将 ASP 程序执行的结果以 HTML 格式传回客户端浏览器，因此使用者不会看到 ASP 所编写的原始程序代码，可防止 ASP 程序代码被窃取。
- 方便连接 Access 与 SQL 数据库。
- 开发需要有丰富的经验，否则会留出漏洞，让黑客进行注入攻击。

ASP 不仅仅局限于与 HTML 结合制作 Web 网站，还可以与 XHTML 和 WML 结合制作 WAP 手机网站。其原理是一样的。

1.1.2 ASP 工作原理

当在 Web 站点中融入 ASP 功能后，将发生以下事情：

(1) 用户在浏览器地址栏中输入网址，默认页面的扩展名是 asp。

(2) 浏览器向服务器发出请求。

(3) 服务器引擎开始运行 ASP 程序。

(4) ASP 文件按照从上到下的顺序开始处理，执行脚本命令，执行 HTML 页面内容。

(5) 页面信息发送到浏览器。

早期的 ASP(ASP 1.0、ASP 2.0、ASP 3.0)是 IIS 的一种开放式的无须进行编译的应用程序环境。也就是说，ASP 程序是解释执行的。IIS 是服务器上安装的 Internet 信息服务器(Internet Information Server)，它是 Microsoft 公司开发的一个网络文件和应用程序服务器(即 Web 服务器)，这个服务器包含在操作系统中。在 Windows 7 中，它的版本是 6.1。IIS 支持 HTTP、FTP 和 Gopher 协议。由于 ASP 是服务器端的脚本编程环境，而所有的程序都是解释执行，这意味着在这个环境中的所有程序在每次被访问的时候都需要 IIS 进行解释，从而客户端会得到一个执行结果。

ASP 请求的处理过程如图 1.1 所示。注意，由于 ASP.NET 对 ASP 请求的处理过程与早期版本的 ASP 的处理有所不同，所以在服务器端并没有详细表示出请求的处理过程。

具体的处理过程是这样的：在客户机中，有一个用于浏览网页的浏览器，用户在这个浏览器中输入 HTTP 请求。HTTP 请求通过 Internet 找到相应的 Web 服务器，并把这个请求传给这个服务器相应的处理模块。由这个处理模块负责找到相应的 ASP 程序或 ASP.NET 程序，进行相应的执行(对于 ASP 程序来说，是通过一个名叫 asp.dll 的 ISAPI DLL 进行程序的解释；而对于 ASP.NET 程序来说，则是通过 aspnet_isapi.dll 进行处理)。执行结果通过 Internet 返回给客户端，形成 HTTP 响应。

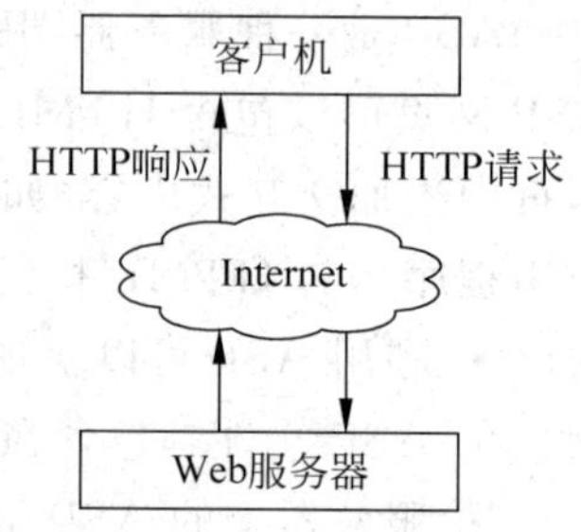

图 1.1 一个 ASP 请求的处理过程

ASP 是一个服务器端脚本编写环境，用于创建动态的交互式 Web 服务器应用程序。在 ASP 动态网页中，不仅可以包含服务器端脚本代码，也可以使用 ASP 内建对象和服务器组件，此外还可以包含服务器端文件。

1. 服务器端脚本

服务器端脚本是一系列指令，用于向 Web 服务器发出命令。若要在 ASP 页面中插入服务器端脚本，首先需要设置所使用的脚本语言，有以下 3 种设置方式。

1) 使用@ Language 指令

@ Language 指令设置用于解释脚本命令的语言。语法格式如下：

```
<%@ Language = 脚本语言 %>
```

注意：@ Language 指令必须放在文档的第一行。在@符号与关键字 Language 之间要有一个空格。

2）使用<script> 标记的相关属性

若要在文档中包含服务器端脚本，也可以使用<script>标记的 Language 属性来设置所有的脚本语言，并使用 Runat 属性指明脚本是在服务器端运行的。例如：

```
<script language = "VBScript" runat = "server">
⋮
</script>
```

【例 1-1】 利用 ASP 动态网页显示字体的 5 种大小。

(1) 选择"开始"→"程序"→"附件"→"记事本"命令。在记事本程序中输入如下代码：

```
<%@ language = VBScript %>
<html>
<head>
<title>如何设置所使用的脚本语言</title>
</head>
<body>
<% for i = 3 to 7 %>
<Font color = "red" size = <% = i %>>
欢迎来闪客启航学习!<br>
</font>
<% next %>
</body>
</html>
```

(2) 选择"文件"→"另存为"命令，保存文件名为 first. asp。

(3) 把文件 first. asp 放在 D:\test 文件夹下。

(4) 打开 IE 浏览器，在地址栏中输入 http://localhost/first. asp 后按 Enter 键，结果如图 1.2 所示。

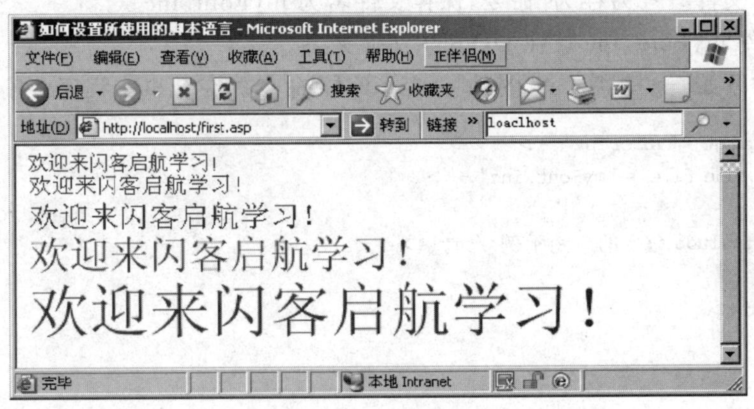

图 1.2　简单 ASP 文件

2. ASP 的包含文件

如果要在一个页面中重复调用一段子程序或在多个页面中调用一段子程序，可以将这一段子程序单独放在一个文件中，称其为被包含文件，然后在每个要调用这段子程序的.asp页中将“被包含文件”包含进来。其格式如下：

```
<!-- #INCLUDE Virtual | file="文件名" -->
```

说明：“文件名”是被包含的文件名。Virtual 表示被包含文件的路径开始于虚拟目录。例如，如果一个被命名为 aa.inc 的文件属于一个名为/bb 的虚拟目录，则下述命令将把 aa.inc 的内容插入到包含该命令的文件中：

```
<!-- #include virtual="/bb/aa.inc" ->
```

表示使用相对路径，相对路径开始于含有当前文件的目录。例如，当前文件位于 bb 中，而被包含文件 aa.inc 在 bb/cc 目录中，下述命令将把 aa.inc 插入到包含该命令行的文件中：

```
<!-- #include file="cc/aa.inc" -->
```

如果被包含文件存在于父文件所在的文件夹或其子文件夹中，可以使用 file 参数指定相对路径，也可以使用 virtual 参数指定虚拟路径；如果被包含文件存在于父文件夹所在文件夹的上层文件夹中，则只能使用 virtual 参数指定虚拟路径。

【例 1-2】 通过使用 myFont.inc 包含文件显示“HelloWord!”。此被包含文件放在调用此被包含文件的同一目录下。

（1）选择“开始”→“程序”→“附件”→“记事本”命令。在记事本程序中输入如下代码：

```
<%
Sub SayHello
   response.write("HelloWord!")
End Sub
%>
```

（2）选择“文件”→“另存为”命令，保存文件名为 myFont.inc。

（3）把文件 myFont.inc 放在 D:\test 文件夹下。

（4）选择“开始”→“程序”→“附件”→“记事本”命令。在记事本程序中输入如下代码：

```
<% @ language="VBScript" %>
<! -- #include file ="myFont.inc" -->
<html>
<title>#include 命令的应用示例</title>
<body>
<% SayHello %>
</body>
</html>
```

（5）选择“文件”→“另存为”命令，保存文件名为 second.asp。

（6）把文件 second.asp 放在 D:\test 文件夹下。

（7）双击桌面图标 Internet Explore（IE 浏览器），在地址栏中输入 http://localhost/second.asp 后按 Enter 键，结果如图 1.3 所示。

图 1.3 ASP 的包含文件

1.1.3 ASP.NET 简介

ASP.NET 常用的主要有两种开发语言，VB.NET 和 C＃，C＃相对更为常用，因为是.NET 独有的语言，VB.NET 则为以前 VB 程序设计，适合于以前 VB 程序员。如果新接触.NET，没有其他开发语言经验，建议直接学习 C＃，本书就以 C＃为开发语言介绍 ASP.NET。

ASP.NET 能被用于一台 Web 服务器来建立强大的 Web 应用程序。ASP.NET 具有许多比现在的 Web 开发模式强大的优势。

- 执行效率大幅提高：ASP.NET 是把基于通用语言的程序在服务器上运行。不像以前的 ASP 即时解释程序，而是将程序在服务器端首次运行时进行编译，这样的执行效果，当然比一条一条地解释强很多。
- 世界级的工具支持：ASP.NET 构架可以用 Microsoft 公司最新的产品 Visual Studio.NET 开发环境进行开发，WYSIWYG（What You See Is What You Get，所见即为所得）编辑。这些仅是 ASP.NET 强大化软件支持的一小部分。
- 强大性和适应性：因为 ASP.NET 是基于通用语言的编译运行的程序，所以它的强大性和适应性，可以使它运行在 Web 应用软件开发者的几乎全部的平台上。通用语言的基本库、消息机制、数据接口的处理都能无缝地整合到 ASP.NET 的 Web 应用中。ASP.NET 同时也是语言独立化的，所以，可以选择一种最适合的语言来编写程序，或者把程序用很多种语言来写，现在已经支持的有 C＃（C++和 Java 的结合体）、VB、JScript。将来，这样的多种程序语言协同工作的能力保护现在的基于 COM＋开发的程序，能够完整地移植到 ASP.NET。
- 简单性和易学性：ASP.NET 使运行一些很平常的任务（如表单的提交、客户端的身份验证、分布系统和网站配置）变得非常简单。例如，ASP.NET 页面构架允许建立自己的用户分界面，使其不同于常见的 VB-Like 界面。
- 高效可管理性：ASP.NET 使用一种字符基础的、分级的配置系统，使服务器环境和应用程序的设置更加简单。因为配置信息都保存在简单文本中，新的设置有可能不需要启动本地的管理员工具就可以实现。这种被称为 Zero Local Administration

的哲学观念使 ASP.NET 的基于应用的开发更加具体和快捷。一个 ASP.NET 的应用程序在一台服务器系统的安装只需要简单地复制一些必需的文件，不需要重新启动系统。

- 多处理器环境的可靠性：ASP.NET 已经被刻意设计成为一种可以用于多处理器的开发工具，它在多处理器的环境下用特殊的无缝连接技术，将很大地提高运行速度。即使现在的 ASP.NET 应用软件是为一个处理器开发的，将来多处理器运行时不需要任何改变都能提高它们的效能，但现在的 ASP 却做不到这一点。
- 自定义性和可扩展性：ASP.NET 设计时考虑了让网站开发人员可以在自己的代码中自己定义 plug-in 的模块。这与原来的包含关系不同，ASP.NET 可以加入自己定义的任何组件。网站程序的开发从来没有这么简单过。
- 安全性：基于 Windows 认证技术和应用程序配置，可以确信源程序是相当安全的。

不论是 ASP 文件还是 ASP.NET 文件都是一个可以用任何文本编辑器编辑的纯文本文件，只要将这个文件的扩展名保存为.asp（ASP 程序）或者.aspx（ASP.NET 程序）就可以了。现在也有很多的开发工具可以进行 ASP.NET 程序的开发，比如 Microsoft 的 Visual InterDev 等开发工具。不过也有很多程序员选择使用记事本来开发 ASP 程序或 ASP .NET 程序。当然，对于 ASP.NET 来说，还可以使用最新的 Visual Studio.NET 进行各种控件的开发。为此，必须介绍.NET Framework。

1.2 .NET Framework

1.2.1 .NET Framework 的作用

Microsoft .NET Framework 是生成、部署和运行 Web 服务及应用程序的平台。它提供了一个生产率高且基于标准的多语言环境，用于将现有投资与下一代应用程序和服务集成，同时提供了解决 Internet 规模应用程序的部署和操作难题的灵活性。

Microsoft .NET Framework 通过一个全面托管的、受保护的和特性丰富的应用程序执行环境，把应用程序开发转换为 XML Web 服务开发，简化了开发和部署，实现了与各种编程语言的无缝集成。

以前，无论是以 VB 或 C++语言编写的程序，还是以其他任何可编译语言编写的程序，其各自的语言编译器都会将源代码编译成目标代码或可执行代码（也就是机器指令）。

使用.NET 时，不同之处在于以 VB、C++或.NET 所支持的任何语言编写的程序都将由其各自的编译器编译为中间语言，也称为 IL（中间语言）或 MSIL（Microsoft IL）。然后，CLR（Common Language Runtime，公共语言运行库）将执行 IL。这一点，.NET 所支持的语言和 Java 非常类似。不同的是，使用 .NET，所有支持的语言都使用同一个公共的运行库——CLR。

特定语言的编译器将 .NET 源代码编译为 MSIL 和元数据，再由 CLR 转换成机器码，然后操作系统执行此机器码。由此可以看出，.NET 程序实际上被编译了两次。由于 IL 与机器码非常接近，因此，第二次编译（从 IL 到机器码）的速度比较快。

MSIL 可用于实现不同高级语言的互操作，因为无论使用哪种 .NET 语言，都会生成

MSIL，然后由 CLR 执行此 IL。MSIL 是独立于 CPU 的指令集，这样就可以通过不同硬件上的 CLR 版本轻松实现软件移植。

IL 不是字节代码或机器码，但与其非常接近。因此，在执行应用程序时，从 IL 到机器码的转换速度非常快。MSIL 是独立于 CPU 的指令集。CLR 将这些指令转换为 CPU 特定的指令集。

.NET Framework 的作用在于：

- 提供一致的面向对象的编程环境。
- 提供将软件部署和版本控制冲突最小化的代码执行环境。
- 提供保证代码安全执行的代码执行环境。
- 提供可消除脚本环境或解释环境的性能问题的代码执行环境。
- 使开发人员的经验在面对类型大不相同的应用程序时保持一致。
- 按照工业标准生成所有通信，以确保基于.NET Framework 的代码可与任何其他代码集成。

1.2.2 .NET Framework 的组成

.NET Framework 具有两个主要组件：CLR 和.NET Framework 类库，如图 1.4 所示。

公共语言运行时和 Java 虚拟机一样也是一个运行时环境，它负责资源管理（内存分配和垃圾收集）。公共语言运行库，是一种多语言执行环境，支持众多的数据类型和语言特性。它管理着代码的执行，更加简单。这是一种可操控的执行环境，其功能通过编译器与其他工具共同展现。为了提高平台的可靠性，以及为了达到面向事务的电子商务应用所要求的稳定性级别，CLR 还要负责其他一些任务，比如监视程序的运行。

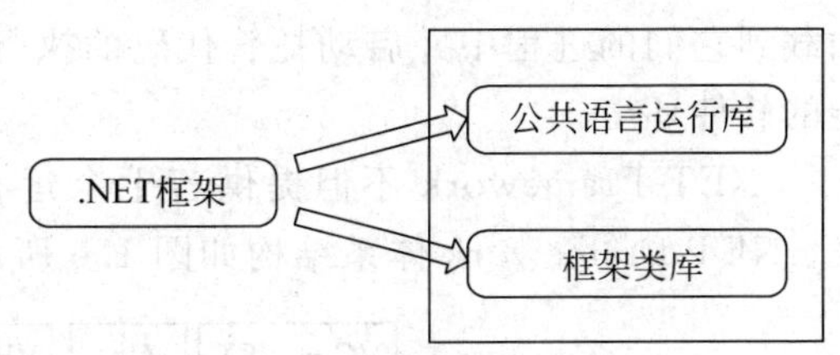

图 1.4 .NET Framework 组件

可以将公共语言运行库看作一个在执行时管理代码的代理，它提供内存管理、线程管理和远程处理等核心服务。这类似于 Java 的虚拟机。事实上，代码管理的概念是公共语言运行时的基本原则。以公共语言运行库为目标的代码称为托管代码，不以公共语言运行库为目标的代码称为非托管代码。

在 CLR 的控制下执行，受一定约束条件的支配，如编译器必须产生针对特定 CPU 的可执行代码，这样的程序叫作托管代码。使用.NET Framework 托管代码的好处为：内存管理、混合语言的能力、更好的安全性、对版本控制的支持等。程序员可以在托管代码调用所有.NET Framework 类库中提供的功能丰富强大的类，使得开发工作变得更轻松、软件功能更强大。不在 CLR 的控制下执行的程序，叫作非托管代码。托管代码与非托管代码的关系见图 1.5。

.NET Framework 之前的所有 Windows 程序都是非托管代码。非托管代码无法调用 .NET Framework 类库，也无法享受 .NET Framework 带来的其他所有好处。但是 .NET Framework 可以与非托管代码联合操作。.NET Framework 提供了托管代码与非托管代码互操作的服务，比如与 COM 互操作的 Interop 服务。

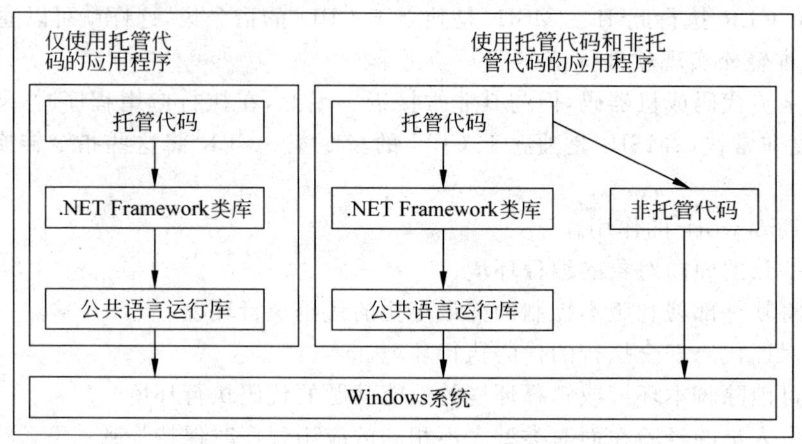

图 1.5 托管代码与非托管代码的关系

.NET Framework 的另一个主要组件是类库，它是一个综合性的面向对象的可重用类型集合，可以使用它开发多种应用程序，这些应用程序包括传统的命令行或图形用户界面(GUI)应用程序，也包括基于 ASP.NET 所提供的最新创新的应用程序(如 Web 窗体和 XML Web Services)。.NET Framework 可由非托管组件承载，这些组件将公共语言运行库加载到它们的进程中并启动托管代码的执行，从而创建一个可以同时利用托管和非托管功能的软件环境。

.NET Framework 不但提供若干个运行库宿主，而且还支持第三方运行库宿主的开发。.NET Framework 体系结构如图 1.6 所示。

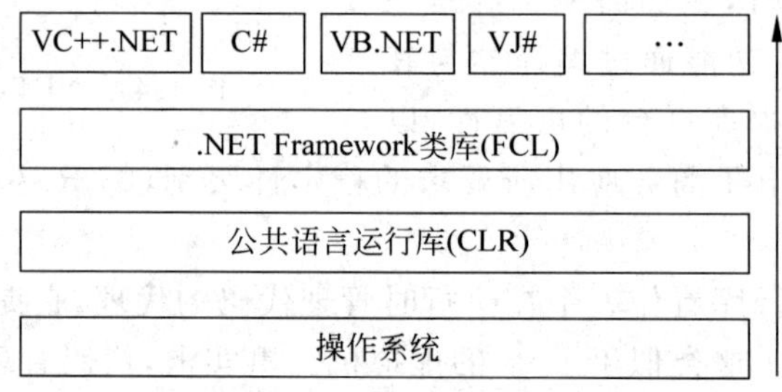

图 1.6 .NET Framework 体系结构

.NET Framework 历经了以下几个版本：

- .NET Framework 1.0；
- .NET Framework 1.1；
- .NET Framework 2.0；
- .NET Framework 3.0；
- .NET Framework 3.5；
- .NET Framework 4.0；
- .NET Framework 4.5；
- .NET Framework 5.0；
- .NET Framework 6.0(截至 2014 年 11 月的最新版)。

1.3　ASP.NET 服务安装与配置

ASP.NET 就是.NET 在 Web 技术上最好的应用工具。ASP.NET 是相对于之前微软 ASP 的 Web 应用程序开发工具。在 ASP 时代,执行代码都是嵌入 ASP 网页的,所以那个时候开发 ASP 还应该说是在制作网页,但是 ASP.NET 算是做到了 Web 应用程序。

1.3.1　安装 IIS 服务器

IIS 是微软提供的 Internet 服务器软件,它是 Windows 2000 操作系统附带的软件,运行 IIS 的理想平台是 Windows 2000 服务器版和高级服务器版即现在的 Windows 2003。在 Windows 7 安装光盘中也附带有 IIS 软件,但只支持 10 个用户连接,因此一般只用来进行本机调试。在安装 Windows 7 操作系统时 IIS 不被默认安装,Windows 2000 服务器版本是默认安装的。所以必须要手动安装 IIS。在个人计算机上安装 IIS 之后,计算机就成为了一个简单的 Web 服务器,它可以把访问该个人计算机(Web 服务器)的程序引导到该计算机硬盘中的一个分区及其文件夹,同时指定网站的默认主页,这样访问该 Web 服务器上的网站的客户就能够浏览网站的内容。

1. 安装 IIS

Windows 7 操作系统下安装 IIS 的步骤如下。

(1) 选择"打开"→"控制面板"→"程序和功能"命令,进入"程序和功能"对话框,如图 1.7 所示。

图 1.7　"程序和功能"对话框

(2) 选择左侧的"打开或关闭 Windows 功能",如图 1.8 所示。

(3) 找到"Internet 信息服务",按照图 1.9 所示打勾即可。

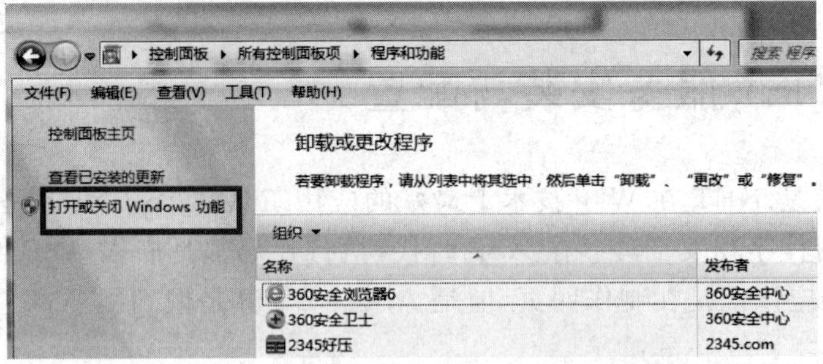

图 1.8　选择"打开或关闭 Windows 功能"

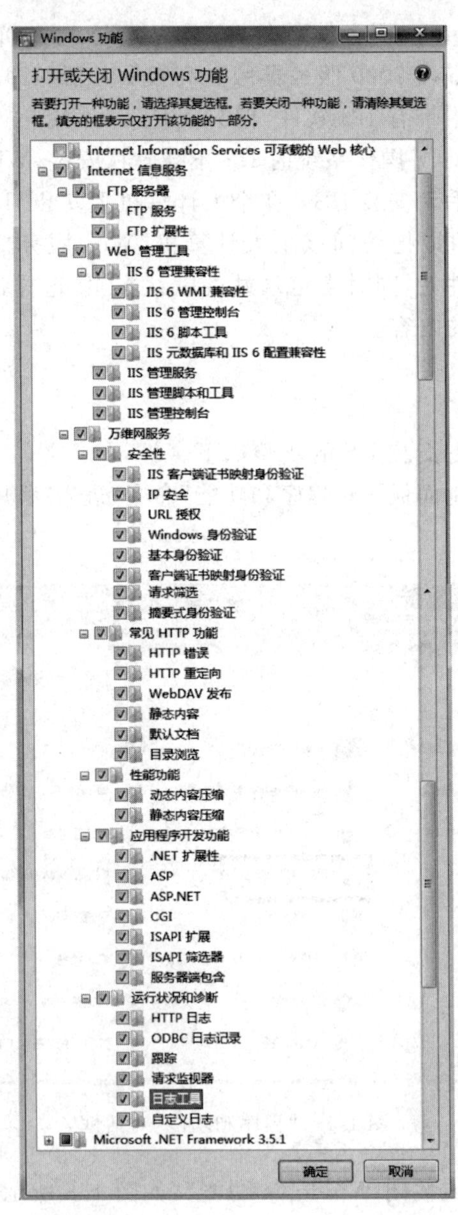

图 1.9　"Internet 信息服务"设置

(4) 单击图 1.9 中的“确定”按钮，等待安装完成，如图 1.10 所示。

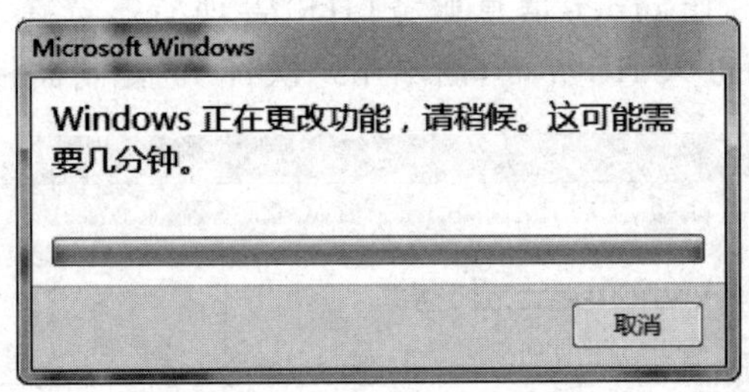

图 1.10　等待安装完成

(5) 安装完成后，再回到控制面板里，如图 1.11 所示找到“管理工具”，单击进入后找到“Internet 信息服务(IIS)管理器”，如图 1.12 所示。

图 1.11　管理工具

图 1.12　Internet 信息服务(IIS)管理器

（6）双击“Internet 信息服务(IIS)管理器”就进入 IIS 界面了，如图 1.13 所示。如果经常需要使用 IIS，建议右击“Internet 信息服务(IIS)管理器”，选择“发送到”→“桌面快捷方式”命令，这样就能从桌面进入 IIS 界面，而不用每次都从“控制面板”进行操作。

图 1.13　IIS 界面

（7）选中 Default Web Site，双击中间的 ASP，如图 1.14 所示。

图 1.14　ASP

（8）把“启用父路径”改为 True，如图 1.15 所示。

（9）下面就是配置站点了。单击右侧的“高级设置”，如图 1.16 所示。选择网站的目录，如图 1.17 所示。

（10）回到 IIS 界面，单击右侧的“绑定”，选中要绑定的网站，单击“编辑”按钮，如图 1.18 所示。

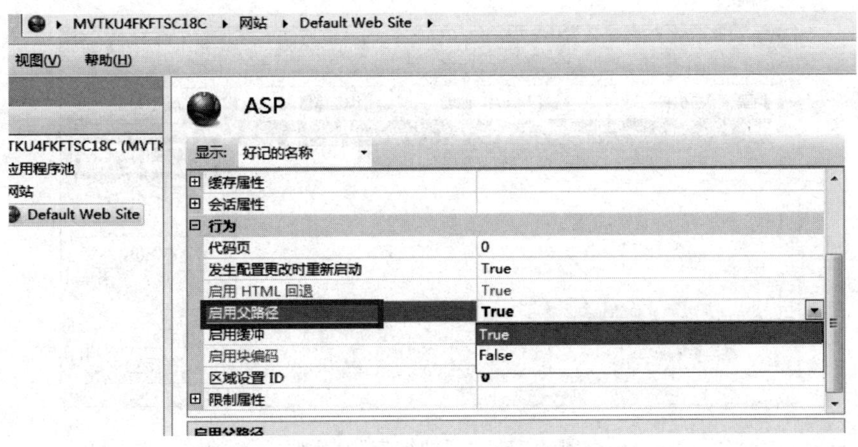

图 1.15 “启用父路径”设置

图 1.16 高级设置

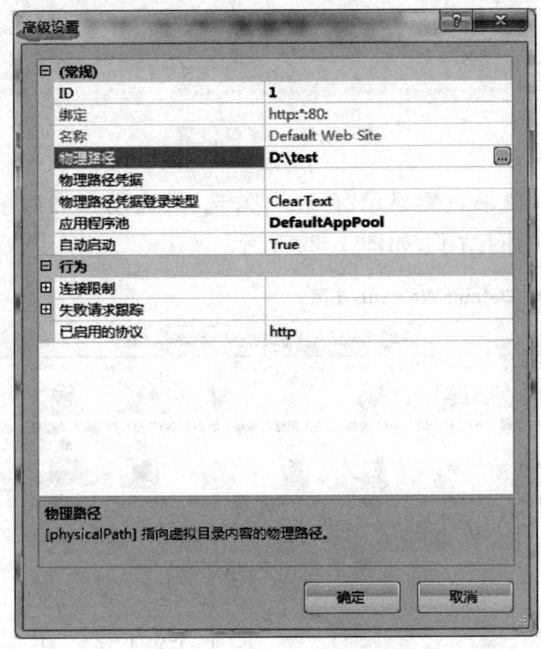

图 1.17 网站路径设置

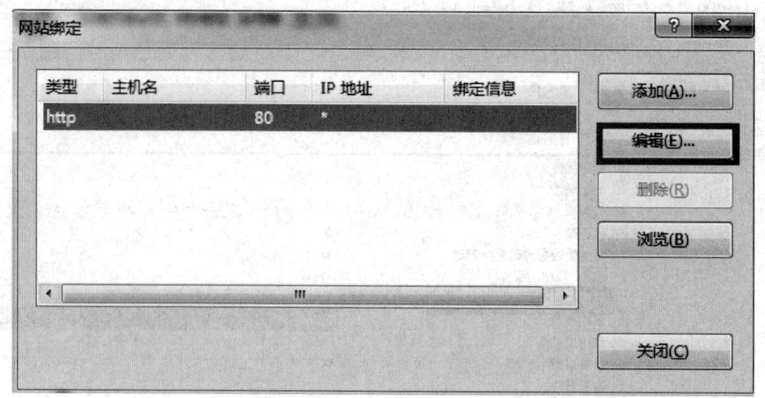

图 1.18 “网站绑定”对话框

如果是一台计算机,只修改后面的端口号,可以随意修改数字。如果是办公室局域网,则在下拉列表框中选择自己计算机上的局域网 IP,例如:192.168. **. **,然后修改端口号,如图 1.19 所示。

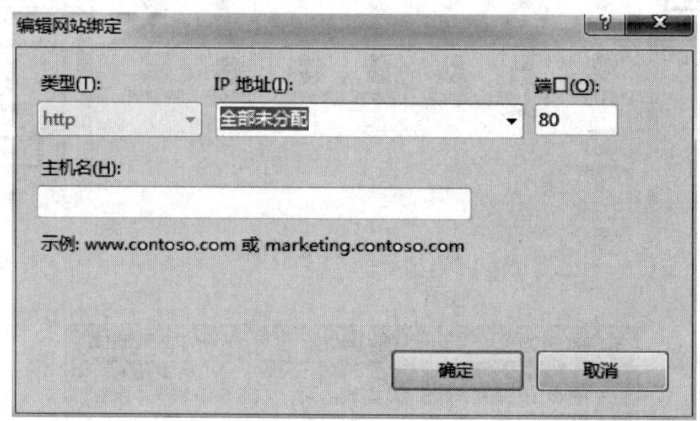

图 1.19 端口设置

(11) 回到 IIS 界面,如果右侧显示“停止”,就选择“启动”,然后单击“浏览网站”,就可以打开所绑定文件夹里面的网站了,如图 1.20 所示。

图 1.20 网站启动

(12) 选择“开始”→“程序”→“附件”→“记事本”命令。在记事本程序中输入内容“Windows7 系统 IIS 安装成功!”。

(13) 选择“文件”→“另存为”命令,保存文件名为 default. asp。

(14) 把文件 default. asp 放在 D:\test 文件夹下。

(15) 双击桌面图标 Internet Explore(IE 浏览器),在地址栏中输入 http://localhost 后按 Enter 键,结果如图 1.21 所示。

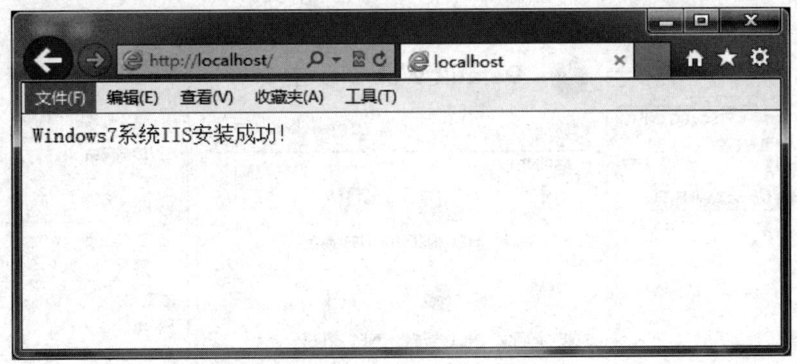

图 1.21 IIS 安装成功

(16) 如果有多个网站,在 IIS 界面的左边右击“网站”,选择“添加网站”,如图 1.22 所示。

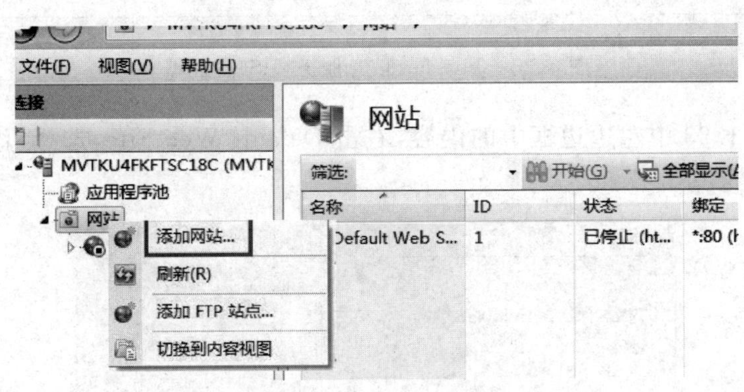

图 1.22 添加网站

此处主要修改 3 个地方:“网站名称”、“物理路径”、“端口”,如果是局域网,请按步骤(10)所示方式修改“IP 地址”。

2. IIS 设置

IIS 安装正确后,接下来就可以对 IIS 进行设置了。假设有一个网站,网站主页为 main. html,则 IIS 设置步骤如下。

(1) 在 C 盘上建立一个新建文件夹 mysite。

(2) 选择“开始”→“程序”→“附件”→“记事本”命令。在记事本程序中输入“欢迎进入我的网站主页”。

(3) 选择“文件”→“另存为”命令,然后在“保存类型”中选择“所有文件”,在“文件名”中输入 main. html,选择 C:\mysite 进行保存。网站主页保存在了 C:\mysite 文件夹下。

（4）建立虚拟目录 mysite。选择“开始”→“控制面板”命令，双击“管理工具”图标，再双击“Internet 信息服务(IIS)管理器”，打开后界面如图 1.23 所示。

图 1.23　Internet 信息服务(IIS)管理器

（5）展开图 1.23 中左边边框中的内容，右击 Default Web Site，选择“添加虚拟目录”，如图 1.24 所示。

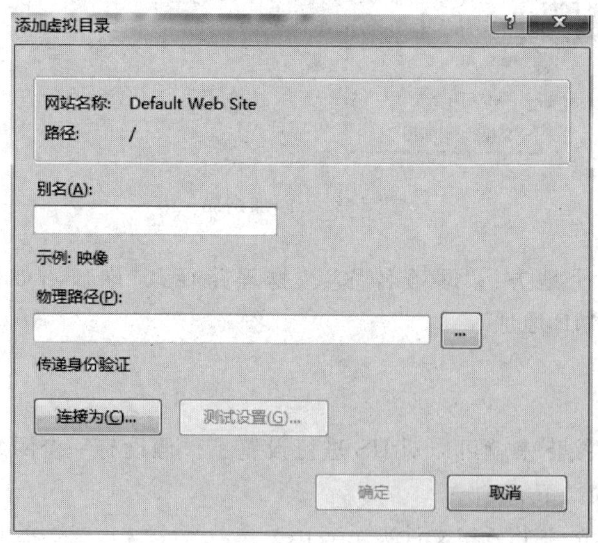

图 1.24　“添加虚拟目录”对话框

（6）在“添加虚拟目录”对话框中，输入虚拟目录的名称和对应的物理路径，单击“确定”按钮，如图 1.25 所示。

图 1.25 虚拟目录设置

(7) 创建完虚拟目录后会以节点形式显示在站点下面,如图 1.26 所示。

图 1.26 虚拟目录节点

(8) 选中虚拟目录 mysite,然后双击"默认文档"图标,结果如图 1.27 所示。

(9) 单击"添加",如图 1.28 所示。

(10) 按图 1.29 所示添加默认文档,再单击"确定"按钮。

(11) 双击桌面图标 InternetExplorer(IE 浏览器),然后在地址栏中输入 http://localhost/mysite/后按 Enter 键,结果如图 1.30 所示。

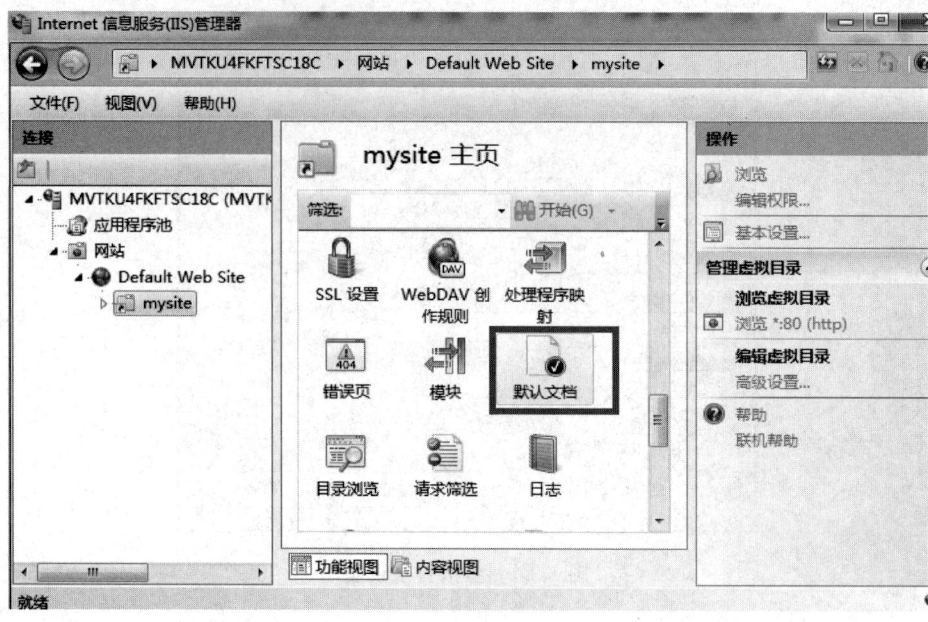

图 1.27 虚拟目录属性

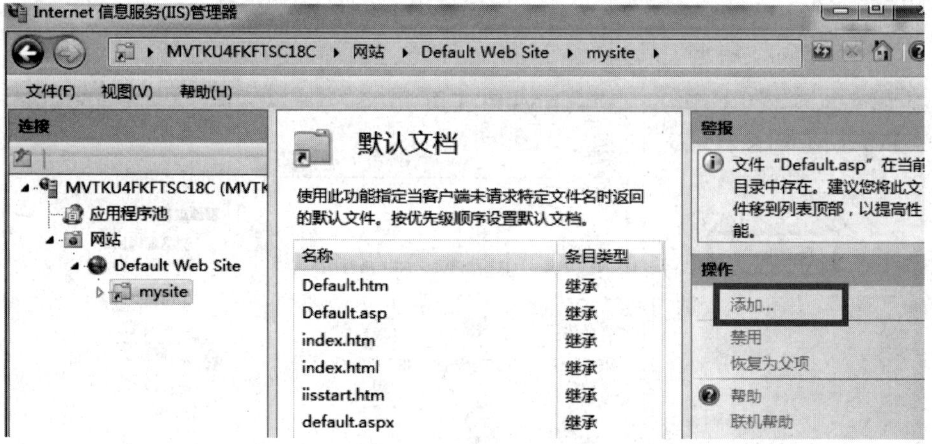

图 1.28 添加默认文档

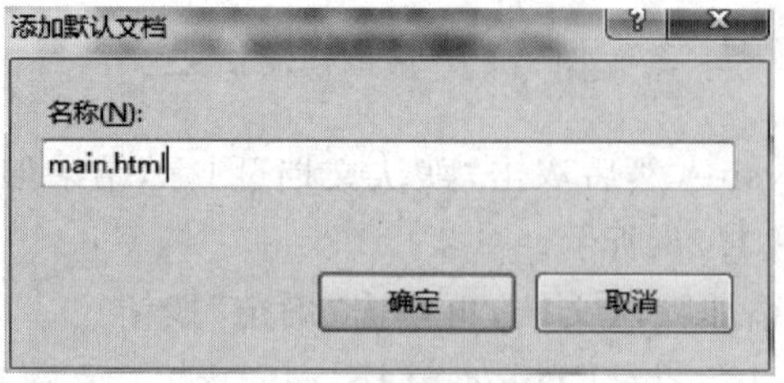

图 1.29 默认文档设置

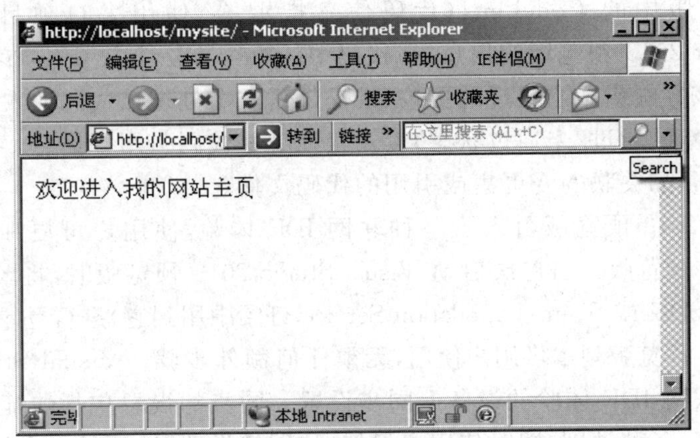

图 1.30 我的网站主页

1.3.2 安装开发工具

1. Visual Studio 2013 开发工具简介

微软在 Builder 2013 开发者大会上发布了 Visual Studio 2013 预览版,并且发布其程序组件库.NET 4.5.1 的预览版。Visual Studio 2013 预览版以 Visual Studio 2012 和后续的 Microsoft Visual Studio 更新中的进展为基础构建而成,为开发团队提供需要的解决方案,使其接纳这种转变并开发和交付利用下一波 Windows 平台创新(Windows 8.1)的新式应用程序,同时在所有 Microsoft 平台上支持多种设备和服务。

1)发展改进编辑

.NET 4.5.1 预览版是 2013 版预览版的一部分,也包含在 Windows 8.1 预览版所有的安装程序中。新的.NET 预览版还为 Windows 8、Windows 7、Windows Vista 和相应的 Windows 服务器发布版提供单独的安装版本。这个更新版本还允许开发者进行编辑和继续进行 64 位编程。

Visual Studio 2013 预览版进行了大量改进,可帮助用户在编码时提高工作效率并集中精力。某些功能首先在 Visual Studio Power Tools 扩展中以试验性质出现,经过改进后才纳入到 Visual Studio 中。新版本中内置了多种提高工作效率的功能,如自动补全方括号、使用快捷键移动整行或整块的代码以及行内导航。此外,Visual Studio 2013 预览版的团队资源管理器增强了主页设计,可以更简便地导航到团队协作功能,并可取消停靠"挂起更改"和"生成",使其显示在一个单独的窗口中。

在处理大型代码文件时,可能难以了解当前所处的位置。在 Visual Studio 2013 预览版中,可轻松地实现在两种模式之间切换滚动条的行为。在栏模式中,可更直接地查看脱字号位置等注释、更改所在位置和跟踪错误。在图模式下,滚动条显示源代码的实时预览,而将鼠标悬停在代码上即可在工具提示中更详细地预览这段代码。然后单击代码所在位置即可导航到该位置。

了解某行代码的作用只是作为开发人员遇到的一部分难题,还必须了解其历史记录、谁处理过这行代码、哪些代码引用它等。在面向团队的项目中,这一点变得尤其困难。Visual

Studio 2013 预览版中的 CodeLens(代码信息指示器)使用来自项目元数据和 Team Foundation Server 2013 预览版的信息,在代码中的每个方法上放置修饰符,其中显示哪些变更集导致创建该方法或做出最近的更改、谁是最后一个处理该代码的人、哪些单元测试涵盖该方法(包括最新的通过/未通过状态)以及存在哪些代码引用等信息。另外,单击一下即可迅速跳入该数据,如关联的变更集或引用的代码文件。

Visual Studio 2013 预览版引入了一种联网 IDE 体验,使用户可更加迅速地开始使用 Visual Studio 2013 预览版。当首次启动 Visual Studio 2013 预览版时,将要求使用 Microsoft 账户(可能已在 MSDN 或 Team Foundation Service 订阅中用到它)进行登录。登录后,即注册 Visual Studio 2013 预览版副本供用户使用,无须任何额外步骤。Visual Studio 2013 预览版还将自动在采用联网 IDE 体验的设备上同步设置。同步的设置包括快捷键、Visual Studio 外观(主题、字体等)各种类别,同时使用户保持对“同步设置”选项的完全控制。

2) 主要新功能编辑

(1) 支持 Windows 8.1 App 开发。

Visual Studio 2013 预览版提供的工具集非常适合生成利用下一波 Windows 平台创新(Windows 8.1)的新式应用程序,同时在所有 Microsoft 平台上支持设备和服务。其支持在 Windows 8.1 预览版中开发 Windows 应用商店应用程序,具体表现在对工具、控件和模板进行了许多更新、对于 XAML 应用程序支持新近提出的编码 UI 测试、用于 XAML 和 HTML 应用程序的 UI 响应能力分析器和能耗探查器、增强了用于 HTML 应用程序的内存探查工具以及改进了与 Windows 应用商店的集成。

(2) 敏捷项目管理(Agile Portfolio Management)。

提供敏捷项目组合管理,提高团队协作。TFS2012 已经引入了敏捷项目管理功能,在 TFS2013 中该功能将得到进一步改进与完善(比如 backlog 与 sprint)。TFS 将更擅长处理流程分解,为不同层级的人员提供不同粒度的视图 backlog,同时支持多个 Scrum 团队分开管理各自的用例 backlog,最后汇总到更高级的 backlog。这意味着 TFS 将更重视企业敏捷,相信在新版本中还将提供更完善的敏捷支持。

在得到有效应用的情况下,ALM 实践方法可以消除团队之间的壁垒,使企业能够克服挑战,更快速地提供高质量的软件。采用 ALM 的公司还可以减少浪费、缩短周期时间和提高业务灵活性,从而受益。

(3) 版本控制。

在近几个版本中,VS 一直在改进自身的版本控制功能,包括 Team Explorer 新增的 Connect 功能,可以帮助用户同时关注多个团队项目。新的 Team Explorer 主页也更简洁、明确,在各任务间切换变得更加方便。同时,由于众多用户反馈,VS 2013 中将恢复更改挂起(Pending Changes)功能。如果用户对 VS、TFS 有什么建议或者意见,也可以考虑向 VS 开发团队反馈。

(4) 轻量代码注释(Lightweight Code Commenting)。

与 VVS 高级版中的代码审查功能类似,可以通过网络进行简单的注释。

(5) 编程过程。

新增代码信息指示。在编程过程中,VS 2013 增强了提示功能,能在编码的同时帮助用户监察错误,并通过多种指示器进行提示。此外,VS 2013 中还增加了内存诊断功能,对潜在的内存泄露问题进行提示。

(6) 测试方面。

在 VS/TFS2012 中测试功能已经有不少改进,VS/TFS2013 更进一步完善了该功能,比如 VS 2012 中引入的基于 Web 的测试环境得到了改进。

VS 2013 中还新增了测试用例管理功能,能够在不开启专业测试客户端的情况下进行全面管理,包括通过网络创建或修改测试计划、套件以及共享步骤。自 2005 版以来,VS 已经拥有了负载测试功能,VS 2013 中的云负载测试大大简化了负载测试的流程。

(7) 发布管理。

近些年,产品的发布流程明显更加敏捷,因此很多开发者需要更快、更可靠并且可重复的自动部署功能。在 2013 年的 TechEd 大会上,微软宣布与 InCycle Software Inc 达成协议,将会收购后者旗下的发布管理工具 InRelease。因此,InRelease 将会成为 TFS 原生发布解决方案。

(8) 团队协作。

顾名思义,TFS 的核心要务之一就是改进软件开发团队内部的协作,TFS2013 中将新增 Team Rooms 来进一步加强该特性,登记、构建、代码审查等一切操作都将会被记录下来,且支持代码评论功能。

(9) 整合微软 System Center IT 管理平台。

除此之外,Visual Studio 2013 还有团队工作室、身份识别、.NET 内存转储分析仪、Git 支持等特性,可以看出这次将团队合作作为了一个重要的部分,结合 Windows Azure 云平台进行同步协作。

2. Visual Studio 2013 开发工具安装

微软对 Visual Studio 的更新速度越来越快,从 Visual Studio 2005 到 Visual Studio 2008,再到 Visual Studio 2010 以及 Visual Studio 2012,至现在的 Visual Studio 2013,版本不断提高,新功能不断涌现。下面详细介绍一下 Visual Studio 2013 的安装。

(1) 下载 Visual Studio 2013 安装程序并运行,如图 1.31 所示。

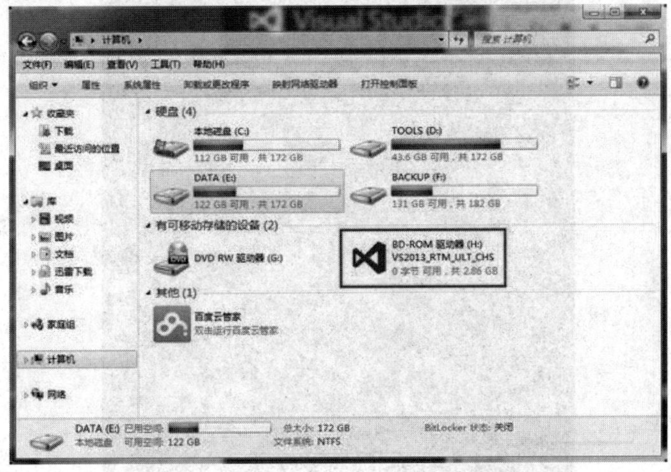

图 1.31 Visual Studio 2013 安装软件

（2）选择同意条款，单击“下一步”按钮，再单击右下角的“安装”按钮，如图 1.32 所示。

图 1.32 Visual Studio 2013 安装同意条款

（3）等待安装完成，此过程可能会需要半小时。具体时间当然要根据计算机的配置情况而定了，如图 1.33 所示。

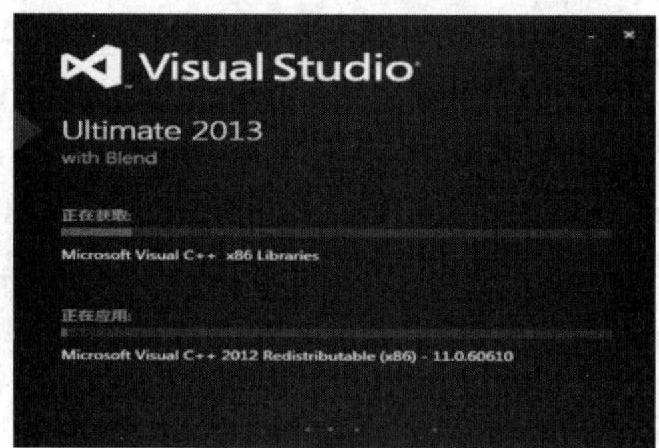

图 1.33 Visual Studio 2013 安装过程

（4）安装成功，出现如图 1.34 所示界面，单击界面下方的“启动”按钮。

图 1.34 Visual Studio 2013 安装成功

（5）启动后的界面如图 1.35 所示。

图 1.35　Visual Studio 2013 启动界面

（6）显示登录界面，问是否需要注册登录 Visual Studio，不登录的话，选择“以后再说”进入下一步，如图 1.36 所示。

图 1.36　Visual Studio 2013 注册登录

（7）如图 1.37 所示，选择开发设置工具，就是开发语言是 C++还是 C#等；选择开发界面样式及颜色；然后单击“启动 Visual Studio”按钮，等待第一次启动，可能要花费几分钟。

（8）启动成功，安装完毕，如图 1.38 所示。

图 1.37　Visual Studio 2013 开发工具设置

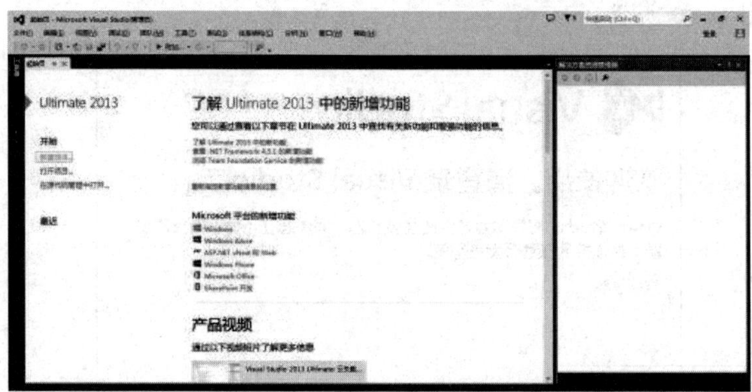

图 1.38　Visual Studio 2013 启动成功

1.4　第一个 ASP.NET 程序

利用 Visual Studio .NET 创建 ASP.NET 程序(Web 应用程序)的步骤如下。

(1) 首先选择“开始”→“所有程序”→ Visual Studio 2013→Visual Studio 2013 命令，启动 VS.NET，界面如图 1.39 所示。

(2) 选择“文件”→“新建”→“网站”命令，之后选中“ASP.NET 空网站”，然后选择“Web 位置”中的内容，如图 1.40 所示，之后单击“确定”按钮。

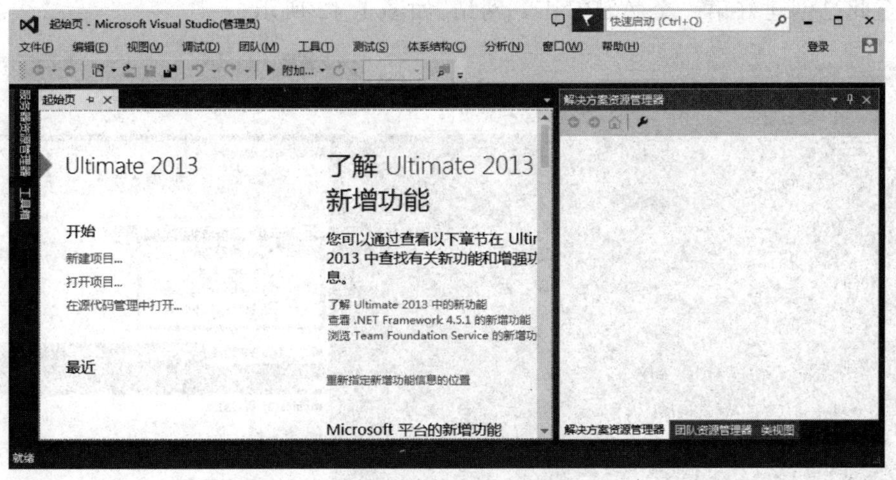

图 1.39　Visual Studio 2013 启动界面

图 1.40　新建 ASP.NET 网站

(3) 在图 1.41 中选中“在现有位置创建新网站”，单击“确定”按钮完成操作。

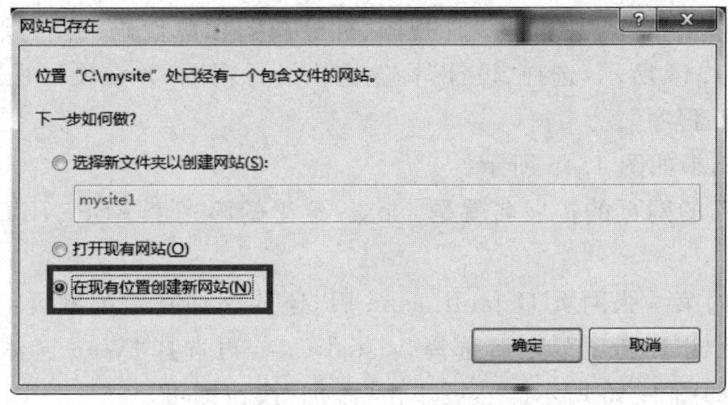

图 1.41　网站创建选择

（4）至此已创建好第一个 ASP.NET 网站，如图 1.42 所示。

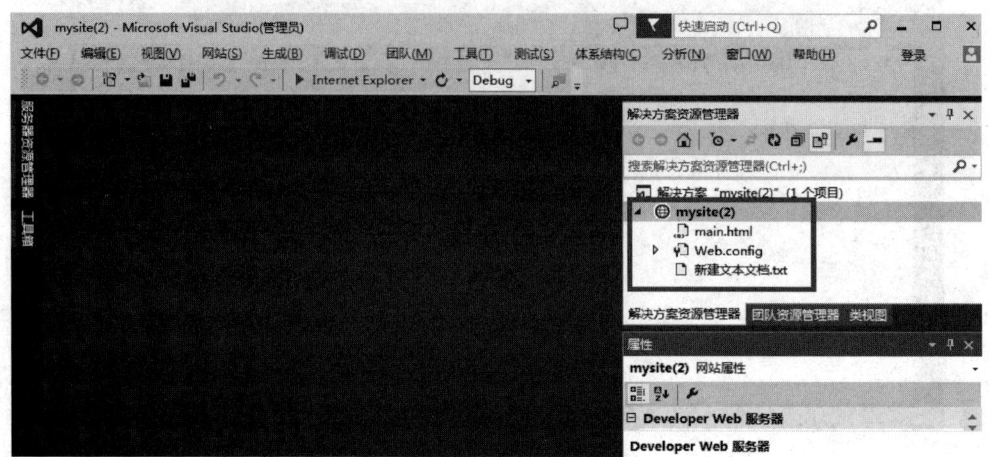

图 1.42　第一个 ASP.NET 网站

（5）右击刚创建的网站，选择“添加新项”，之后选择 Visual C＃，再选择“Web 窗体”，如图 1.43 所示，单击“添加”按钮进入下一步。

图 1.43　添加新 ASP.NET 网页

（6）Default.asp 有 3 个视图，即设计视图、拆分视图和源代码视图，默认直接进入的是源代码视图。如图 1.44 所示，选择“设计”标签进入设计视图，并在设计视图中输入“这是我的第一个 ASP.NET 程序”。

（7）程序运行结果如图 1.45 所示。

一般 ASP.NET 的网页的扩展名就是 aspx。这里的第一个 ASP.NET 程序网页默认名称是 Default.aspx。

当创建好自己的第一张网页 Default.aspx 后，还要添加其他的网页：右击解决方案上刚创建的网站，选择“添加新项”，之后选择 Visual C＃，再选择“Web 窗体”，在文件名称中输入 second.aspx，如图 1.46 所示。然后单击“添加”按钮即可。

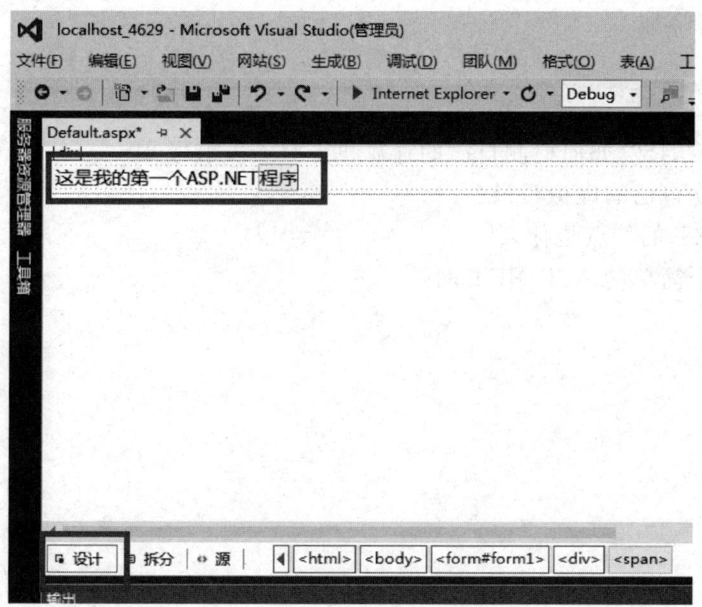

图 1.44　ASP.NET 网页编辑

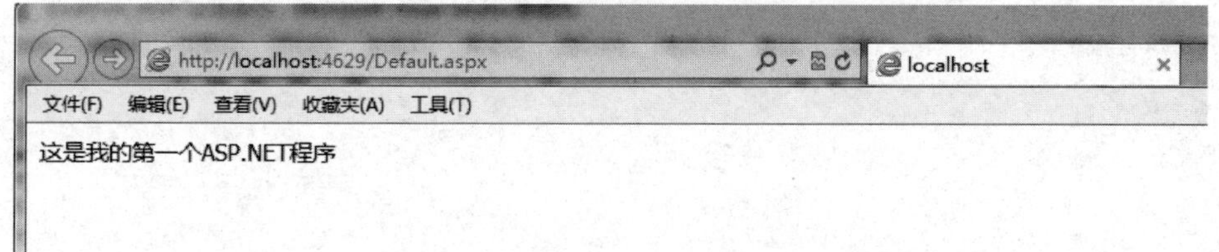

图 1.45　第一个 ASP.NET 程序运行结果

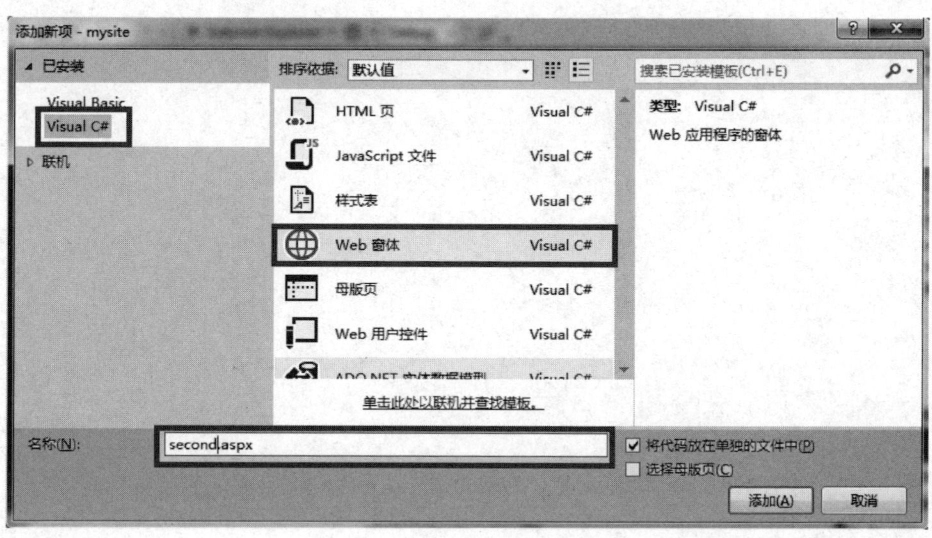

图 1.46　新建 ASP.NET 网页

习题 1

1. 如何安装 IIS？如何检测自己的计算机上是否安装了 IIS？
2. 如何建立自己的虚拟目录？
3. ASP.NET 的特点是什么？
4. 建立一个简单的 ASP.NET 网站。

第2章 C#编程语言基础

介绍 Visual C#.NET 程序设计基础，包括 Visual C#.NET 基本数据类型、常量和变量、表达式和程序基本结构等内容，目的是使读者掌握 C#开发语言的基本语法结构，为后续章节奠定基础。主要实现以下目标：

- 掌握 C#的基本数据类型；
- 掌握 C#各种运算符表达式的用法；
- 理解 C#控制台程序的基本结构；
- 会使用 if、while、for 等语句编写程序。

2.1 C#程序构成

C#程序是用命名空间组织起来的，一个命名空间可以包含类型声明和嵌套的命名空间声明。类型声明用于定义类、结构、接口、枚举和委托。在一个类型声明中可以使用哪些类型作为其成员，取决于该类型声明的形式。例如，类声明可以包含常数声明、字段声明、方法声明、属性声明、事件声明、索引器声明、运算符声明、实例构造函数声明、静态构造函数声明、析构函数声明和嵌套的类型声明。

一个声明所定义的名称属于它自己所属的那个“声明空间”。除非重载成员，否则，在同一个声明空间下若有两个以上的声明语句声明了具有相同名称的成员，编译时就会产生错误。同一个声明空间内绝不能包含不同类型的同名成员。例如，声明空间绝不能包含同名的字段和方法。

有若干种不同类型的声明空间，如下所述。

(1) 在程序的所有源文件中，一个声明语句(称为“命名空间成员声明”)，若没有被置于任何一个“命名空间声明”下，它就属于一个组合声明空间(称为“全局声明空间”)。

(2) 在程序的所有源文件中，一个“命名空间成员声明”若在“命名空间声明”中具有相同的完全限定的命名空间名称，它就属于一个组合声明空间。

(3) 每个类、结构或接口声明创建一个新的声明空间。新的声明空间名称是通过“类成员声明”、“结构成员声明”或“接口成员声明”引入的。除了重载实例构造函数声明和静态构造函数声明外，类或结构成员声明不能引入与该类或结构同名的成员。类、结构或接口允许声明重载方法和索引器。另外，类或结构允许重载实例构造函数和运算符的声明。例如，类、结构或接口可以包含多个同名的方法声明，前提是这些方法声明的签名不同。注意，基类与类的声明空间无关，基接口与接口的声明空间无关。因此，允许在派生类或接口内声明与所继承的成员同名的成员。我们说这类成员“隐藏”了那些被它们所继承的成员。

（4）每个枚举声明创建一个新的声明空间。名称通过“枚举成员声明”引入此声明空间。

（5）每个“块”为局部变量和常量创建一个不同的声明空间。名称通过“局部变量声明”和“局部常量声明”引入此声明空间。如果块是实例构造函数、方法或运算符声明的体，或是索引器声明的 get 或 set 访问器，这些声明中声明的参数是块的局部变量声明空间的成员。块的局部变量声明空间包含任何嵌套块。因此，在嵌套块中不可能声明与封闭它的块中的局部变量同名的局部变量。

（6）每个“块”都为标签创建一个单独的声明空间。名称通过标记语句引入此声明空间，通过 goto 语句被引用。块的“标签声明空间”包含任何嵌套块。因此，在嵌套块中不可能声明与封闭它的块中的标签同名的标签。

声明名称的文本顺序通常不重要。具体来说，声明和使用命名空间、常数、方法、属性、事件、索引器、运算符、实例构造函数、析构函数、静态构造函数和类型时，文本顺序并不重要。在下列情况下声明顺序非常重要：

- 字段声明和局部变量声明的声明顺序确定其初始值设定项（若有的话）的执行顺序。
- 在使用局部变量前必须先定义它们。
- 当省略“常数表达式”值时，枚举成员的声明顺序非常重要。

命名空间的声明空间是“开放式的”，两个具有相同的完全限定名的命名空间声明属于相同的声明空间。

【例 2-1】 使用 Visual Studio .NET 提供的项目模板来创建一个控制台应用程序（Console Application）。这个程序将在窗口中显示“欢迎使用 C＃”字符串。具体操作步骤如下。

（1）要创建 C＃控制台应用程序，首先选择“文件”→“新建”→“项目”命令，打开“新建项目”对话框，如图 2.1 所示。

图 2.1 “新建项目”对话框

(2) 在"模板"中选择 Visual C＃,再选择"控制台应用程序"。"名称"文本框中将会给出一个默认的名称,可以根据需要改变项目的名称。如果要改变项目的位置,可以通过单击"位置"下拉列表框右边的"浏览"按钮,打开"项目位置"对话框来选择一个目录。单击"确定"按钮,关闭"新建项目"对话框,让 Visual Studio .NET 自动生成代码。在窗口中输入如下所示的代码。

```
using System;
namespace ConsoleApplication1
{
    class Program
    {
        static void Main(string[] args)
        {
            //运行后在窗口中显示的字符串
            Console.WriteLine("欢迎使用C＃");
            Console.ReadLine(); //窗口暂停
        }
    }
}
```

这样,第一个 C＃程序就创建好了。

(3) 在 Visual Studio 中,可以采用两种方式运行程序: 一种是调试运行; 另一种是不进行调试而直接运行。要调试运行程序,可以使用"调试"→"启动调试"命令或单击工具栏中的"启动"按钮或直接按 F5 键; 要直接运行程序,则使用"调试"→"开始执行"命令或按 Ctrl+F5 键。运行本例中的程序,将显示图 2.2 所示的窗口。

图 2.2　欢迎使用窗口

下面用上面的简化代码来分析 C＃程序,并借此来分析一下 C＃应用程序的结构。

1．命名空间

上面程序中的第一条语句“using System”表示导入 System 命名空间。“Console.WriteLine("欢迎使用 C#")”这条语句中的 Console 是 System 命名空间中包含的系统类库中定义好的一个类，它代表系统控制台，即字符界面的输入和输出。

C#程序是用命名空间来组织代码，要访问某个命名空间中的类或对象，必须用如下语法：

```
命名空间.类名
```

由于 Console 类位于 System 命名空间中，所以实际上用户在访问 Console 类时，完整的写法应该是：

```
System.Console
```

但是，在程序的第一行，使用了：

```
using System;
```

这条语句用 using 语句导入 System 命名空间，这样在本程序中可以直接使用 System 命名空间中的类或对象，所以要访问 Console 类，就可以不用写 System.Console，直接写 Console 即可。

2．自定义命名空间 namespace

namespace 关键字用于声明一个范围。此命名空间范围允许组织代码提供了创建全局唯一类型的方法：

(1) 命名空间名可以是任何合法的标识符。命名空间名可以包含句号。

(2) 即使未显式声明命名空间，也会创建默认命名空间。该未命名的命名空间(有时称为全局命名空间)存在于每一个文件中。全局命名空间中的任何标识符都可用于命名的命名空间中。

(3) 命名空间隐式具有公共访问权，并且这是不可修改的。

(4) 在两个或更多的声明中定义一个命名空间是可以的。

3．类

C#要求其程序中的每一个元素都要属于一个类。程序的第四行 class Program 声明了一个类，类的名字为 Program。这个程序的功能就是依靠它来完成的。C#程序由大括号“{”和“}”构成，程序中每一对大括号“{ }”构成一个块。大括号成对出现，可以嵌套，即块内可以出现子块，嵌套深度不受限制，可以嵌套任意层，但一定要保证“{”和“}”成对出现，否则，程序就是错误的。

注意：C#程序中的语句以“;”表示结束。

4．Main()方法

程序的入口从下面的代码开始：

```
static void Main(string[ ]args)
```

名字为 Main()的静态方法就是程序的入口。当程序执行时，就直接调用这个方法。方法的执行从左括号“{”开始，到右括号“}”结束。

在 C＃程序中，程序的执行总是从 Main()方法开始的。一个 C＃程序中不允许出现两个或两个以上的 Main()方法，而且 C＃中 Main()方法必须包含在一个类中。

5. 注释

在程序编写过程中常常要对程序中比较重要或需要注意的地方做些说明，通常采用注释的方式将这些说明写在程序中。

在 C＃语言中，提供了两种注释方法：

(1) 每一行中“//”后面的内容作为注释内容，该方式只对本行生效；

(2) 需要多行注释的时候，在第一行之前使用“/＊”，在末尾一行之后使用“＊/”，也就是说被“/＊”与“＊/”包含的内容都作为注释内容。

通过上面的分析，可以看出 C＃程序的基本结构如下：

```
/* 导入.NET 系统类库提供的命名空间 System */
using System;
namespace ConsoleApplication1
{
    class Program                          //定义类
    {
        static void Main(string[] args) /* 程序的入口，其中，static 表示 Main( )方法是一个静
                                           态方法，void 表示该方法没有返回值 */
        {
            //运行后在窗口中显示的字符串
            Console.WriteLine("欢迎使用 C#");
            Console.ReadLine();         //窗口暂停
        }
    }
}
```

注意：C＃语言对大小写是敏感的；一个程序不允许出现两个甚至两个以上的 Main()方法；C＃程序中的源代码被包含在“{”与“}”之间，必须一一对应。

2.2 C＃数据类型

C＃是一种强类型语言，在程序中用到的变量、表达式和数值等都必须有类型，编译器检查所有数据类型操作的合法性，非法数据类型操作不会被编译。C＃语言支持两种基本的数据类型：一种是值类型(Value Type)；另一种是引用类型(Reference Type)。C＃语言的类型如图 2.3 所示。

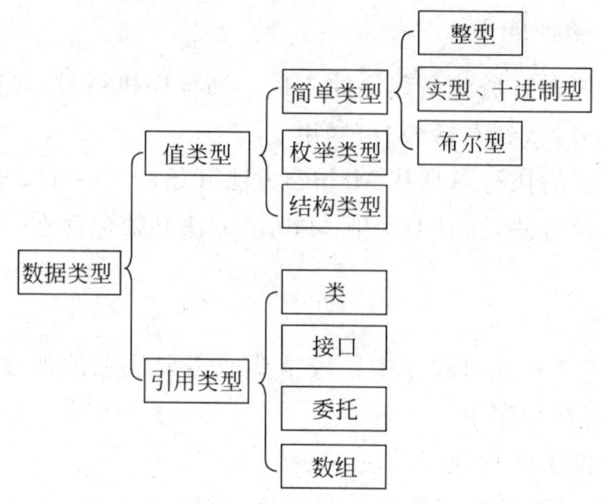

图 2.3　C＃语言的类型

2.2.1　值类型

所谓值类型就是一个包含实际数据的量，即值类型变量直接含有它们的数据。每一个值类型变量都有它自己数据的副本，因此对一个变量的操作不会影响另一个变量。当定义一个值类型的变量时，C＃会根据它所声明的类型，以堆栈方式分配一块大小相适应的存储区域给这个变量，随后对这个变量的读或写操作就直接在这块内存区域进行。

C＃值类型包括简单类型、枚举类型和结构类型。

1. 简单类型

简单类型(Simple Type)是由一系列元素构成的数据类型，包括整数类型、实数类型、布尔类型。表 2-1 给出了 C＃中常见的简单类型。

表 2-1　C＃简单类型

类型	长度	.NET 类型	说　明	范围和精度
byte	1	byte	8 位无符号整型	0～255
sbyte	1	sbyte	8 位有符号整型	－128～127
short	2	int16	16 位有符号整型	－32 768～32 767
ushort	2	uint16	16 位无符号整型	0～65 535
int	4	int32	32 位有符号整型	－2 147 483 648～2 147 483 647
uint	4	uint32	32 位无符号整型	0～4 294 967 295
long	8	int64	64 位有符号整型	－9 223 372 036 854 775 808～9 223 372 036 854 775 807
ulong	8	uint64	64 位无符号整型	0～18 446 744 073 709 551 615
float	4	single	32 位单精度浮点类型	$+1.5\times10^{-45}$～$+3.4\times$1038(7 位精度)
double	8	double	64 位双精度浮点类型	$+5.0\times10^{-324}$～$+1.7\times10^{308}$(15 位精度)
decimal	16	decimal	128 位高精度十进制数类型	$+1.0\times10^{-28}$～$+7.9\times10^{28}$(28 位精度)
char		char	16 位字符类型	
bool		boolean	逻辑值(真或假)	true、false

整数类型共有 9 种，它们的区别在于所占存储空间的大小、带不带符号位以及所能表示数的范围。比较特别的是字符型(char)归属于整型，但它与整型有所不同，不支持从其他类型到字符型的隐式转换。

实数类型有 3 种，其中浮点类型 float、double 采用 IEEE 754 格式来表示，因此浮点运算一般不产生异常。decimal 类型主要适用于财务和货币计算，它可以精确地表示十进制小数数字。虽然它具有较高的精度，但取值范围较小，因此从浮点型到 decimal 类型的转换可能会产生溢出异常；而从 decimal 类型到浮点类型的转换则可以导致精度的损失，所以浮点类型与 decimal 类型之间不存在隐式转换。

布尔类型表示布尔逻辑量，它与其他类型之间不存在标准转换，即不能用一个整型数据表示 true 或 false。

对简单类型可以在声明的同时进行初始化，形式如下：

```
int age = 23;
long number =- 33;
ulong number1 = 55;
float score = 89.5f;            //当给浮点型变量赋值时,需在后面加一个 f 或 F
decimal price = 123.456m;       //需在后面加一个 m 或 M
char answer = 'y';
bool isright = true;
```

2. 枚举类型

枚举类型(Enum Type)是一种值类型，它用于声明一组命名的常数。枚举类型的声明形式为：

```
访问修辞符 enum 枚举名: 基础类型
{
    枚举成员
}
```

基础类型必须能够表示该枚举中定义的所有枚举数值。枚举声明可以显式地声明 byte、sbyte、short、ushort、int、uint、long 或 ulong 类型作为对应的基础类型。没有显式地声明基础类型的枚举声明意味着所对应的基础类型是 int。

枚举成员是该枚举类型的命名常数。任意两个枚举成员不能具有相同的名称。每个枚举成员均具有相关联的常数值。此值的类型就是枚举的基础类型。每个枚举成员的常数值必须在该枚举的基础类型的范围之内。在枚举类型中声明的第一个枚举成员其默认值为零。

【例 2-2】 下面是使用枚举类型的一个示例。

```
public enum TimeofDay
{
    Morning,
    Afternoon,
    Evening
}
class Program
```

```
{
    static void WriteGreeting(TimeofDay timeofDay)
    {
        switch(timeofDay)
        {
            case TimeofDay.Morning:
                Console.WriteLine("good morning");
                break;
            case TimeofDay.Afternoon:
                Console.WriteLine("good afternoon");
                break;
            case TimeofDay.Evening:
                Console.WriteLine("good evening");
                break;
        }
    }
    static void Main(string[ ] args)
    {
        WriteGreeting(TimeofDay.Morning);
        WriteGreeting(TimeofDay.Evening);
        WriteGreeting(TimeofDay.Afternoon);
        Console.Read Line();     //窗口暂停
    }
}
```

图 2.4　枚举使用示例运行结果

运行结果如图 2.4 所示。

3. 结构类型

结构类型是指把各种不同类型数据信息组合在一起形成的组合类型。结构是用户自定义的数据类型。使用结构类型可以方便地存储多条不同类型的数据。

在 C# 中可以使用数组来存储许多相同类型和意义的相关信息，但是如果有些数据信息由若干不同数据类型和不同意义的数据所组成（如一个学生的个人记录可能包括学号、姓名、性别、年龄、籍贯、家庭住址、联系电话等），这些信息的类型不完全一样，就不能通过定义一个数组来存储一个学生的所有信息。这时，就可以用 C# 提供的结构类型有组织地把这些不同类型的数据信息存放到一起。

结构类型也是先声明后使用。声明结构类型时要使用 struct 关键字。声明结构类型的一般语法格式如下：

```
struct 标识符
{
    结构成员定义;
}
```

说明：

(1) struct 关键字表示声明的是一种结构类型。

(2) 标识符必须是 C# 合法的标识符，它用来在程序中唯一确定所定义的结构。

(3) 由一对花括号括起来的部分称为结构体，它定义了结构中所包含的各种成员。

定义一个学生结构类型 Student，包括学号、姓名、年龄和所在系等信息。

```
Struct  Student     //定义名为 Student 的结构类型
{
    long  no;     //定义结构的数据成员
    string  name;
    int  age;
    string  university;
    //定义结构的方法成员
    void structmethod()
    {
        //方法可执行代码
    }
}
```

在上面定义的结构语句中，在结构体中定义了结构的数据成员及方法成员。

结构成员可分为两类：一类是实例成员；另一类是静态成员。若成员名前有 static 关键字，则该成员为静态成员，否则为实例成员。静态成员通过结构名来访问，实例成员是通过创建结构类型的变量来访问的。

创建结构类型的变量的一般形式如下：

```
结构名 标识符;
```

说明：结构名为已声明的结构类型的名称，标识符必须是 C＃合法的标识符，它用来表示结构类型的变量。

来看一个简单的示例：

```
struct  IPAddress
{
    public byte  b1,b2,b3,b4;
}
class Program
{
    static void Main(string[] args)
    {
        IPAddress  myIP;
        myIP.b1 = 192;
        myIP.b2 = 168;
        myIP.b3 = 1;
        myIP.b4 = 11;
        Console.Write("{0}.{1}.",myIP.b1,myIP.b2);
        Console.Write("{0}.{1}",myIP.b3,myIP.b4);
        Console.ReadLine();
    }
}
```

输出结果：

```
192.168.1.11
```

关于结构类型与类的区别，后面再介绍。

2.2.2 引用类型

引用类型是将数据保存在堆上的存储方式。当将一个数据给引用类型时，它被保存在堆上的变量中。引用类型的大小不固定，为了可以快速地搜索引用类型数据的值，通过将其地址保存在堆栈上，可以通过地址找到真正数据的所在。引用类型很抽象，就像一个门牌号，可以根据门牌号找到所在的房子。

引用类型一般包括类、接口、委托和数组等。

【例 2-3】 下面是一个简单的实例，学习如何辨别值类型和引用类型。

```
Class Study
{
    public int x = 15;      //类的变量，默认为 15
}
class Program
{
    static void Main(string[ ] args)
  {
        //引用类型的演示
        Study A1 = new Study();
        Study A2 = A1;
        A2.x = 25;
        //值类型的演示
        int B1 = 35;
        int B2 = B1;
        B2 = 45;
        Console.WriteLine("A1.x = " + A1.x + ",A2.x = " + A2.x); //引用类型结果
        Console.WriteLine("B1 = " + B1 + ",B2 = " + B2);        //值类型结果
        Console.Read();
    }
}
```

其中，A2 是类的对象，是引用类型。当改变其数据时，实际数据也发生了变化，即 A1 中的数据也变了。B2 是值类型，当其数据发生变化时，并不影响 B1 的数据。例 2-3 的输出结果如图 2.5 所示。

图 2.5　值类型和引用类型的输出对比

ref 关键字表示引用参数，即地址，对 ref 参数的操作就是改变它所对应的地址中的内容。

下面来看一个示例：

```
namespace Program
```

```
{
    class Program
    {
        static void Main(string[ ] args)
        {
            int A = 3;
            Fun(ref A);
            Console.Write(A);
        }
        static void Fun(ref int A)
        {
            A = 5;
        }
    }
}
```

输出结果为5。

Main()函数中调用Fun()函数的过程是Main()把自己的局部变量A的内存地址传递给Fun()函数,然后Fun()把该地址中的内容改为5,这也就改变了Main()中A的值。

C#引用类型和值类型的主要区别有:

(1) 值类型变量直接包含它们的数据,对于值类型,每个变量都有它们自己对数据的拷贝,所以不可能因为对一个进行操作而影响其他变量;然而引用类型是存储对象的引用。

(2) 如果两个变量引用相同的对象,对一个变量的操作会影响另一个变量所引用的对象。从存储方式来看,值类型的变量本身包含它们的数据值,将存储在栈中。而引用类型的变量包含的是指向含数据值的内存块的位置信息,将存储在受控的堆中。

(3) C#的类型系统是统一的,因此任何类型的值都可以按对象处理。C#中的每个类型直接或间接地从object类型派生,而object是所有类型的最终基类。引用类型的值都被当作"对象"来处理,这是因为这些值可以简单地被视为属于object类型。值类型的值则通过执行装箱(boxing)和拆箱(unboxing)操作亦按对象处理。

下面的示例将int值转换为object,然后又转换回int。

```
class Test
{
    static void Main(string[ ] args)
    {
        int i = 123;
        object o = i;          //装箱
        int j = (int)o;        //拆箱
    }
}
```

当将值类型的值转换为类型object时,将分配一个对象实例(也称为"箱子")以包含该值,并将值复制到该箱子中。反过来,当将一个object引用强制转换为值类型时,将检查所引用的对象是否含有正确的值类型,如果是,则将箱子中的值复制出来。

2.3 常量、变量与表达式

变量和常量用来代表程序中的数据，是程序运行不可缺少的一部分。本节介绍如何定义变量和常量，并详细介绍不同类型变量的作用域。

2.3.1 常量

常量就是在程序的运行期间其值不会改变的量，通常分为直接常量和符号常量。

1. 直接常量

直接常量即数据值本身。根据数据的类型，直接常量分为以下几种。

1）整型常量

C#语言整型常量的3种表示形式为：

(1) 十进制整数，如12、-314、0。

(2) 八进制整数，要求以0开头，如012。

(3) 十六进制数，要求以0x或0X开头，如0x12。

C#语言的整型常量默认为int型。如：

```
int i = 3;
```

声明long型常量可以后加l或L。如：

```
long  l = 3L;
```

2）实型常量

C#浮点类型常量有两种表示形式。

(1) 十进制数形式：必须含有小数点。如：

```
3.14      314.0       .314
```

(2) 科学记数法形式。如：

```
3.14e2       3.14E2       314E2
```

C#浮点型常量默认为double型，如要声明一个常量为float型，则需在数字后面加f或F。如：

```
double  d = 3.14;
float  f = 3.14f;
```

3）字符常量

字符常量是用单引号括起来的单个字符。如：

```
char c = 'A';
```

C#语言中还允许使用转义字符“\”来将其后的字符转变为其他的含义，如表2-2所示。

表 2-2　转义字符表

转义字符	含　义
\ddd	1～3 位八进制数所表示的字符(ddd)
\uxxxx	1～4 位十六进制数所表示的字符(xxxx)
\'	单引号字符
\"	双引号字符
\\	反斜杠字符
\r	回车
\n	换行
\f	走纸换页
\t	横向跳格
\b	退格

4）字符串常量

字符串常量是用双引号括起的零个或多个字符序列。C# 支持两种形式的字符串常量：一种是常规字符串；另一种是逐字字符串。常规字符串就是用双引号括起的一串字符，可以包括转义字符，如“China，Beijing”、“d：\\myfile\\f1.txt”等。

5）布尔常量

boolean 类型适于逻辑运算，一般用于程序流程控制。

boolean 类型数据只允许取值 true 或 false，不可以 0 或非 0 的整数替代 true 和 false。

2. 符号常量

符号常量通常用来保存一个固定值。例如，在程序设计中，圆周率 PI 是一个固定的值，那么，在程序开始时，就可以将其定义为一个常量。

常量的定义语法如下所示，其中，const 是定义常量的关键字，同时还要将变量名大写。

```
const 类型名称 常量名 = 常量表达式;
```

【例 2-4】 下面的示例演示一个符号常量的定义和使用过程，主要目的是求一个指定半径的圆的面积。

```
Class Program
{
    const double PI = 3.1415926;                      //定义圆周率——常量
    static void Main(string[ ] args)
    {
        double r = 3;                                 //定义圆的半径
        double area = PI * r * r;                     //计算圆的面积
        Console.WriteLine("圆的面积为: {0}", area);   //输出结果
    }
}
```

本例的输出结果如图 2.6 所示。

图 2.6　求圆面积的运行结果

2.3.2　变量

变量的使用比常量要复杂得多，它具备固定的数据类型，还有专门的作用域。声明变量时，必须指定变量的类型。变量名一般都是小写字母，如果变量的名字比较长，可将第二个单词的首字母大写。

1. 变量命名规则

命名变量应遵循如下规则：

- 变量名的首字符必须是字母、汉字或下划线。
- 变量名中不能包含空格、小数点以及各种符号。
- 组成变量名的字符数不要太长，应控制在3～30个字符。
- 变量名不能是关键字。如int、object等不能用作变量名。
- 变量名在同一范围内必须是唯一的。

在C#中声明变量使用下述语法：

```
类型 标识符;
```

例如：

```
int i;
```

该语句声明int变量i。编译器不会让我们使用这个变量，除非我们用一个值初始化了该变量。但这个声明会在堆栈中给它分配4个字节，以保存其值。

声明i之后，就可以使用赋值运算符(=)给它分配一个值：

```
i = 10;
```

还可以在一行代码中声明变量，并初始化它的值：

```
int i = 10;
```

如果在一个语句中声明和初始化了多个变量，那么所有的变量都具有相同的数据类型：

```
int x = 10, y = 20;   // x and y are both ints
```

要声明类型不同的变量，需要使用单独的语句。在多个变量的声明中，不能指定不同的数据类型：

```
int x = 10;
bool y = true;                  // Creates a variable that stores true or false
int x = 10, bool y = true;    // This won't compile!
```

注意：上面例子中的“//”和其后的文本，它们是注释。“//”字符串告诉编译器，忽略其后的文本。

2. 变量的初始化

变量的初始化是C#强调安全性的另一个例子。简单地说，C#编译器需要用某个初始值对变量进行初始化，之后才能在操作中引用该变量。大多数现代编译器把没有初始化标记为警告，但C#编译器把它当作错误来看待。这就可以防止我们无意中从其他程序遗留下来的内存中获取垃圾值。

C#有两个方法可确保变量在使用前进行了初始化：

(1) 变量是类或结构中的字段，如果没有显式初始化，在默认状态下创建这些变量时，其值就是0。

(2) 方法的局部变量必须在代码中显式初始化，之后才能在语句中使用它们的值。此时，初始化不是在声明该变量时进行的，但编译器会通过方法检查所有可能的路径，如果检测到局部变量在初始化之前就使用了它的值，就会产生错误。

例如，在C#中不能使用下面的语句：

```
public static int Main(String[] args)
{
int d;
Console.WriteLine(d);            //变量 d 没初始化
return 0;
}
```

注意：在这段代码中，演示了如何定义 Main()，使之返回一个 int 类型的数据，而不是 void。

在编译这些代码时，会得到下面的错误消息：使用了未赋值的局部变量 d。

3. 变量的作用域

变量的作用域是可以访问该变量的代码区域。一般情况下，确定作用域有以下规则。

- 只要字段所属的类在某个作用域内，其字段(也称为成员变量)也在该作用域内(在C++、Java 和 VB 中也是这样)。
- 局部变量存在于表示声明该变量的块语句或方法结束的封闭花括号之前的作用域内。
- 在 for、while 或类似语句中声明的局部变量存在于该循环体内(C++程序员注意，这与C++的 ANSI 标准相同。Microsoft C++编译器的早期版本不遵守该标准，但在循环停止后这种变量仍存在)。

1) 局部变量的作用域冲突

大型程序在不同部分为不同的变量使用相同的变量名是很常见的。只要变量的作用域是程序的不同部分，就不会有问题，也不会产生模糊性。但要注意，同名的局部变量不能在同一作用域内声明两次，所以不能使用下面的代码：

```
int x = 20;
```

```
int x = 30;
```

来看下面的代码示例：

```
public class Test
{
    public static int Main(String[ ] args)
    {
        for (int i = 0; i < 10; i++ )
        {
            Console.Write(i);
        }
        Console .WriteLine ("  ");
        for (int i = 9; i >= 0; i-- )
        {
            Console.Write(i);
        }
        Console.ReadKey();
        return 0;
    }
}
```

输出结果如图 2.7 所示。

图 2.7　局部变量使用示例运行结果

这段代码使用一个 for 循环打印 0～9 的数字，再打印 9～0 的数字。重要的是在同一个方法中，代码中的变量 i 声明了两次。可以这么做的原因是在两次声明中，i 都是在循环内部声明的，所以变量 i 对于循环来说是局部变量。

下面看看另一个例子：

```
public static int Main(String[ ] args)
{
    int j = 20;
    for (int i = 0; i < 10; i++ )
    {
        int j = 30;   // Can't do this - j is still in scope
        Console.WriteLine(j + i);
    }
    return 0;
}
```

如果试图编译它，就会产生如图 2.8 所示错误。

其原因是：变量 j 是在 for 循环开始前定义的，在执行 for 循环时应处于其作用域内，在 Main 方法结束执行后，变量 j 才超出作用域，第二个 j(不合法)则在循环的作用域内，该作

图 2.8 局部变量使用错误提示

用域嵌套在 Main 方法的作用域内。编译器无法区别这两个变量，所以不允许声明第二个变量。这也是与 C++不同的地方，在 C++中，允许隐藏变量。

2）字段和局部变量的作用域冲突

在某些情况下，可以区分名称相同（尽管其完全限定的名称不同）、作用域相同的两个标识符。此时编译器允许声明第二个变量。原因是 C# 在变量之间有一个基本的区分，它把声明为类型级的变量看作字段，而把在方法中声明的变量看作局部变量。

请看下面的代码：

```
namespace Program
{
    class VarTest
    {
        static int j = 20;

        public static void Main(string[ ] args)
        {
            int j = 30;
            Console.WriteLine(j) ;
            Console.Read() ;
        }
    }
}
```

即使在 Main 方法的作用域内声明了两个变量 j，这段代码也会编译——j 被定义在类级上，在该类删除前是不会超出作用域的（在本例中，当 Main 方法中断，程序结束时，才会删除该类）。此时，在 Main 方法中声明的新变量 j 隐藏了同名的类级变量，所以在运行这段代码时，会显示数字 30。

但是，如果要引用类级变量，该怎么办？可以使用语法 object.fieldname，在对象的外部引用类的字段或结构。在上面的例子中，访问静态方法中的一个静态字段（静态字段详见下一节），所以不能使用类的实例，只能使用类本身的名称：

```
public static void Main(string[ ] args)
{
    int j = 30;
    Console.WriteLine(ScopeTest2.j);
}
```

如果要访问一个实例字段（该字段属于类的一个特定实例），就需要使用 this 关键字。

2.3.3 运算符与表达式

表达式是由操作数和运算符构成的。C# 提供了大量的运算符，常用的运算符有算术运算符、字符串运算符、赋值运算符、逻辑运算符等。本节介绍如何使用C#中的运算符。

1. 算术运算符

算术运算符是常见的数学运算符，算术运算符有一元运算符与二元运算符。

一元运算符：－(取负)、＋(取正)、＋＋(增量)、－－(减量)。

二元运算符：＋(加)、－(减)、*(乘)、/(除)、%(求余)。

下面的代码演示了常见的4种算术运算。注意，这些参与运算的变量的数据类型，一定是可计算的类型。

【例2-5】 运算符实例。

```
class Program
{
    static void Main(string[] args)
    {
        int x, y;
        x = 15;             //定义变量初始值
        y = 8;              //定义变量初始值
        Console.WriteLine("两个数的和：{0}", x + y);   //输出和
        Console.WriteLine("两个数的差：{0}", x - y);   //输出差
        Console.WriteLine("两个数的积：{0}", x * y);   //输出积
        Console.WriteLine("两个数的商：{0}", x / y);   //输出商
        Console.Read();
    }
}
```

上述代码的运行效果如图2.9所示。

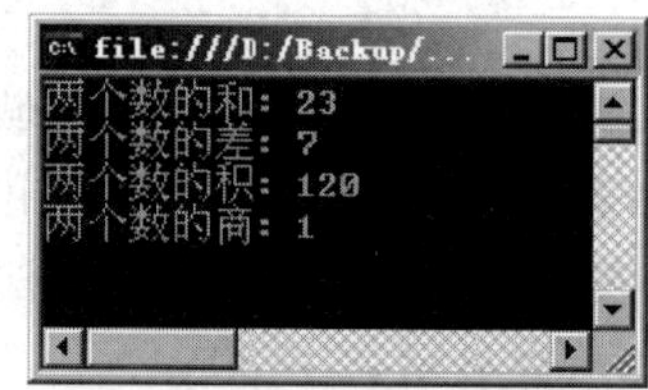

图2.9 算术运算的结果

自增和自减运算符：一般用于数值型变量，用来增大或减少变量当前的值，使用语法为“变量＋＋；”或“变量－－；”。

假设变量i的值为3，执行“j＝i＋＋；”后，i和j的值分别为4和3。

假设变量x的值为5，执行“y＝＋＋x；”后，x和y的值分别为4和4。

2. 字符串运算符

字符串运算符是常用的运算符，用在字符串和字符的处理上。在C#中，字符串运算最常用的运算符是“＋”和“[ ]”。“＋”用来连接两个字符串，虽然效率有些低，但使用方便。“[ ]”用来以索引方式查找字符串数组中的值，可以被称为字符串的索引器。

【例2-6】 演示两种运算符的使用方法。

```
class Program
{
    static void Main(string[] args)
```

```
    {
        string str1 = "China ";
        string str2 = "Chongqing!";
        string[] strArray ={ "how", "are", "you" };
        Console.WriteLine("用+连接字符串的结果: {0}", str1 + str2);
        Console.WriteLine("数组中的第一个值: {0}", strArray[0]);
        Console.WriteLine("输出数组中的第二个值: {0}", strArray[1]);
        Console.WriteLine("输出数组中的第三个值: {0}", strArray[2]);
        Console.Read();
    }
}
```

注意：定义字符串数组使用"{ }"实现，使用"[ ]"索引数组时，从 0 开始索引。

上述代码的运行效果如图 2.10 所示。

图 2.10　字符串运算的结果

3. 赋值运算符

赋值运算符就是常见的"="，它可以为数值型、枚举、类等所有的类型赋值。使用"="的语法如下所示：

```
变量 = 值;
```

其中，"="左边一般为变量的名称，"="右边为固定的值、已经知道的变量或新实例化的类。还有一种赋值运算符可计算后再赋值，如"+="或"-="。

【例 2-7】 演示不同类型的赋值方式。

```
class Program
{
    static void Main(string[] args)
    {
        int x = 10;                                  //数值型赋值
        string str = "北京奥运会";                   //字符型赋值
        StringBuilder str1 = new StringBuilder();    //类赋值
        int[] arr = { 1, 2, 3, 4 };                  //数组赋值
        x += arr[1];
        Console.WriteLine("x 的最终结果为{0}", x);
        Console.Read();
    }
}
```

4. 关系运算符与关系表达式

1) 关系运算符

关系运算符有 6 种，关系运算符及用法见表 2-3。

表 2-3　6 种关系运算符及用法

关系运算符	含　义	关系表达式示例	运算结果
==	等于	"abcd"=="aabc"	False
>	大于	8>5	True
>=	大于等于	3>=1	True
<	小于	13<5	False
<=	小于等于	3<=8	True
!=	不等于	3!=6	True

2）关系表达式

关系表达式由操作数和关系运算符组成。关系表达式中既可以包含数值，也可以用于字符或字符串，但是用于字符串的关系运算符只有相等“==”和不等“!=”两种。

5. 逻辑运算符

逻辑运算就是常说的“是否”操作，“是”就执行 A 代码，“否”就执行 B 代码。逻辑运算符一般包括“与”、“或”、“非”。

与：C#中的符号为“&&”，表示必须满足两个条件。语法为“表达式 1 && 表达式 2”。

或：C#中的符号为“||”，表示满足两个条件中的任意一个即可。语法为“表达式 1 || 表达式 2”。

非：C#中的符号为“!”。表示取当前表达式结果的相反结果。如果当前表达式为 true，则计算结果为 false。语法为“! 表达式”。

【例 2-8】 演示逻辑运算符的使用方法。（关于 if 语句后面再介绍）

```
class Program
{
    static void Main(string[] args)
    {
        int x = 5;
        int y = 5;
        if (x == 5 && y == 5)                    //与操作
            Console.WriteLine("x 和 y 相等");
        else
            Console.WriteLine("x 和 y 不相等");
        y = 50;
        if (x == 50 || y == 50)                  //或操作
            Console.WriteLine("x 和 y 中有一个为 50");
        if (!(y == 5))                           //非操作
            Console.WriteLine("y 不等于 5");
            Console.Read();
    }
}
```

上述代码的运行结果如图 2.11 所示。

file:///D:/Backup/我的文档/Visual Studio 2008...
x和y相等
x和y中有一个为50
y不等于5

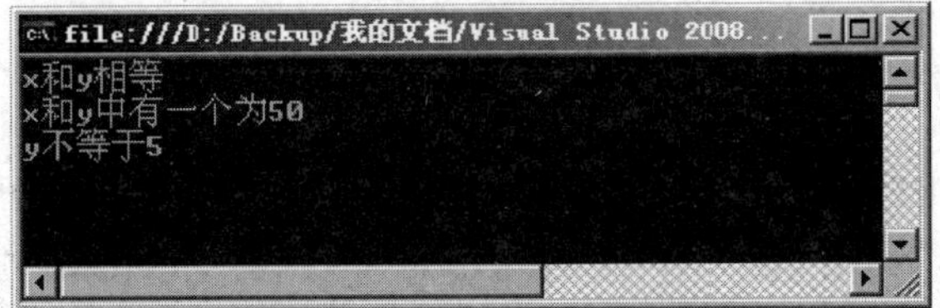

图 2.11　逻辑运算的结果

6. 位运算符

位运算在 C 语言中曾经发挥过巨大的作用，但它在 C＃语言中的应用并不广泛。本节只简单介绍一下 C＃的位运算符，并给出一个简短的小例子。

位运算符对位进行运算和处理。C＃中主要包括 6 种位运算符，如表 2-4 所示。

表 2-4　C＃中的位运算符

位运算符标识	标识说明
&	按位与。将两个值的二进制进行与操作。只有两个二进位均为 1 时，结果位才为 1，否则为 0
|	按位或。将两个值的二进制进行或操作。只要两个二进制位中有一个为 1，结果位就等于 1，否则为 0
^	按位异或
～	取反
<<	左移。将变量的二进制位往左移动，低位补 0
>>	右移。将变量的二进制位往右移动

【例 2-9】　演示简单的位运算过程。

```
class Program
{
    static void Main(string[] args)
    {
        char x = 'a', y = 'b';                          //定义两个字符
        int z;                                          //定义数值型数据
        z = x;                                          //将 a 隐式转换为数值
        Console.WriteLine("此时的 z 为: {0}",z);
        z = (z << 8) | y;                               //进行位运算
        Console.WriteLine("z 经过左移 8 位,再和 y 进行按位与后,结果为{0}",z);
        Console.Read();
    }
}
```

上述代码的运算结果如图 2.12 所示。

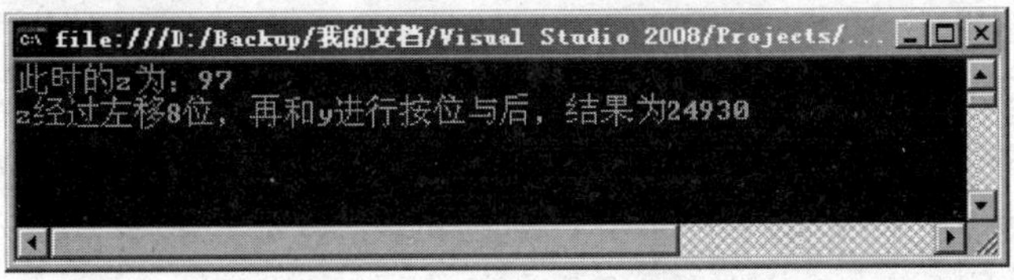

file:///D:/Backup/我的文档/Visual Studio 2008/Projects/...
此时的z为：97
z经过左移8位，再和y进行按位与后，结果为24930

图 2.12　按位运算的结果

7. 条件赋值运算符及表达式

条件赋值表达式可以看作逻辑表达式和赋值表达式的组合，它可根据逻辑表达式的值(true 或 false)返回不同的结果。条件运算符由符号“?”与“:”组成，通过操作 3 个操作数完成运算。其一般格式为：

```
逻辑表达式 ? 表达式 1: 表达式 2
```

条件赋值表达式在运算时，首先运算“逻辑表达式”的值，如果为 true，则运算结果为“表达式 1”的值，否则运算结果为“表达式 2”的值。

如：条件表达式“4>3? 1:2”的值为 1；条件表达式“3>4? 1:2”的值为 2。

2.3.4 运算符的优先级与结合性

1. 优先级

运算符的优先级如表 2-5 所示。

表 2-5 运算符的优先级

类别	运算符
一元运算符	+(取正) -(取负) !(非) ++x(前增量) --x(前减量)
乘除求余运算符	* / %
加减运算符	+ -
关系运算符	< > <= >=
关系运算符	= !=
逻辑与运算符	&&
逻辑或运算符	‖
条件运算符	?:
赋值运算符	= *= /= %= += -= <<= >>= &= ^= |=

2. 圆括号

为了使表达式按正确的顺序进行运算，避免实际运算顺序不符合设计要求，同时为了提高表达式的可读性，可以使用圆括号明确运算顺序。

使用括号还可以改变表达式的运算顺序。例如，b * c+d 的运算顺序是先进行 b * c 的运算，然后再加 d，如果表达式加上括号，变为 b * (c+d)，则运算时会先进行括号内的运算，然后将结果乘 b。

3. 结合性

在多个同级运算符中，赋值运算符与条件运算符是由右向左结合的，除赋值运算符以外的二元运算符是由左向右结合的。例如，x + y + z 是按(x + y) + z 的顺序运算的，而 x = y= z 是按 x = (y = z)的顺序运算(赋值)的。

2.3.5　类型转换

在表达式中,当操作数的类型不同时,需将它们进行转换。有 3 类转换方式:隐式转换、显式转换和用户自定义转换。

1. 隐式转换

1) 隐式数值转换

一般是低类型向高类型转化,能够保证值不发生变化。

从 sbyte 到 short、int、long、float、double 或 decimal。

从 byte 到 short、ushort、int、uint、long、ulong、float double 或 decimal。

从 short 到 int、long、float、double 或 decimal。

从 ushort 到 int、uint、long、ulong、float、double 或 decimal。

从 int 到 long、float、double 或 decimal。

从 uint 到 long、ulong、float、double 或 decimal。

从 long 到 float、double 或 decimal。

从 ulong 到 float、double 或 decimal。

从 char 到 ushort、int、uint、long、ulong、float、double 或 decimal。

从 float 到 double。

不存在向 char 类型的隐式转换,因此其他整型的值不会自动转换为 char 类型。

浮点型不能隐式地转换为 decimal 型。

2) 隐式枚举转换

隐式枚举转换允许将十进制整数 0 转换为任何枚举类型。

例如:

```
enum Color
{
    White, Blue, Black
}
class EnumConvert
{
    static void Main(string[ ] args)
    {
        Color color1 = Color.White;
        Color color2 = Color.Black;
        Console.WriteLine("color1 is {0}", color1);
        Console.WriteLine("color2 is {0}", color2);
        color1 = 0;   //如果 color1 = 1 则会出现错误
        Console.WriteLine("color1 is {0}", color1);
        Console.ReadKey();
        Console.Read();
    }
}
```

图 2.13　隐式枚举转换运行结果

运行结果如图 2.13 所示。

3）隐式引用转换

派生类向基类转换：隐式引用转换是指一类引用类型之间的转换，这种转换总是可以成功，因此不需要在运行时进行任何检查。

装箱转换：装箱转换允许将值类型隐式转换为引用类型。

2. 显式转换

显式转换也称强制类型转换。通过显式数据转换，可以把取值范围大的数据转换为取值范围小的数据，所以不能保证数据的正确性。

【例 2-10】 显式转换实例。

```
class ConvertTest
    {
        static void Main(string[] args)
        {
            int num1 = 3;
            float num2 = num1;
            double num3 = 5.24;
            int num4;
            num4 = num1 * (int)num3;
            Console.WriteLine("整数类型转化为浮点类型{0}", num2);
            Console.WriteLine("总价格为{0}", num4);
            Console.ReadKey();
            Console.Read();
        }
}
```

运行结果如图 2.14 所示。

图 2.14　显式转换运行结果

3. 用户自定义转换

所有的用户自定义转换都是静态的，要使用 static 关键字。

用户自定义转换分显式和隐式，它们用 implicit（隐式转换）或 explicit（显式转换）关键字声明。

转换形式：

```
static 访问修辞符 转换修辞符 operator 转换类型(参数)
```

请看下面的示例：

```
struct Number
{
    private int value;
    public Number(int value)
    {
            this.value = value;
    }
    //用户自定义从整型到 Number 型的隐式转换
    static public implicit operator Number(int value)
    {
            return new Number(value);
    }
    // 用户自定义从 Number 型到整型的显式转换
    static public explicit operator int(Number n)
    {
            return n.value;
    }
    //用户自定义从 Number 型到 string 型的隐式转换
    static public implicit operator string(Number n)
    {
            return n.ToString();
    }
}
class Test
{
      static public void Main(String[ ] args)
      {
            Number n;
            n= 10;
            Console.WriteLine((int)n);
            //隐式转换到 string
            Console.WriteLine(n);
            Console.Read();
      }
}
```

2.3.6　数组 Array

1. 数组的定义

在 C# 中定义一个数组的方法一般为：

```
Data Type [ ] Array = new DataType [Size];
```

其中，Data Type 可以是基本数据类型和对象类型数据，Size 是数组元素的个数。

Array 数组的属性如表 2-6 所示。

表 2-6　Array 数组的属性

属　　性	意　　义
public virtual bool IsFixedSize	数组的长度是否是固定的
public virtual bool IsReadOnly	数组是否是只读型
public int Length	数组元素的个数
public int Rank	数组的维数
public virtual object SyncRoot	同步访问数组对象

2. 数组对象的方法

数组对象的方法有静态方法和实例方法。

public static int BinarySearch(Array a, object v)，数组 a 必须是一维而且排好序的。此方法的结果是返回 a 中与 v 匹配的第一个元素的索引号。如果没有匹配元素，则返回一个负数－1。

public static void Clear(Array a, int start, int count)，将数组 a 中从 start 开始的 count 个元素置零。

public virtual object Clone()，复制这个数组。

public static void Copy(Array source,Array dest, int count)，将 source 中的 count 个元素赋值到数组 dest 中。

public virtual void CopyTo(Array dest, int start)，将调用此方法的数组对象中的 start 个元素赋值到 dest 中。

public override bool Equals(object v)，判断 v 是否与调用此方法的数组对象是否相同。

public int GetLength(int dim)，返回多维数组第 dim 维的元素的个数。

public int GetUpperBound(int dim)，返回多维数组第 dim 维的元素的最后一个索引值。

public object GetValue(int index)，返回一维数组第 index 个元素的值。

public object GetValue(int idx1, int idx2)和 public object GetValue(int idx1, int idx2,int idx3)，分别获取 2 维和 3 维数组的某个特殊元素的值。

public static int IndexOf(Array a, object v)，返回 a 中与 v 的值一样的第一元素的索引值。

public static int IndexOf(Array a, object v,int start)，从 a 中第 start 个元素开始，返回与 v 的值一样的元素位置。

public static int IndexOf(Array a, object v,int start, int count)，从 a 中第 start 个元素开始的 count 个元素中，返回与 v 的值一样的元素位置。

public static int LastIndexOf(Array a, object v,int start, int count)，在 a 中第 start 个元素开始的 count 个元素中查找与 v 相等的元素的索引号。

public static void Reverse(Array a)，将数组 a 所有元素做逆转。

public void SetValue(object v, int index)，设置数组对象的第 index 个元素的值为 v。

public static void Sort(Array a)，对数组 a 进行排序。

3. Array 的一些方法

【例 2-11】 下面是一个数组使用实例。

```
static void Main(string[] args)
{
    int[] nums = { 5, 4, 6, 3, 14, 9, 8, 17, 1, 24, -1, 0 };
    Console.Write("排序之前 order: ");
    foreach (int i in nums)
        Console.Write(i + " ");Console.WriteLine();
    int before = Array.IndexOf(nums, 14);
    Console.WriteLine("before sort 14 index is " + before);
    //排序之前在数组中的序号
    Array.Sort(nums);        //静态方法对数组进行排序
    Console.Write("排序之后 order: ");
    foreach (int i in nums)Console.Write(i + " ");
    //输出数组 int index = Array.BinarySearch(nums, 14);
    //查找的序号 Console.WriteLine("the index of is is" + index);
    Console.WriteLine();string[] strArray = new string[]
    { "75.3", "25.999", "105.25" };
    Console.Read();
}
```

程序运行结果如图 2.15 所示。

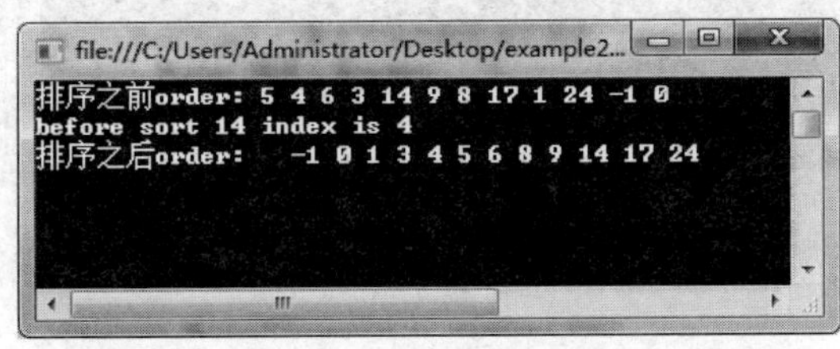

图 2.15　数组的使用

4. ArrayList

Array 是一个静态的数组，一旦数组大小在初始化过程中确定了在后面就不能修改，也不能对数组中的元素进行增加和删除。这不是很灵活，为此 C# 提供了 ArrayList 用来处理动态的数组。

ArrayList 在创建以后可以根据实际需要进行元素的增删，这个功能非常好用。先看一下 ArrayList 的构造函数。

```
ArrayList al = new ArrayList();
```

【例 2-12】 下面是 ArrayList 使用实例。

```
static void Main(string[] args)
    {
        ArrayList al = new ArrayList();
        Console.WriteLine("Initial number of elements: " + al.Count);
```

```
        Console.WriteLine("Adding 6 elements");
        // Add elements to the array list
        al.Add('C');
        al.Add('A');
        al.Add('E');
        al.Add('B');
        al.Add('D');
        al.Add('F');
        Console.Read();
        al.Remove('A');                                    //删除一个元素
        Console.WriteLine(al.Count);
        al.Add('a');                                       //增加一个元素
        Console.WriteLine(al.Count);
        al[0] = 'X';                                       //修改数组元素
        al[1] = 'Y';
        al[2] = 'Z';
    }
```

注意：*在使用 ArrayList 前，必须在程序前面添加命名空间：*

```
using System.Collections;
```

程序运行结果如图 2.16 所示。

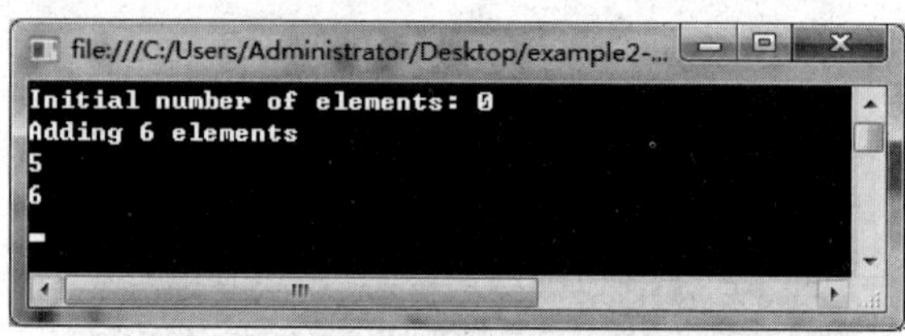

图 2.16　ArrayList 使用

2.4　基本结构

语句是构造所有 C# 程序的过程构造块。虽然 C# 是完全的面向对象语言，但在局部的语句块内，仍然要使用结构化程序设计的方法，用控制结构来控制程序的执行流程。结构化程序设计有 3 种基本控制结构，即顺序结构、选择结构和循环结构。掌握 C# 控制语句，可以更好地控制程序流程，提高程序的灵活性。

2.4.1　顺序结构

顺序结构是最基本的控制结构，其包含的语句是按照书写的顺序执行的，且每条语句都将被执行。顺序结构主要有 4 种语句：赋值语句、输入语句、输出语句、复合语句。

1. 赋值语句

赋值语句是最简单的语句，其一般形式为：

```
<变量> = <表达式>
```

赋值语句的作用是计算表达式的值，并赋给变量。对于任何一个变量必须首先赋值，然后才能引用，否则，未赋初值的变量将不能参与运算。另外，赋值号两边的类型必须相同，或者符合隐式类型转换规则。例如：

```
int age = 30;
```

2. 输入语句

通过计算机的外设把数据送到计算机内存的过程称为输入。C#语言的输入语句有如下3种形式：

```
Console.Read();
Console.ReadKey();
Console.ReadLine();
```

输入可以是整型或字符串等，布尔型不可以直接读入。

例如：strInput为字符串变量，ReadLine之后，将赋予变量对应的值。

```
string strInput = Console.ReadLine();
```

输入20，确认。

结果：

```
strInput = 20;
```

Read语句和ReadLine语句不同之处在于输入数据到各变量之后，ReadLine自动换行，从下一行开始再输入数据。一个Read语句执行完后，数据行中多余的未读数据可以被下一个输入语句读入；而一个ReadLine语句执行完后，数据行中多余未读数据就没有用了。

3. 输出语句

输出是将内存中的数据送到外设的过程。C#语言的输出语句有两种形式：

```
Console.Write(输出项);
Console.WriteLine(输出项);
```

其中输出项可以是常量、变量、表达式或字符串。如果是变量、表达式，则将其计算结果输出；如果是常量或字符串，则直接输出其值。

Write和WriteLine的区别在于：Write语句是输出项输出后，不换行，光标停留在最后一项后；WriteLine语句按项输出后，自动换行，光标则停留在下一行的开始位置。

WriteLine语句允许不含有输出项，即仅“WriteLine;”表示换行。

4. 复合语句

复合语句是由若干语句组成的序列，语句之间用分号“;”隔开，并且以“{ }”括起来，作为一条语句。复合语句的一般形式为：

```
{
    语句 1;
    语句 2;
    ⋮
    语句 n;
}
```

例如：变量值的交换。

```
{
    int x = 10;
    int y = 100;
    int buffer = x;
    x = y;
    y = buffer;
}
```

【例 2-13】 下面是一个顺序结构实例，程序中要求输入一个直角三角形的底和高，计算并输出直角三角形面积。

```
using System;
class Program
{
    static void Main(String[ ] args)
    {
        Console.Write("请输入直角三角形底边 a = ");
        String sa = Console.ReadLine();
        int a = Convert.ToInt32(sa);
        Console.Write("请输入直角三角形底边 b = ");
        String sb = Console.ReadLine();
        int b = Convert.ToInt32(sb);
        int c = a * b/2;
        String sc = Convert.ToString(c);
        Console.WriteLine( "直角三角形面积 s = {0}",c);
        Console.ReadKey();
        Console.Read();
    }
}
```

运行输出结果如图 2.17 所示。

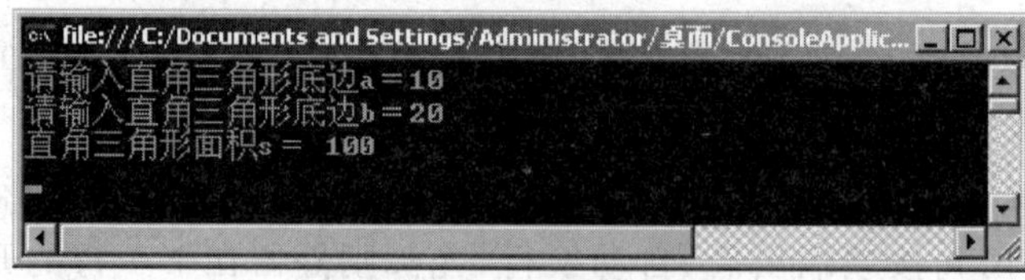

图 2.17 顺序结构实例

2.4.2 选择结构

当一个表达式在程序中被用于检验其值的真/假时，就称为一个条件，选择语句根据这个条件来判断执行哪块区域的代码。选择语句主要包括两种类型，即 if 语句和 switch 语句。

1. 使用 if 语句实现单分支选择结构

if 语句用于判断表达式的值，满足条件时执行其包含的一组语句。其语法如下：

```
if(表达式)
{
    语句 1;
    语句 2;
    ⋮
    语句 n;
}
```

如果表达式的值为 true(真)，则执行语句块 1 中的语句；如果表达式的值为 false(假)，则不执行语句块 1 中的语句。

【例 2-14】 设计一个标记 flag，当标记为 true 和 false 时显示不同内容。代码如下：

```
class Program
{
    public static void Main(string[ ] args)
    {
        bool flag = true;           //定义一个 bool 类型的变量
        if (flag)                   //判断 flag 变量的值
        {
            Console.WriteLine("这段代码被执行.");              //输出结果
        }
        Console.Read();
    }
}
```

程序运行判断 if 语句中的条件变量 flag 值的状态，如果为 true，则输出"这段代码被执行."字符串；如果为 false，则不执行语句。最后的输出结果如图 2.18 所示。

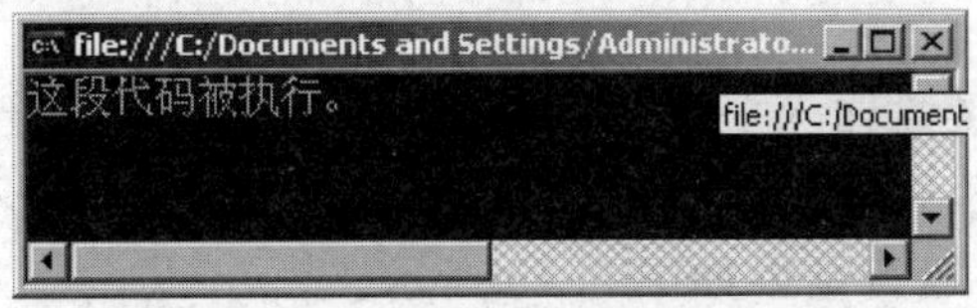

图 2.18 if 语句实现单分支选择结构

2. 使用 if…else 语句实现双分支选择结构

if…else 语句根据表达式的值有选择地执行程序中的语句。其声明语法如下：

```
if(表达式)
{
    语句 1;
    语句 2;
```

```
        ⋮
    语句 n;
}
else
{
    语句 1;
    语句 2;
        ⋮
    语句 n;
}
```

如果表达式的值为 true(真)，则执行 if 语句块中的语句；如果表达式的值为 false(假)，则执行 else 语句块中的语句。

【例 2-15】 根据用户输入的字符是否英文字母分别显示不同的内容。代码如下：

```
using System;
class Program
{
    static void Main(string[ ] args)
    {
        Console.Write("输入一个英文字符并按下回车键: ");
        char c = (char)Console.Read();                    //定义一个 char 类型的变量
        if (Char.IsLetter(c))                             //判断 c 变量是否字母
        {
          Console.WriteLine("你输入的是英文字符.");       //输出结果
        }
        else
        {
          Console.WriteLine("你输入的不是英文字符。");    //输出结果
        }
        Console.ReadLine();                               //窗口暂停
        Console.Read();                                   //窗口暂停
    }
}
```

程序运行时，用户从键盘输入字符。然后，程序检查输入字符是否字母字符，并输出相关信息。如果是字母字符，则输出“你输入的是英文字符。”；如果不是字母字符，则输出“你输入的不是英文字符。”。运行结果如图 2.19 所示。

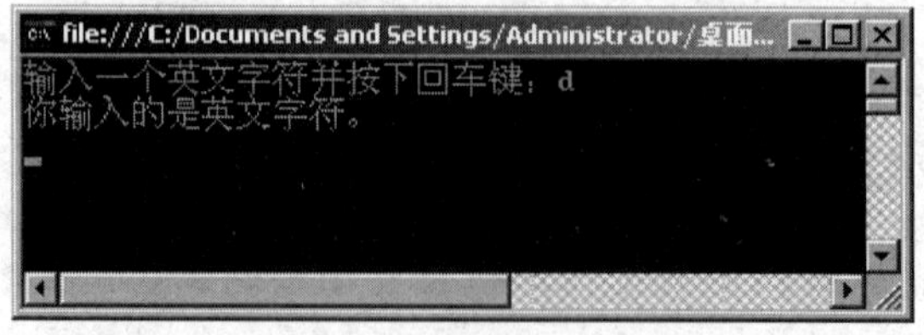

图 2.19　if…else 语句实现双分支选择结构

3. 使用 if…else if…else 语句实现多分支选择结构

有时必须判定多个条件以便决定执行什么操作。在这种情况下就要使用 if…else if…else 语句。其声明语法如下：

```
if(表达式 1)
{
    语句 1;
    语句 2;
    ⋮
    语句 n;
}
else if(表达式 2)
{
    语句 1;
    语句 2;
    ⋮
    语句 n;
}
else if(表达式 3){ … }
else if(表达式 4){ … }
⋮
else
{
    语句 1;
    语句 2;
    ⋮
    语句 n;
}
```

执行过程说明如下：

(1) 判断表达式 1,如果其值为 true,则执行 if 语句块中的语句,然后结束 if 语句。

(2) 如果表达式 1 的值为 false,则判断表达式 2；如果其值为 true,则执行 else if 语句块中的语句,然后结束 if 语句。

(3) 如果表达式 2 的值为 false,则继续往下判断其他表达式的值。

(4) 如果所有表达式的值都为 false,则执行 else 语句块中的语句,然后结束 if 语句。

【例 2-16】 根据用户输入的字符是大写字母、小写字母、数字还是其他字符,显示不同内容。代码如下：

```
using System;
class Program
{
    static void Main(string[] args)
    {
        Console.Write("输入字符按下回车键:");
        char c = (char)Console.Read();                //定义一个 char 类型的变量
        if (Char.IsUpper(c))                          //判断变量 c 是否大写字母
        {
```

```
            Console.WriteLine("大写字母");
        }
        else if (Char.IsLower(c))                        //判断变量 c 是否小写字母
        {
            Console.WriteLine("小写字母");
        }
        else if (Char.IsDigit(c))                        //判断变量 c 是否数字
        {
            Console.WriteLine("数字");
        }
        else
        {
            Console.WriteLine("其他字符");
        }
        Console.ReadLine;                                //窗口暂停
        Console.ReadLine;                                //窗口暂停
    }
}
```

根据用户输入的字符，利用 if…else if…else 语句检查输入字符是否大写字母，如果是，则输出“大写字母”字符串。否则，继续判断是否小写字符，如果是，则输出“小写字母”字符串。否则，继续判断是否数字，如果是，则输出“数字”字符串。否则，就输出“其他字符”字符串。运行结果如图 2.20 所示。

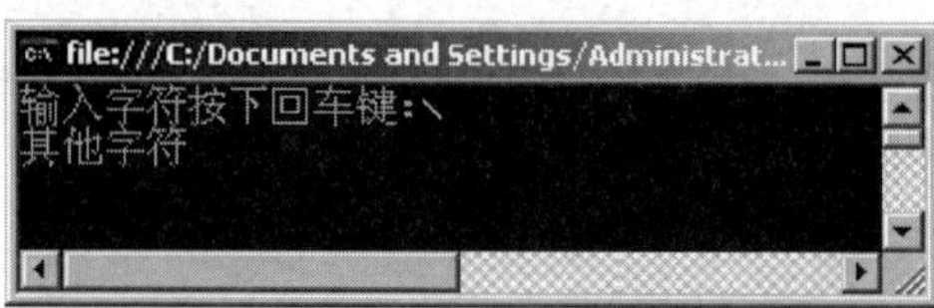

图 2.20　if…else if…else 语句实现多分支选择结构

4. 嵌套 if 语句的使用

选择结构的嵌套是一种常用的嵌套结构，它将多种选择结构嵌套为一个整体的选择结构。例如，可以在一个 if…else 选择结构中嵌套一个或多个 if…else 选择结构。

其声明语法如下：

```
if(表达式 1)
{
    语句 1;
    语句 2;
    ⋮
    语句 n;
if(表达式 2)
{
    语句 1;
    语句 2;
    ⋮
    语句 n;
}
}
```

对于多层 if 嵌套结构，要特别注意 if 与 else 的配对关系，一个 else 必须与一个 if 配合。一定要使用代码缩进，这样便于日后的阅读与维护。

【例 2-17】 使用键盘输入一个字符，程序开始检查输入字符是否字母字符。如果输入的字符是字母，则程序检查是大写还是小写。如果输入的字符不是字母，则程序检查输入字符的类型。在任何一种情况下，都会显示适当的消息。代码如下：

```
using System;
class Program
{
    static void Main(string[] args)
    {
        Console.WriteLine("输入字符按下回车键:");
        char c = (char)Console.Read();                //定义一个 char 类型的变量
        if (Char.IsLetter(c))                         //判断输入是否字母
        {
            if (Char.IsUpper(c))                      //判断输入是否大写字母
            {
                Console.WriteLine("大写字母");
            }
            else
            {
                Console.WriteLine("小写字母");
            }
        }
        else
        {
            Console.WriteLine("其他字符");
            if (char.IsNumber(c))                     //判断输入是否数字
            {
                Console.WriteLine("输入的是数字");
            }
            if (char.IsPunctuation(c))                //判断输入是否标点符号
            {
                Console.WriteLine("输入字符为标点符号");
            }
        }
        Console.ReadLine();
        Console.ReadLine();
    }
}
```

程序运行结果如图 2.21 所示。

图 2.21　嵌套 if 语句

5. 使用 switch 语句实现多分支选择

在判定多个条件时，如果用 if…else if…else 语句可能会很复杂和冗长。在这种情况下，使用 switch 语句就会简明清晰得多。用 switch 语句可以将任何整型变量或字符串与多个值进行检查。当两者匹配时就会执行相应的所有语句。

其声明语法如下：

```
switch(表达式)
{
  case 常数表达式:
        {语句块}
        跳转语句(如 break、return、goto)
      …//其他的 case 子句
  defalut:
      {语句块}
}
```

【例 2-18】 使用键盘输入一个数字，然后，程序根据用户输入的 0～11 数字分别显示用户的生肖。代码如下：

```
using System;
class Program
{
     static void Main(string[ ] args)
     {
          Console.Write("输入 0 - 11 之间的整数: \n");
          int n = int.Parse(Console.ReadLine());        //定义一个 int 类型的变量
          switch (n)                                    //switch 筛选器
          {
              case 0:                                   //判断是否匹配
                   Console.WriteLine("鼠年");
                   break;
              case 1:                                   //判断是否匹配
                   Console.WriteLine("牛年");
                   break;
              case 2:                                   //判断是否匹配
                   Console.WriteLine("虎年");
                   break;
              case 3:                                   //判断是否匹配
                   Console.WriteLine("兔年");
                   break;
              case 4:                                   //判断是否匹配
                   Console.WriteLine("龙年");
                   break;
              case 5:                                   //判断是否匹配
                   Console.WriteLine("蛇年");
                   break;
              case 6:                                   //判断是否匹配
                   Console.WriteLine("马年");
```

```
            break;
        case 7:                                       //判断是否匹配
            Console.WriteLine("羊年");
            break;
        case 8:                                       //判断是否匹配
            Console.WriteLine("猴年");
            break;
        case 9:                                       //判断是否匹配
            Console.WriteLine("鸡年");
            break;
        case 10:                                      //判断是否匹配
            Console.WriteLine("狗年");
            break;
        case 11:                                      //判断是否匹配
            Console.WriteLine("猪年");
            break;
        default:
            Console.WriteLine("不在 0 - 11 之间");
            break;
    }
    Console.ReadLine();
  }
}
```

程序运行结果如图 2.22 所示。

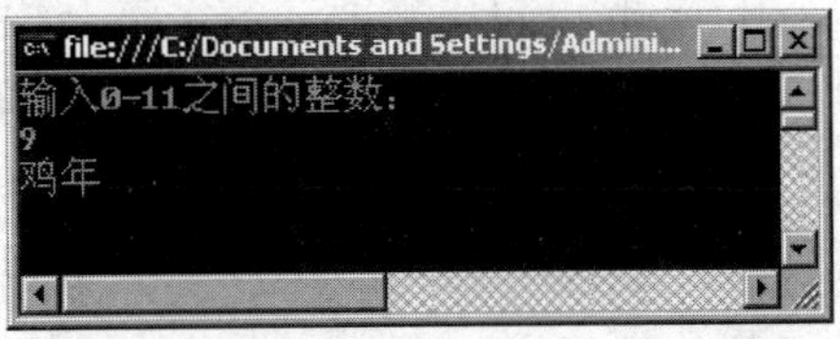

图 2.22　用 switch 语句实现多分支选择

2.4.3 循环结构

循环就是重复执行一些语句来达到一定的目的，这个技术用起来很方便，只要设定好条件，同样的代码可以执行成千上万次。C# 中的循环结构有几种：for、while、do…while 和 foreach，它们全部都支持用 break 来退出循环，用 continue 来跳过本次循环进入下一次循环。

1. for 语句

当预先知道一个内含语句应要执行多少次时，for 语句特别有用。当条件为真时，常规语法允许重复地执行内含语句。

其声明语法如下：

```
for (初始化;条件;循环)
{
    内含语句
}
```

注意，初始化、条件和循环都是可选的。比如可以在其他地方初始化，在 for 循环就不用再次进行初始化了。

【例 2-19】 根据程序里预设的数字 n，从 0 到 n 依次显示出所有的数字，并且每行显示一个。程序代码如下：

```
using System;
```

```
namespace Microsoft.Example
{
    public class TestFor
    {
        public static void Main(string[] args)
        {
            for (int i = 0; i < 4; i++)                    //进行 For 循环
            {
                Console.WriteLine(i);                      //输出结果
            }
            Console.ReadLine();
        }
    }
}
```

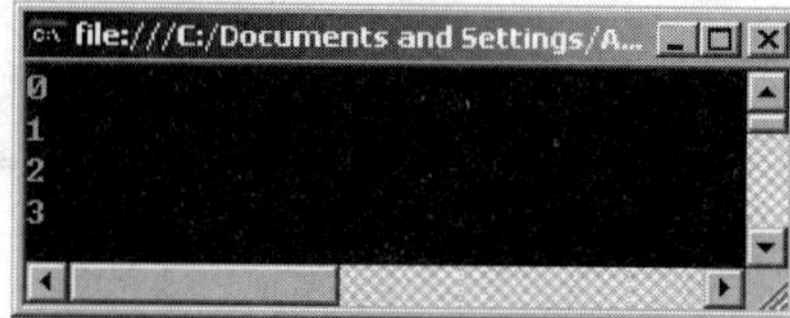

图 2.23　使用 for 循环语句

程序运行结果如图 2.23 所示。

2. foreach 语句

foreach 语句用来循环一个集合中的元素。由于 C# 中的数组支持 foreach 语句，因此可以应用 foreach 语句处理数组中的每一个元素。

使用 foreach 语句时，首先输入 foreach 关键字，然后是括号。括号内必须包含以下信息：集合中元素的类型、集合中元素的标识符名称、关键字 in 和集合的标识符。嵌套语句在括号之后。

其声明语法如下：

```
foreach( 元素类型 元素变量 in 元素变量集合)
{
    循环语句
}
```

【例 2-20】 定义一个数组，并且依次显示出数组里的所有数据，要求每行显示一个数据。程序代码如下：

```
using System;
namespace Microsoft.Example{
    public class TestForeach
    {
        public static void Main(string[] args)
        {
            int[] members = new int[] { 0, 1, 2, 3, 5, 8, 13 };
            foreach (int member in members)
            {
                System.Console.WriteLine(member);
            }
            Console.ReadLine();
        }
    }
}
```

图 2.24　使用 foreach 循环语句

程序运行结果如图 2.24 所示。

3. while 语句

while 语句表示条件满足时执行循环体，循环体的执行次数是可以控制的，可以 0 次，可以 1 次，也可以无数次。

其声明语法如下：

```
while(条件表达式)
{
    循环语句
}
```

当条件表达式的值为真时，这个语句执行循环语句。控制 while 语句的布尔表达式包含在括号内，前面是 while 关键字。括号后面是当布尔表达式值为真时应执行的语句。

【例 2-21】 根据程序里预设的数字 n，从 0 到 n 依次显示出所有的数字，并且每行显示一个。程序代码如下：

```
using System;
namespace Microsoft.Example
{
    public class TestWhile
    {
        public static void Main(string[] args)
        {
            int i = 0;                                  //定义一个 int 类型的变量
            while (i < 5)                               //判断 while 条件
            {
                Console.WriteLine(i);                   //输出结果
                i++;                                    //i 加 1
            }
            Console.ReadLine();
        }
    }
}
```

程序运行结果如图 2.25 所示。

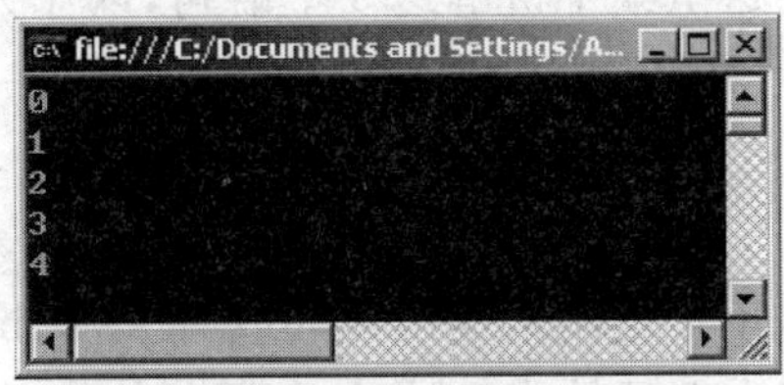

图 2.25　使用 while 循环语句

4. do…while 语句

do…while 语句与 while 语句十分相似，do…while 语句执行其嵌套语句一次或多次。如果 while 语句中的布尔表达式值为假，则不执行任何嵌套语句。但是，为了保证嵌套语句至少执行一次，就可以使用 do…while 语句。

其声明语法如下：

```
do
{
    循环语句
} while(条件表达式)
```

do 语句后面是一个循环语句，后面紧跟着一个 while 关键字。控制循环执行次数的布尔表达式位于 while 关键字的后面。由于布尔表达式在嵌套语句执行后再求值，因此嵌套语句至少被执行一次。

【例 2-22】 根据程序里预设的数字 i 和 n，从 i 到 n 依次显示出所有的数字，每行显示一个。先执行循环再判断，程序代码如下：

```
using System;
namespace Microsoft.Example
{
    class Program
    {
        public static void Main(string[] args)
        {
            int i = 3;                  //定义一个整型变量
            do
            {
                Console.WriteLine(i);   //输出结果
                i++;                    //i 加 1
            } while (i < 3);            //判断 while 条件
            Console.ReadLine();
        }
    }
}
```

图 2.26　使用 do…while 循环语句

程序运行结果如图 2.26 所示。

2.4.4　break、continue 与 return 语句

break、continue、return 语句在使用方式上有太多的相似，常常迷惑着广大开发人员。在这里集中讲解这 3 个语句，以让大家清晰地理解它们的概念和区别。

1. break 语句

break 语句会使运行的程序立刻退出它所在的最内层循环或者退出一个 switch 语句。由于它是用来退出循环或者 switch 语句，所以在其他地方使用 break 语句是不合法的，只能在循环体内和 switch 语句体内使用 break 语句。规则如下：

(1) 当 break 语句出现在循环体中的 switch 语句体内时，其作用只是跳出该 switch 语句体。

(2) 当 break 语句出现在循环体中，但并不在 switch 语句体内时，则在执行 break 后，跳出本层循环体。

如果一个循环的终止条件非常复杂，那么使用 break 语句来实现某些条件比用一个循环表达式来表达所有的条件容易得多。

【例 2-23】 根据程序里预设的大于 6 的数字 n，从 0 到 n 依次显示出所有的数字，并且每行显示一个。要求，当显示到 6 时，程序自动结束。程序代码如下：

```
using System;
namespace Microsoft.Example
{
```

```
    class Program
    {
        public static void Main(string[ ] args)
        {
            for (int i = 1; i < 10; i++)
            {
                if (i == 7)
                {
                    break;
                }
                Console.WriteLine(i);
            }
            Console.ReadLine();
        }
    }
}
```

图 2.27　使用 break 语句

程序运行结果如图 2.27 所示。

2. continue 语句

continue 语句和 break 语句用法相似。不同的是，它不是退出一个循环，而是不执行本次循环剩下的代码，开始执行下一次循环。

continue 语句只能用在 while 语句、do…while 语句、for 语句或者 foreach 语句的循环体内，在其他地方使用都会引起错误。

【例 2-24】 根据程序里预设的大于 7 的数字 n，从 0 到 n 依次显示出所有的数字，并且每行显示一个。要求，当显示到 7 时，程序跳过该循环继续运行。程序代码如下：

```
using System;
namespace Microsoft.Example
{
    class Program
    {
        public static void Main(string[ ] args)
        {
            for (int i = 1; i < 10; i++)
            {
                if (i == 7)
                {
                    continue;
                }
                Console.WriteLine(i);
            }
            Console.ReadLine();
        }
    }
}
```

程序运行结果如图 2.28 所示。

3. return 语句

return 语句用于指定函数返回的值。return 语句只能出现在函数体内，出现在代码中的其他任何地方都会造成语法错误。规则如下：

(1) 使用 return 语句从当前的方法中退出，返回到该调用的方法的语句处，继续执行。

(2) 使用 return 语句返回一个值给调用该方法的语句，返回值的数据类型必须与方法的声明中的返回值的类型一致，可以使用强制类型转换来保持数据类型一致。

(3) 当方法说明中用 void 声明返回类型为空时，应使用 return 语句，但不返回任何值。

【例 2-25】 利用自定义函数求两整数的平方和。程序代码如下：

```
using System;
namespace Microsoft.Example
{
    public class QQ
    {
        public int pingfanghe(int a, int b)
        {
            return a * a + b * b;
        }
    }
    class Program
    {

        public static void Main(string[ ] args)
        {
            QQ  ab = new QQ();
            Console.WriteLine(ab.pingfanghe(10,12));
            Console.ReadLine();
        }
    }
}
```

程序运行结果如图 2.29 所示。

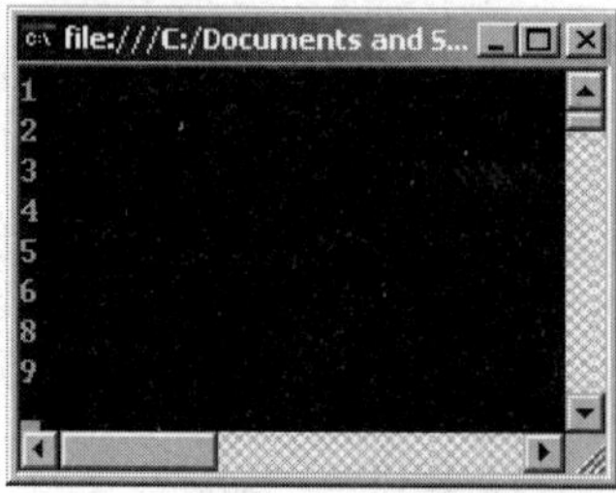

图 2.28　使用 continue 语句

图 2.29　使用 return 语句

习题 2

1. 分别用 for 和 while 循环语句计算从 1～100 的和。

2. 下列写法哪些是错误的？为什么？

(1)
```
if(nMyValue1 = 5) i = 1;
```

(2)
```
if(nMyValue2 == 1)i = 1;
```

(3)
```
int[ ] myInt = {1,2,3};
foreach(int test in myInt)
{
test ++ ;
Console.WriteLine(temp);
}
```

(4)
```
int[ ] myInt1 = {1,2,3};
foreach(int test in myInt1)
{
Console > WriteLine(test);
}
```

3. 编写一个控制台应用程序，要求用户输入 5 个大写字母，如果用户输入的信息不满足要求，提示帮助信息并要求重新输入。

4. 编写一个控制台应用程序，要求完成下列功能。

(1) 接收一个整数 n。

(2) 如果接收的值 n 为正数，输出 1～n 范围内的全部整数。

(3) 如果接收的值 n 为负值，用 break 或者 return 退出程序。

(4) 转到步骤(1)继续接收下一个整数。

5. 编写一个控制台应用程序，求 1000 之内的所有"完数"。所谓"完数"是指一个数恰好等于它的所有因子之和。例如，6 是完数，因为 6＝1＋2＋3。

6. 分别写出下列语句执行的结果。

(1) Console. WriteLine("{0}--{0:p}good",12. 34F)；

(2) Console. WriteLine("{0}--{0:####}good",0)；

(3) Console. WriteLine("{0}--{0:00000}good",456)。

第3章 网页设计

介绍网页设计基础知识，包括静态网页、动态网页的基本概念，特别是详细讨论 ASP.NET 的各种控件的使用方法，并通过开发实例使读者掌握 ASP.NET 各类常用控件。掌握 ASP.NET 程序开发的核心内容。主要实现以下目标：

- 了解静态网页、动态网页的基本概念及其区别与联系；
- 掌握常用 HTML 控件的使用；
- 掌握常用 Web 服务器控件的使用；
- 掌握 Web 表单验证控件的使用；
- 理解用户控件的创建与使用。

3.1 网页设计概述

网站(Web site)是指在因特网上根据一定的规则使用 HTML 等工具制作的用于展示特定内容的相关网页的集合。简单地说，网站是一种通信工具，就像布告栏一样，人们可以通过网站来发布(或浏览)想要公开的资讯，或者利用网站来提供相关的网络服务。

现在许多公司都拥有自己的网站，它们利用网站来进行宣传、产品资讯发布和招聘等。图 3.1 所示为中国联通门户网站。

图 3.1 中国联通门户网站

网页(Web page)是构成网站的基本元素,是承载各种网站应用的平台。

网页实际上是一个文件,存放在世界某个角落的某一台计算机中,而这台计算机必须是与互联网相连的。网页经由网址(URL)来识别与存取,当用户在浏览器地址栏中输入网址之后,经过一段复杂而又快速的程序运作,网页文件就会被传送到用户的计算机中,再通过浏览器解释网页的内容,最终展示到用户的眼前。

网页有多种分类,笼统意义上的分类是静态页面和动态页面。

3.2　静态网页设计

在网站设计中,纯粹 HTML 格式的网页通常被称为静态网页,早期的网站一般都是由静态网页制作的。静态网页的网址形式通常为 www. example. com/eg/eg. htm,也就是以. htm、. html、. shtml、. xml 等为后缀的。在 HTML 格式的网页上,也可以出现各种动态的效果,如. GIF 格式的动画、Flash、滚动字符等,这些“动态效果”只是视觉上的,与下面将要介绍的动态网页是不同的概念。

静态网页特点如下:

(1) 静态网页每个网页都有一个固定的 URL,且网页 URL 以. htm、. html、. shtml 等常见形式为后缀,而不含有“?”;

(2) 网页内容一经发布到网站服务器上,无论是否有用户访问,每个静态网页的内容都是保存在网站服务器上的,也就是说,静态网页是实实在在保存在服务器上的文件,每个网页都是一个独立的文件;

(3) 静态网页的内容相对稳定,因此容易被搜索引擎检索;

(4) 静态网页没有数据库的支持,在网站制作和维护方面工作量较大,因此当网站信息量很大时,完全依靠静态网页制作方式比较困难;

(5) 静态网页的交互性较差,在功能方面有较大的限制。

【例 3-1】 ASP.NET 环境下创建一个静态网页,步骤如下。

(1)启动 Visual Studio 2013,选择“文件”→“新建”→“网站”命令,在“模板”中选择 Visual C#,选中“ASP. NET 空网站”,然后在“Web 位置”处选择所需文件夹,如图 3.2 所示。

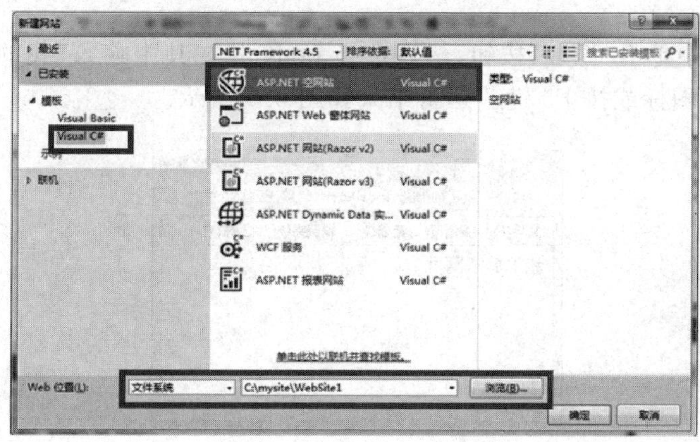

图 3.2　网站创建过程

（2）在图 3.2 中单击“确定”按钮，创建网站如图 3.3 所示。

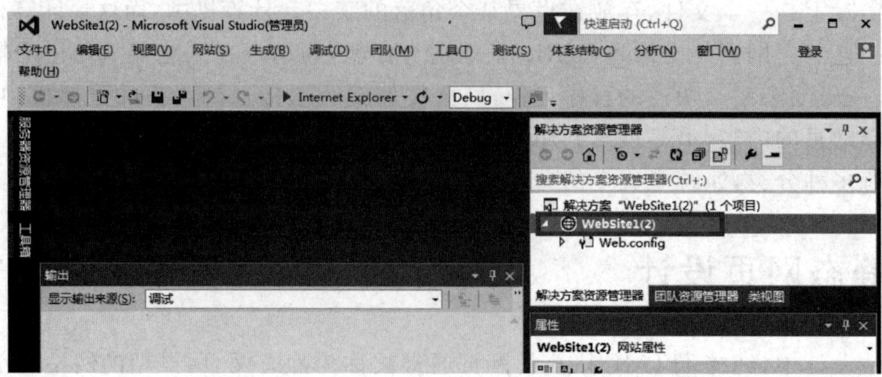

图 3.3　新建网站

（3）右击新建网站 WebSite(2)，在弹出菜单中选择“添加”→“添加新项”命令，在“模板”中选择 Visual C#，选中“HTML 页”，然后在“名称”文本框中输入 myhtml，如图 3.4 所示。

图 3.4　“添加新项”对话框

（4）在图 3.4 中单击“添加”按钮，然后选择 body 并在其中输入“我的静态网页”，再单击“启动调试工具”图标或按 F5 键。运行结果如图 3.5 所示。

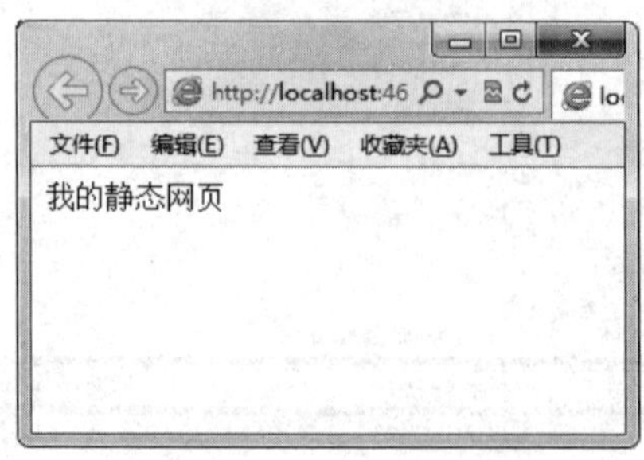

图 3.5　静态网页

3.3 动态网页设计

动态页面是通过执行 ASP、PHP、JSP 等程序生成客户端网页代码的网页，通常可通过网站后台管理系统对网站的内容进行更新和管理，如发布新闻、发布公司产品、交流互动、博客和网上调查等，都是动态网站功能的一些具体表现。

动态页面的常见扩展名有.asp、.aspx、.php、.jsp、.cgi 等。

3.3.1 ASP

ASP(Active Server Pages，活动服务器页)是微软公司推出的一种用于 Web 服务器应用开发的技术，它提供了使用 VBScript 或 JScript 的服务器端脚本环境，可用来创建和运行动态、交互的 Web 服务器应用程序。

ASP 程序的后缀名为.asp。ASP 的服务器端脚本程序嵌入 HTML 中，由执行引擎(asp.dll)对编制好的脚本文件直接解释执行。ASP 支持面向对象特性，并可扩展 ActiveX Server 组件功能。ASP 最强大之处是可以轻松容易地使用 ADO 组件存取数据库，创建 Web 数据库应用程序。

ASP 程序的执行过程如图 3.6 所示。当浏览器向 Web 服务器请求调用 ASP 文件时，Web 服务器响应该 HTTP 请求，调用 ASP 引擎，解释被申请的文件。当遇到与 ActiveX Script 兼容的脚本(VBScript、JavaScript)时，ASP 引擎调用相应的脚本引擎进行解释处理。若脚本指令中涉及对数据库的访问，就通过数据库引擎与后台数据库进行连接，由数据库访问组件实现对数据库的操作，并将执行结果动态生成一个 HTML 页面返回 Web 服务器端，然后与页面中非脚本的 HTML 合并成一个完整的 HTML 页面送至客户端浏览器。

图 3.6 ASP 程序的执行过程

ASP 功能强大，但也存在下列一些不足：

(1) 仅两种非类型语言，即 VBScript、JavaScript；

(2) ASP 页需要解释；

(3) 代码、HTML 和文本的混合；

(4) 使用同一文件；

(5) 额外的功能代码；

(6) 代码不能重用；

(7) 没有调试机制；

(8) 先关闭 Web 服务器才能安装新版本的 DLL。

3.3.2 ASP.NET

ASP.NET是Microsoft .NET Framework的一部分，是一种可以在高度分布的Internet环境中简化应用程序开发的计算环境。.NET Framework包含公共语言运行库，它提供了各种核心服务，如内存管理、线程管理和代码安全。它也包含.NET Framework类库，这是一个开发人员用于创建应用程序的、综合的、面向对象的类型集合。ASP.NET的优点主要表现在以下几方面。

- 增强的性能。ASP.NET程序是在服务器上运行的编译好的公共语言运行库(CLR)代码，而不是像ASP那样解释执行。并且ASP.NET可利用早期绑定、实时编译、本机优化和缓存服务来提高程序执行的性能，与ASP相比，其执行效率大大提高。
- 易于部署。通过简单地将必要的文件复制到服务器上，ASP.NET应用程序即可以部署到该服务器上。不需要重新启动服务器，甚至在部署或替换运行的已编译代码时也不需要重新启动。
- 开发工具支持。ASP.NET应用程序可用微软公司的产品开发工具Visual Studio .NET进行开发。Visual Studio.NET比之前的Visual Studio集成开发环境增加了大量工具箱和设计器，来支持ASP.NET应用程序的可视化开发，支持WYSIWYG(所见即所得)编辑。使用Visual Studio.NET进行ASP.NET应用开发，可大大提高程序开发效率，并且简化程序的部署和维护工作。
- 多语言支持。ASP.NET是语言无关(language-independent)的，即无论使用何种语言编写程序，都将被编译为中间语言。所以，设计者可以选择一种自认为最适合的语言来编写程序，或者用多种语言编写程序。目前ASP.NET已经支持的语言有C#、VB.NET、JScript.NET等，另外还有一些合作厂商也提供了对开发.NET应用程序的支持，如Cobol、Pascal、Perl和Smalltalk等。
- 高效可管理性。ASP.NET使用基于文本的、分级的配置系统，使服务器环境和应用程序的设置更加简单。因为配置信息都保存在简单文本中，新的设置无须启动本地的管理员工具就可以实现。这被称为Zero Local Administration。一个ASP.NET的应用程序在一台服务器系统的安装只需要简单地复制一些必需的文件，而不需要重新启动系统。
- 可缩放性和可用性。ASP.NET在设计时考虑了可缩放性，增加了专门用于在聚集环境和多处理器环境中提高性能的功能。另外，进程受到ASP.NET运行库的密切监视和管理，以便当进程行为不正常(泄露、死锁)时，可就地创建新进程，以帮助保持应用程序始终可用于处理请求。
- 自定义性和扩展性。ASP.NET设计时考虑了让开发人员可以在代码中自己定义plug-in模块，即ASP.NET可以加入自己定义的任何组件。实际上，可以用自己编写的自定义组件扩展或替换ASP.NET运行库的任何子组件。

• 安全性。借助内置的 Windows 身份验证和基于每个应用程序的配置，可以保证应用程序是安全的。

【例 3-2】 ASP.NET 环境下创建一个动态网页，步骤如下。

(1) 在资源管理器中选择“网站”→“添加”→“Web 窗体”命令，如图 3.7 所示，在“项名称”文本框中输入 Default，之后单击“确定”按钮。

图 3.7　添加动态网页

(2) 单击 Default.aspx，单击“设计”，在设计页面中输入“我的动态网页”，单击“启动调试”工具(或按 F5 键)，运行结果如图 3.8 所示。

图 3.8　动态网页

3.4　HTML 控件

Web 控件和 HTML 控件虽然很多功能相同并且长得很像，但是它们的内部实现机制是完全不一样的，Web 控件比 HTML 控件执行效率要好。Web 控件和 HTML 控件各自特点如下。

(1) Web 控件使用起来也相当方便。举个简单的例子，例如 Button 的生成。

HTML 控件是将庞大控件集合全部弄到页面中，用到哪个功能，就设置一下属性。如下：

```
< input type = submit/button runat = server >
```

这样会占用相当大的控件资源。

Web 控件是将集成式的拆解成单功能的：

```
< asp:button id = "btnOK" />
```

这样就可以节省不必要的控件所占用的资源了。

（2）Web 控件具有回送功能，能够用 ViewState 维持控件的状态。HTML 控件则不能，当单击页面的 HTML 控件时，其状态就会丢失。可以做这样的一个实验。

① 分别建立两个文件：a. html、b. aspx。

② 在 a. html 页面中加 HTML 控件的 RadioButton 和一个 Button，在 b. aspx 中加 Web 控件的 RadioButton 和一个 Button。

③ a. html 直接双击浏览器运行，b. aspx 通过 IIS 运行。

④ 在 a. html 运行界面中，选中 RadioButton，再单击 Button 按钮，会发现 RadioButton 会取消选中（丢失其状态），但在 b. aspx 页面执行同样的操作，RadioButton 不会丢失，因为 ViewState 给它保存了状态。可以在运行界面选择浏览器菜单"查看"→"源文件"，打开 HTML 代码文件，找到加密后的 ViewState，类似于下面：

```
<input type="hidden" name="_VIEWSTATE" value="dDw0ajfmafmjfzzmj4"/>
```

其实 ViewState 实现原理也是将一些信息放到隐藏的一个控件中，并且 ASP.NET 生成的 ViewState 信息是存储在客户端的。这里要注意的一点是：只有当格式为 *.aspx 文件，并且控件具有属性 runat="server"时，回送功能才能打开。

HTML 控件与 Web 控件最大的区别是它们对事件处理的方法不同。对于 HTML 窗体控件，当引发一个事件时，浏览器会处理它。但对于 Web 控件，事件仅由浏览器生成，但浏览器不会处理它，客户端要给服务器发个信息，告诉服务器处理事件。不过有些事件，比如按下键/移动/鼠标等事件，ASP.NET 中没有这些事件，因为这些事件即时性强，服务器处理得不够及时，这时候 HTML 控件就发挥其作用了，结合 HTML 事件协助完成。如下是一些在浏览器上执行的 HTML 常用的事件。

```
//单击时触发
<INPUT type="button" value="Click Me" onclick="alert(&apos;Hi,你好!&apos;);">
//鼠标按键弹起时触发
<INPUT type="button" value="Click Me" onmouseup="alert(&apos;Hi,你好!&apos;);">
//鼠标指针悬浮在控件上方时触发
<INPUT type="button" value="Click Me" onmouseover="alert(&apos;Hi,你好!&apos;);">
//鼠标指针在控件上方移动时触发
<INPUT type="button" value="Click Me" onmousemove="alert(&apos;Hi,你好!&apos;);">
//双击控件时触发
<INPUT type="button" value="Click Me" ondblclick="alert(&apos;Hi,你好!&apos;);"v>
//当焦点在控件时,按键时触发
<INPUT type="button" value="Click Me" onkeypress="alert(&apos;Hi,你好!&apos;);">
//按键按下时触发
<INPUT type="button" value="Click Me" onkeydown="alert(&apos;Hi,你好!&apos;);">
```

在不需要与后台进行交互时就使用 HTML 控件，它占用的资源比较少，速度也比较快。在需要与后台进行交互时，就使用 Web 控件。或者在 HTML 控件上加上 runat="server"。也可以将一个 HTML 控件转换成交互控件，但这样占用的资源就和 Web 控件没任何分别了。

Web 控件可以响应服务器端事件，可以在后台代码中设置相关属性和方法等；HTML 不可。Web 服务器控件需要通过服务器处理后译为 HTML 控件再发送给浏览器，所以比较耗费服务器资源，并由于有 IEWSTATE，所以在回送的时候会保持控件状态（也可以设置不保存），也因此增加了回送信息量。HTML 直接发送到浏览器，不另耗费服务器资源，但无状态保存。

获得 HTML 控件的值需要使用 Request 的 Form 方法，Web 控件可以通过属性直接处理。

所以，一般来说，对于不需要保存控件状态，并无什么对值处理的地方就可以使用 HTML 控件；如果需要对控件进行动态的处理，或要保存其状态等，就可以使用 Web 服务器控件。Web 服务器控件用起来要方便些，就是另外多耗费服务器资源。

考虑性能的话在能不用 Web 服务器控件的地方就尽量不用。

什么时候用什么时候不用还是要看具体情况，在条件宽松的情况下就看个人习惯了。

3.4.1 HtmlForm 控件

HtmlForm 控件用来控制<form>元素。在 HTML 中，<form>元素被用来建立表单。其常用属性如表 3-1 所示。

表 3-1 HtmlForm 控件常用属性

属　　性	描　　述
Action	URL，定义当提交表单时把数据送往何处 注释：该属性总是设置为页面自身的 URL
Attributes	返回该元素的所有属性名称和值对
Disabled	布尔值，指示是否禁用该控件。默认是 false
EncType	用来编码表单内容的 MIME 类型
ID	控件的唯一 ID
InnerHtml	设置或返回该 HTML 元素的开始标签和结束标签之间的内容。特殊字符不会被自动转换为 HTML 实体
InnerText	设置或返回该 HTML 元素的开始标签和结束标签之间的所有文本。特殊字符会被自动转换为 HTML 实体
Method	表单向服务器传送数据的方式。合法的值是"post"和"get"。默认是"post"
Name	表单的名称
RunAt	规定该控件是一个服务器控件。必须被设置为"server"
Style	设置或返回被应用到控件的 CSS 属性
TagName	返回元素的标签名
Target	加载 URL 的目标窗口
Visible	布尔值，指示该控件是否可见

注意：

(1) 所有 HTML 服务器控件必须在 HtmlForm 控件之中。

(2) 在一个页面中只能有一个 HtmlForm 控件。

3.4.2 HtmlInputText 控件

HtmlInputText 控件用于控制<input type="text">和<input type="password">元素。

在 HTML 中，这些元素用于创建文本域和密码域。其常用属性如表 3-2 所示。

表 3-2 HtmlInputText 控件常用属性

属　性	描　述
Attributes	返回该元素的所有属性名称和值对
Disabled	布尔值，指示是否禁用该控件。默认是 false
ID	该元素的唯一 ID
MaxLength	该元素中可允许字符的最大数目
Name	元素的名称
RunAt	规定该控件是一个服务器控件。必须被设置为"server"
Size	元素的宽度
Style	设置或返回被应用到该控件的 CSS 属性
TagName	返回元素的标签名
Type	元素的类型
Value	元素的值
Visible	布尔值，指示该控件是否可见

3.4.3 HtmlInputButton 控件

HtmlInputButton 控件用于控制<input type="button">、<input type="submit"> 以及<input type="reset"> 元素。在 HTML 中，这个元素用于创建按钮、提交按钮以及重置按钮。其常用属性如表 3-3 所示。

表 3-3 HtmlInputButton 控件常用属性

属　性	描　述
Attributes	返回该元素的所有属性名称和值对
Disabled	布尔值，指示是否禁用该控件。默认是 false
ID	该控件的唯一 ID
Name	元素的名称
OnServerClick	当该按钮被单击时被执行的函数的名称
RunAt	规定该控件是一个服务器控件。必须被设置为"server"
Style	设置或返回被应用到控件的 CSS 属性
TagName	返回元素的标签名
Type	该元素的类型
Value	元素的值
Visible	布尔值，指示该控件是否可见

【例 3-3】 以下给出关于信息传递的一个应用实例。在 Default.aspx 文件中声明了 1 个 Form 控件、1 个 Input(Text)控件、1 个 Input(Password)控件以及 1 个 Input(Submit)控件。当"提交"按钮被触发时，会执行 submit 子例程。这个 submit 子例程会向 Default2 .aspx 显示提交的用户名和密码。实例步骤如下。

(1) 在 Default.aspx 页面的设计视图状态下，拖放 1 个 Form 控件、1 个 Input(Text)控件、1 个 Input(Password)控件以及 1 个 Input(Submit)控件。其中 Input(Submit)控件的

Value 属性设置为“提交”，并在页面上输入适当的文字。页面布局如图 3.9 所示。

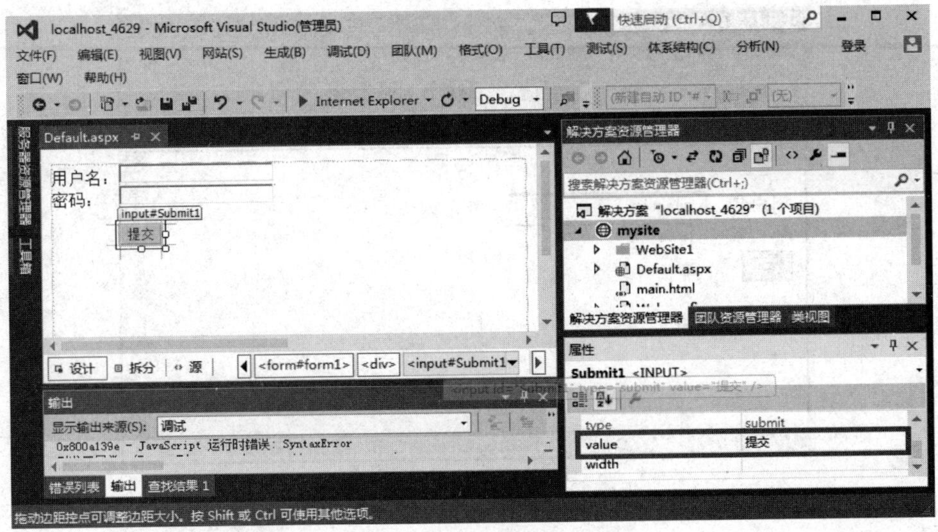

图 3.9 信息传递实例布局

(2) 打开 Default.aspx 页面的代码视图，修改其中的 form 属性，即添加“action="Default2.aspx"”，去掉 form 里的 runat="server"，添加 text 和 password 里的 runat="server"。修改后的代码视图如图 3.10 所示，深色部分代码为修改部分。

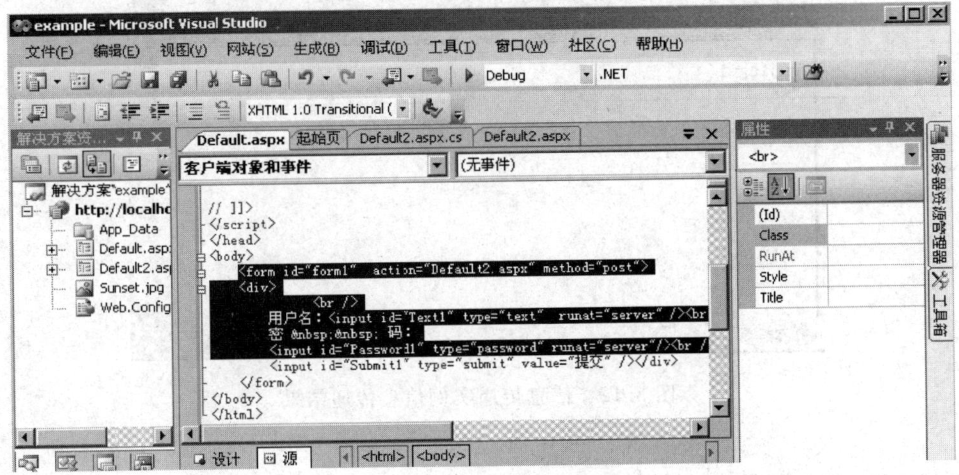

图 3.10 信息传递实例代码添加

(3) 打开 Default2.aspx 页面的设计视图，添加两个 Label 控件，双击页面视图，添加如下代码：

```
protected void Page_Load(object sender, EventArgs e)
{
    Label1.Text = Request.Form["Text1"];
    Label2.Text = Request.Form["Password1"];
}
```

（4）在 Default. aspx 页面单击“启动调试”工具，运行结果如图 3.11 所示。

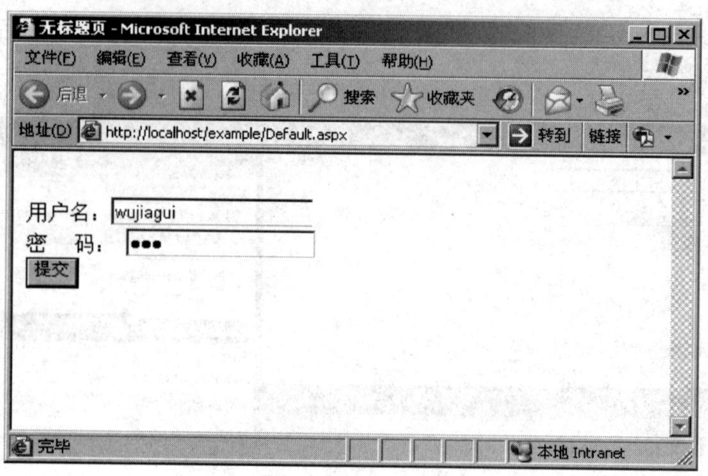

图 3.11 信息传递实例运行结果

（5）输入用户名和密码，单击“提交”按钮，打开 Defalut2. apsx，显示出用户输入的用户名和密码，如图 3.12 所示。

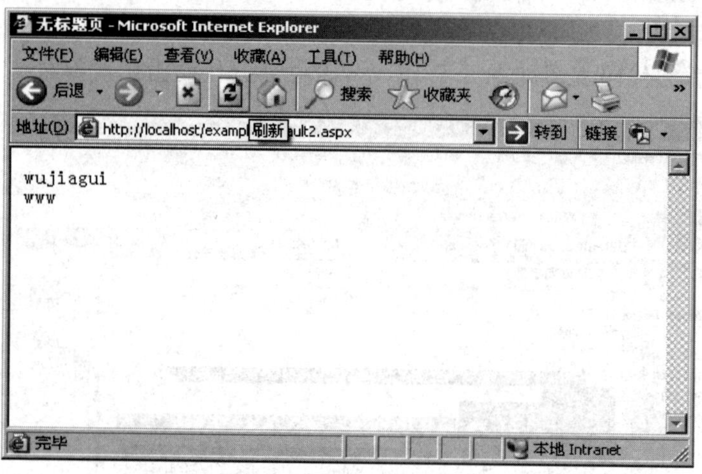

图 3.12 信息传递实例信息传递结果

3.4.4 HtmlTable 控件

HtmlTable 控件用来控制<table>元素。在 HTML 中，<table>用来建立一个表格。其常用属性如表 3-4 所示。

在 HTML 中使用 Table 的时候，Table 是已经指定而且不能动态改变的；在 ASP 中，要实现 Table 的动态载入也比较困难。在使用 HtmlTable 的时候，可以很简单地实现表、表格行和表格单元格的动态生成，因为表格行和表格单元格都已经作为控件，可以通过对这些控件的灵活使用来生成动态表格。在以下的举例中，用户选择表格的行数和列数来实现动态生成表格：

```
<html>
<head>
<title>HTMLTable 试验</title>
<script language = "C#" runat = "server">
void Page_Load(Object sender, EventArgs e) {
int row = 0;
int numrows = int.Parse(setRows.Value);
int numcells = int.Parse(setCols.Value);
for (int j = 0; j < numrows; j ++ ) {
HtmlTableRow r = new HtmlTableRow();
if (row % 2  ==  1) r.BgColor = "Gainsboro";
row ++ ;
for (int i = 0; i < numcells; i ++ ) {
HtmlTableCell c = new HtmlTableCell();
c.Controls.Add(new LiteralControl("row " + j.ToString() + ", cell " + i.ToString()));
r.Cells.Add(c);
}
Table1.Rows.Add(r);
}
}
</script>
</head>
<body>
<Center>
<form runat = "server">
<p><table id = "Table1" cellpadding = 5 cellspacing = 0
border = 1 bordercolor = "black" runat = "server" /></p>
<table>
<tr>
<td>表格行数:</td>
<td>
<select id = "setRows" runat = "server">
<option>1</option>
<option>2</option>
<option>3</option>
<option>4</option>
<option>5</option>
</select></td>
<td>表格列数:</td>
<td>
<select id = "setCols" runat = "server">
<option>1</option>
<option>2</option>
<option>3</option>
<option>4</option>
<option>5</option>
</select></td></tr>
</table>
<p><input type = submit value = "生成表格" runat = "server">
</form>
```

```
</Center>
</body>
</html>
```

表 3-4 HtmlTable 控件常用属性

属　性	描　述
Align	指定表格的对齐方式
Attributes	返回此元素所有属性名和属性值
BGColor	指定表格的背景色
Border	指定边框的宽度。提示：设置 border=0 将显示没有边框的表格
BorderColor	指定边框颜色
CellPadding	指定单元格边界与其中内容之间的间距
CellSpacing	指定单元格之间的间距
Disabled	指明此控件是否被禁止的一个布尔值。默认值是 false
Height	指定表格的高度
ID	此控件的唯一 ID
InnerHtml	设置或返回 HTML 元素开始标签和结束标签之间的内容。特殊字符不会被自动转换成 HTML 实体
InnerText	设置或返回 HTML 元素开始标签和结束标签之间的所有文本。特殊字符将被自动转换成 HTML 实体
Rows	返回一个 HtmlRowCollection 对象，此对象代表此表格中的所有行
RunAt	规定此控件是服务器控件。必须被设置为"server"
Style	设置或返回应用于此控件的 CSS 特性
TagName	返回此元素的标签名称
Visible	指明此控件是否可见的一个布尔值
Width	指定表格的宽度

程序执行效果如图 3.13 所示。

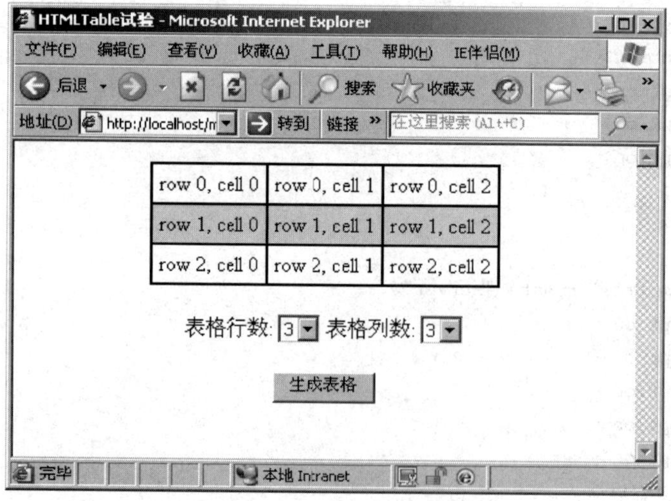

图 3.13 在 HTML 中使用 Table

3.4.5　HtmlSelect 控件

HtmlSelect 控件用于控制 <select> 元素。在 HTML 中，<select> 元素用于创建下拉列表。其常用属性如表 3-5 所示。

表 3-5　HtmlSelect 控件常用属性

属　　性	描　　述
Attributes	返回此元素所有属性名和属性值
DataMember	要使用的数据表名称
DataSource	要使用的数据源名称
DataTextField	数据源中的一个将被显示在下拉列表中的字段
DataValueField	数据源中的一个指定下拉列表中每个可选项的值的字段
Disabled	指明此控件是否被禁止的一个布尔值。默认值是 false
ID	此控件的唯一 ID
InnerHtml	设置或返回 HTML 元素开始标签和结束标签之间的内容。特殊字符不会被自动转换成 HTML 实体
InnerText	设置或返回 HTML 元素开始标签和结束标签之间的所有文本。特殊字符将被自动转换成 HTML 实体
Items	下拉列表选项清单
Multiple	是否可一次选择多项
OnServerChange	选择项发生变化时将被执行的函数名称
RunAt	规定此控件是服务器控件。必须被设置为"server"
SelectedIndex	被选项的索引指针
Size	下拉列表中的可见选项数目
Style	设置或返回应用于此控件的 CSS 特性
TagName	返回此元素的标签名称
Value	当前选中项的值
Visible	指明此控件是否可见的一个布尔值

3.4.6　HtmlImage 控件

HtmlImage 控件用来控制<img>元素。在 HTML 中，<img>元素被用来显示一个图像。其常用属性如表 3-6 所示。

表 3-6　HtmlImage 控件常用属性

属　　性	描　　述
Align	此图像如何根据周围的元素对齐。合法值有 top、middle、bottom、left、right
Alt	此图像的一个简短描述
Attributes	返回此元素所有属性名和属性值
Border	环绕此图像的边框的宽度
Disabled	指明此控件是否被禁止的一个布尔值。默认值是 false
Height	此图像的高度

续表

属　性	描　述
ID	此控件的唯一 ID
RunAt	规定此控件是服务器控件。必须被设置为"server"
Src	要显示的图像的 URL
Style	设置或返回应用于此控件的 CSS 特性
TagName	返回元素标签名称
Visible	指明此控件是否可见的一个布尔值
Width	此图像的宽度

在一些新闻网站和图片网站中，有时候需要查找、显示很多图片，这些图片一般是直接显示出来的。在图片比较多的情况下，直接显示出来就会增加网页文件大小，消耗用户时间。所以，这时可以直接给用户一个下拉列表框来选择真正需要显示的图片。如下所示：

```
<html>
<head>
<title>HtmlImage 试验</title>
<script language = "C#" runat = "server">
void chgImage (Object Sender, EventArgs e) {
Image.Src = ImgSelector.Value;
}
</script>
</head>
<body>
<form runat = "server">
<img id = "Image" runat = "server"
src = "top.gif" />
<p>选择图片: </p>
<select id = "ImgSelector" runat = "server">
<option value = "Cereal1.gif">Healthy Grains</option>
<option value = "warning.gif">warning</option>
<option value = "Cereal3.gif">U.F.O.S</option>
<option value = "Cereal4.gif">Oatey O's</option>
<option value = "x.gif">Strike</option>
<option value = "Cereal7.gif">Fruity Pops</option>
</select>
<input type = submit runat = "server" value = "显示" onServerClick = "chgImage">
</form>
</div>
</body>
</html>
```

程序执行效果如图 3.14 所示。

图 3.14　在 HTML 中使用 HtmlImage 控件

3.5　Web 服务器端控件

服务器端控件是 ASP.NET 框架的基础部分之一。作为 ASP.NET 框架的核心，服务器端控件是.NET 框架中的一些表示 Web Form 上可视化元素的类。一些服务器端控件几乎就是某些标准 HTML 标签的简单映射，并提供一些服务器端的高效实现。而另外一些服务器端控件则是更大规模的抽象，封装了复杂的 GUI 任务，例如页面中显示数据的网格等，并最终输出成 HTML 表示。需要特别注意的是，使用服务器端控件的应用程序最终仍将呈现在浏览器中。下面介绍常用的服务器端控件。

3.5.1　ASP.NET Label 控件

Label 控件显示用户不能编辑的文本。如果要显示用户可以编辑的文本，使用 TextBox 控件。

显示于 Label 控件中的长文本在小屏幕设备上的呈现效果可能不好。因此，最好使用 Label 控件显示短文本。若要显示较长的文本，使用 TextView 控件。

Label 控件必须放在移动 ASP.NET 网页上的 Form 或 Panel 控件中，或者放在移动 ASP.NET 网页上的控件的模板中，也可以将它拖动到移动用户控件页上。使用 Text 属性设置 Label 控件要显示的文本。

通过设置 Alignment、ForeColor、Font、StyleReference 和 Wrapping 属性，可以在设计

时更改 Label 控件的外观。将 BreakAfter 属性设置为 false 以防止在标签之后出现分行符。应用程序可以通过编程方式在运行时更改属性。此外，应用程序还可以使用数据绑定动态设置属性值。

若要针对特定设备自定义 Label 控件的外观，对该控件应用设备筛选器。设备筛选器使应用程序可以基于目标设备的功能重写属性值。

3.5.2 ASP.NET TextBox 控件

TextBox 控件用于创建一个文本框，用户可以输入文字。

TextBox 控件的常用属性如表 3-7 所示。

表 3-7 TextBox 控件常用属性

属　性	描　述
AutoCompleteType	规定 TextBox 控件的 AutoComplete 行为
AutoPostBack	布尔值，规定当内容改变时，是否回传到服务器。默认是 false
CausesValidation	规定当 Postback 发生时，是否验证页面
Columns	textbox 的宽度
MaxLength	在 textbox 中所允许的最大字符数
ReadOnly	规定能否改变文本框中的文本
Rows	textbox 的高度（仅在 TextMode＝“Multiline”时使用）
RunAt	规定该控件是否服务器控件。必须设置为"server"
TagKey	定义将要封装控件内容的最外面的标记
Text	textbox 的内容
TextMode	规定 TextBox 的行为模式（单行、多行或密码）
ValidationGroup	当 Postback 发生时，被验证的控件组
Wrap	布尔值，指示 textbox 的内容是否换行
OnTextChanged	当 textbox 中的文本被更改时，被执行的函数的名称

TextBox 服务器控件是让用户输入文本的输入控件。默认情况下，TextMode 属性设置为 SingleLine，它创建只包含一行的文本框。也可以将该属性设置为 MultiLine 或 Password。MultiLine 创建包含多行的文本框。Password 创建可以屏蔽用户输入的值的单行文本框。

文本框的显示宽度由其 Columns 属性确定。如果文本框是多行文本框，则显示高度由 Rows 属性确定。

使用 Text 属性确定 TextBox 控件的内容。通过设置 MaxLength 属性，可以限制可输入到此控件中的字符数。将 Wrap 属性设置为 true 来指定当到达文本框的结尾时，单元格内容应自动在下一行继续。

3.5.3 ASP.NET Button 控件

Button 控件是用来显示一个按钮。该按钮可能是一个提交按钮或命令按钮。根据预设，这个控制是一个提交按钮。

提交按钮没有命令名称，当它被单击时它会把网页传回服务器时，可以编写事件句柄来控制提交按钮被单击时执行的动作。

命令按钮拥有命令名称，且允许用户在页面上创建多个按钮控件。可以编写事件来控制，命令按钮被单击时执行的动作。

Button 控件的常用属性如表 3-8 所示。

表 3-8 Button 控件常用属性

属 性	描 述
CausesValidation	规定当 Button 被单击时是否验证页面
CommandArgument	有关要执行的命令的附加信息
CommandName	与 Command 相关的命令
OnClientClick	当按钮被单击时被执行的函数的名称
PostBackUrl	当 Button 控件被单击时从当前页面传送数据的目标页面 URL
RunAt	规定该控件是服务器控件。必须设置为"server"
Text	按钮上的文本
UseSubmitBehavior	一个值，该值指示 Button 控件使用浏览器的提交机制，还是使用 ASP .NET 的 postback 机制
ValidationGroup	当 Button 控件回传服务器时，该 Button 所属的哪个控件组引发了验证

【例 3-4】 以下给出关于 Label 控件、TextBox 控件和 Button 控件的一个实例。在 . aspx 文件中声明了 1 个 TextBox 控件、1 个 Button 控件以及 1 个 Label 控件。当“提交”按钮被触发时，会执行 submit 子例程。这个 submit 子例程会把文本框的内容复制到 Label 控件。实例步骤如下。

(1) 在 Default. aspx 页面的设计视图状态下，拖放 1 个 Label 控件、1 个 TextBox 控件和 1 个 Button 控件。其中 Button 控件的 text 属性设置为“信息传递”。结果如图 3. 15 所示。

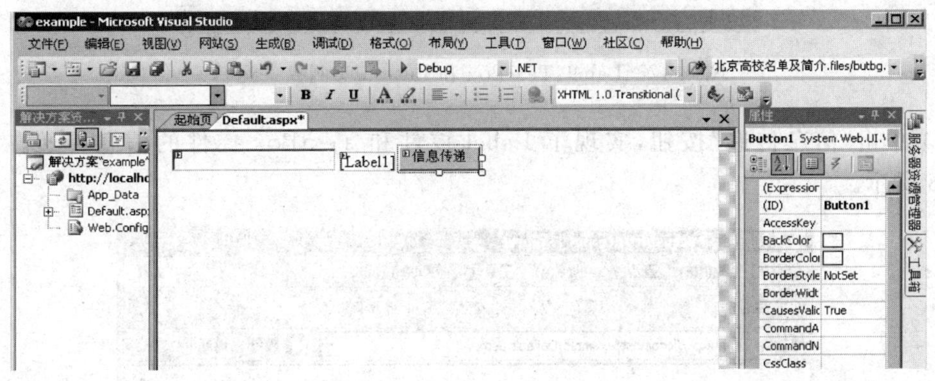

图 3. 15 Label、TextBox 和 Button 控件实例布局

(2) 双击“信息传递”按钮，系统自动打开 Default. aspx. cs 隐藏文件，源代码可以在此添加，系统自动添加 protected void Button1_Click(object sender, EventArgs e)事件，在该事件里添加代码“Label1. Text = TextBox1. Text;”。结果如图 3. 16 所示。

(3) 单击“启动调试”工具，运行程序，在文本框中可以输入内容，在此输入“Label、TextBox 和 Button 实例控件”。结果如图 3. 17 所示。

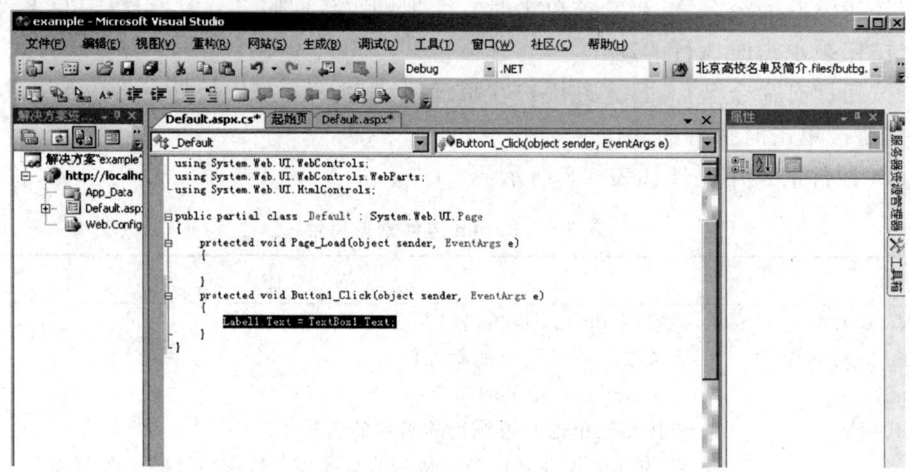

图 3.16　Label、TextBox 和 Button 实例控件代码

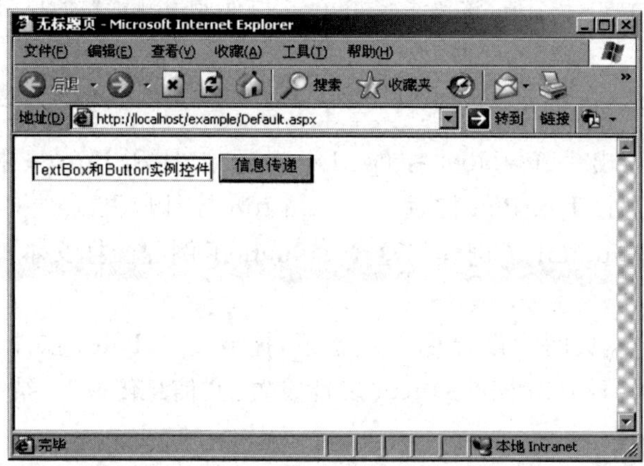

图 3.17　Label、TextBox 和 Button 实例控件运行

(4) 单击“信息传递”按钮，实现了 Label 控件和 TextBox 控件的信息传递。结果如图 3.18 所示。

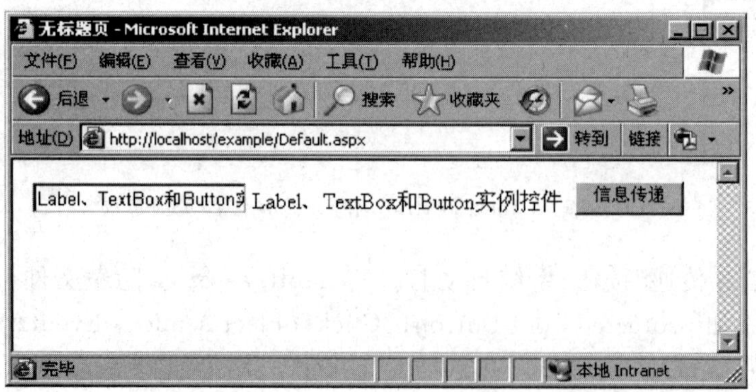

图 3.18　Label、TextBox 和 Button 实例控件信息传递结果

3.5.4　ASP.NET HyperLink 控件

HyperLink 控件用于创建页面链接。不同于 LinkButton 控件，HyperLink 控件不向服务器端提交表单。

HyperLink 控件的常用属性如表 3-9 所示。

表 3-9　HyperLink 控件常用属性

属　性	描　　述	.NET
ImageUrl	显示此链接的图像的 URL	1.0
NavigateUrl	该链接的目标 URL	1.0
RunAt	规定该控件是服务器控件。必须被设置为"server"	1.0
Target	URL 的目标框架	1.0
Text	显示该链接的文本	1.0

【例 3-5】 以下给出关于 HyperLink 控件的一个应用实例。在 Default.aspx 文件中声明了 1 个 HyperLink 控件。当单击 HyperLink 控件时，页面自动转向另一页面 Default2.aspx。实例步骤如下。

(1) 右击解决方案中的 http：…，选择“添加新项”，弹出“添加新项”对话框，如图 3.19 所示。

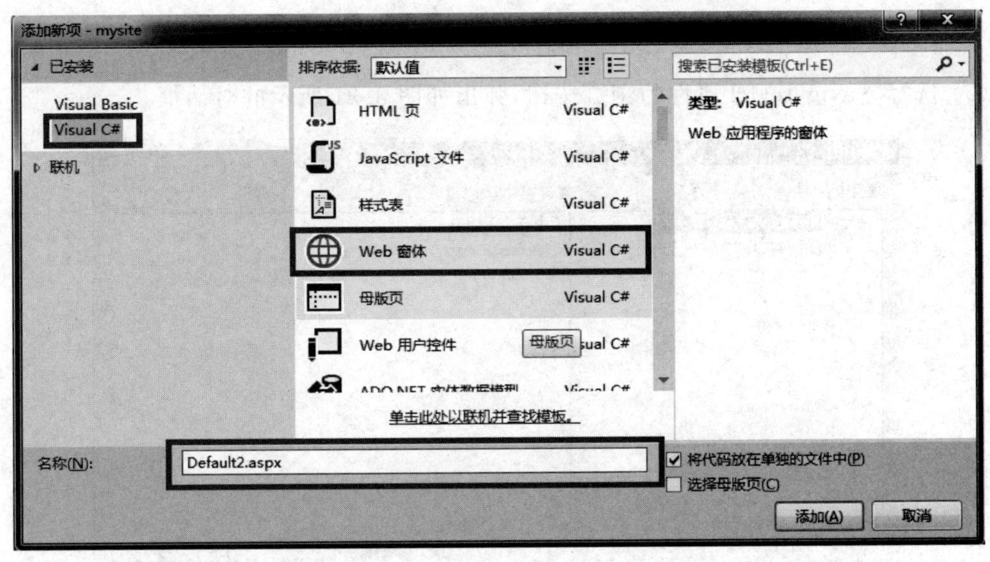

图 3.19　“添加新项”对话框

(2) 选择“Web 窗体”，名称填写 Default2.aspx，语言选择 Visual C#，单击“添加”按钮。

(3) 在 Default2.aspx 文件的设计视图中输入“欢迎进入 hyperlink 控件练习”。

(4) 在 Default.aspx 页面的设计视图状态下，拖放 1 个 HyperLink 控件，将其 Text 属

性设置为"转向下一页面"。结果如图 3.20 所示。

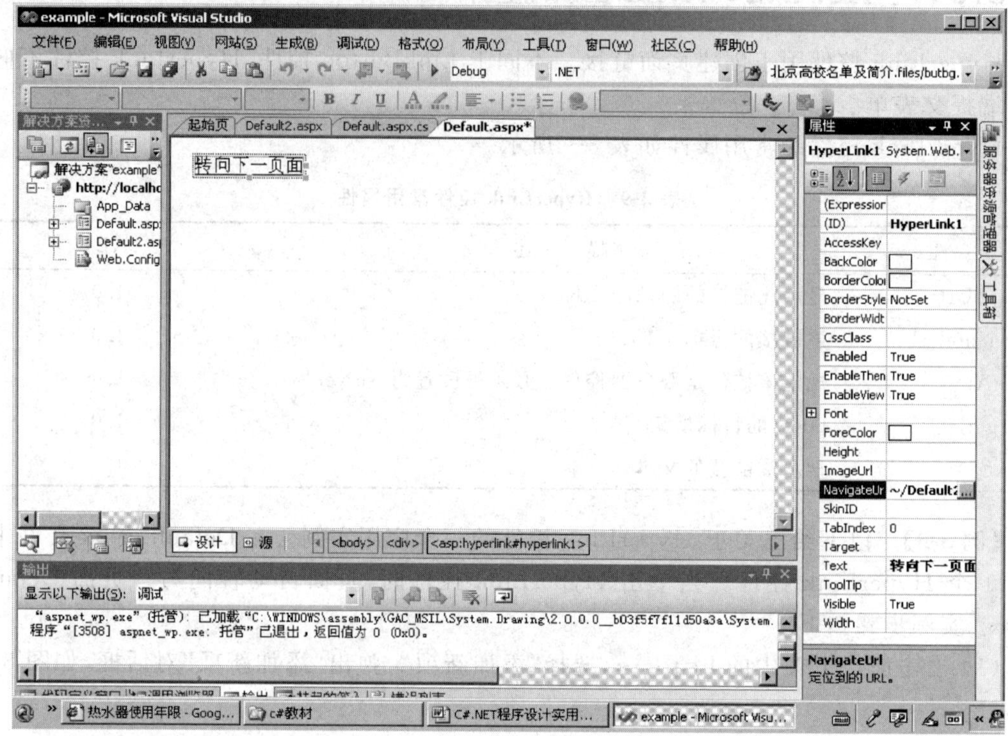

图 3.20　页面设置

(5) 选择 NavigateUrl 属性的浏览按钮，弹出如图 3.21 所示的对话框。

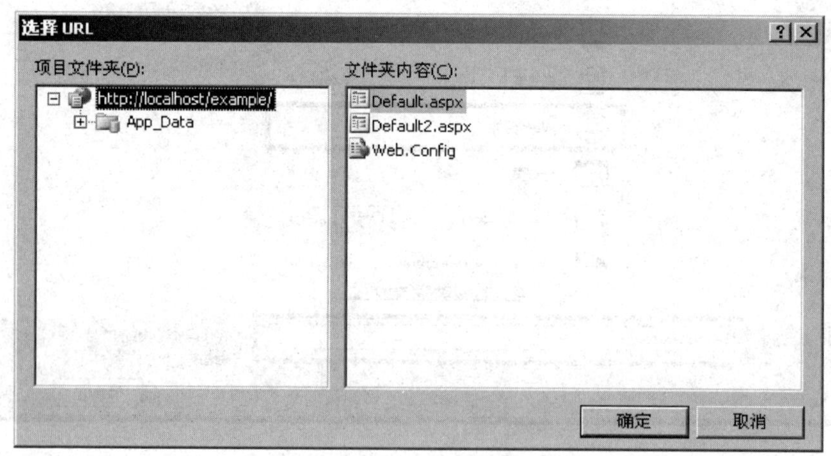

图 3.21　超链接页面选择

(6) 选择 Default2.aspx，单击"确定"按钮。单击"启动调试"工具，运行结果如图 3.22 所示。

(7) 单击"转向下一页面"，打开"欢迎进入 hyperlink 控件练习"页面，如图 3.23 所示。

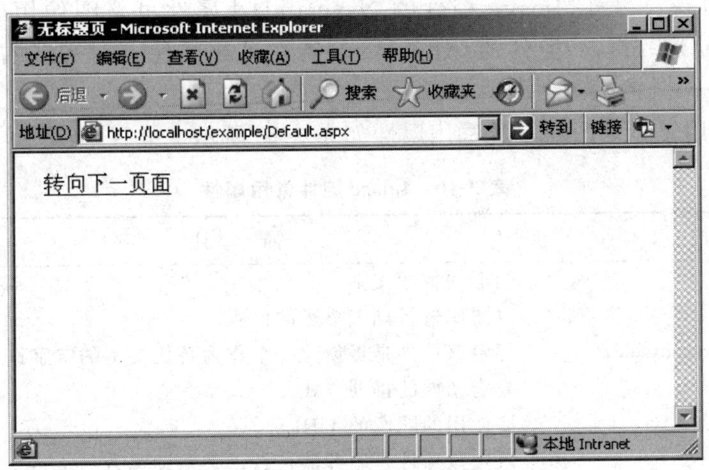

图 3.22 实例运行结果(1)

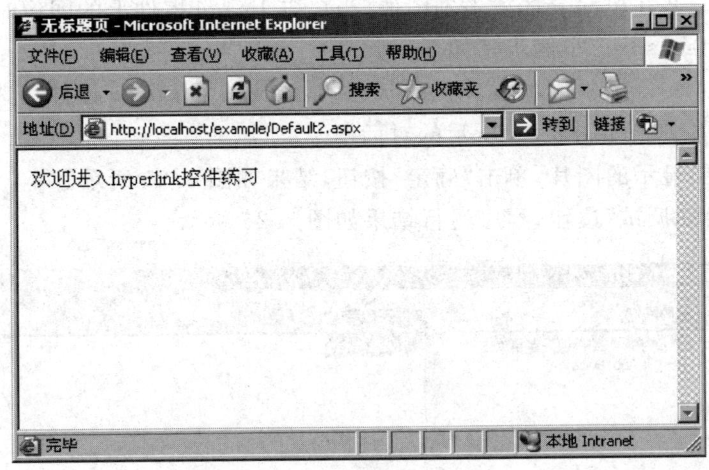

图 3.23 实例运行结果(2)

3.5.5 ASP.NET Image 控件

如果没有 Image 控件,则由于不同移动设备的功能会有很大差异,所以几乎不可能在所有设备上显示相同的图像。但是,通过应用设备筛选器,应用程序可从一组图像中选择要显示的图像。组中的每幅图像均可对应于特定类型的设备。例如,应用程序可在手持式计算机上显示彩色图像。当在支持 Web 的移动电话上运行同一应用程序时,该应用程序会改为选择更适合电话显示的、简化的单色图像。通过针对特定硬件重写其属性值,Image 控件可选择最合适的图像进行显示。

另外,使用 Image 控件的应用程序可在运行时确定控件的许多属性的值。Image 控件同样支持数据绑定,允许动态设置属性值。

使用 Image 控件指定要显示的图像,Image 控件必须放在 Form 或 Panel 控件内,或移动网页上控件的模板内。也可以将它拖动到移动用户控件页上。使用 ImageUrl 属性可指定图像文件的位置。另外，Image 控件的 NavigateUrl 属性可将图像用做指向任何有效 URL 的链接。使用 Image 控件的 Alignment 属性可让图像左对齐或右对齐，或者使其居中。

Image 控件用于显示图像。其常用属性如表 3-10 所示。

表 3-10　Image 控件常用属性

属　性	描　　述	.NET
AlternateText	图形的替代文本	1.0
DescriptionUrl	对图像进行详细描述的位置	2.0
GenerateEmptyAlternateText	规定该控件是否创建一个作为替代文本的空字符串	2.0
ImageAlign	规定图像的排列方式	1.0
ImageUrl	要使用的图像的 URL	1.0
RunAt	规定该控件是服务器控件。必须设置为"server"	1.0

【例 3-6】 以下给出关于 Image 控件的一个应用实例。在 Default . aspx 文件中声明了 1 个 Image 控件。并在控件上加载一副图像，当单击 Image 控件上的图像时，页面自动转向另一页面 Default2. aspx。实例步骤如下。

（1）在 Default. aspx 页面的设计视图状态下，拖放 1 个 Image 控件。选择 ImageUrl 属性的浏览按钮[...]，弹出如图 3. 24 所示的对话框。

（2）选择所要显示的图片，单击“确定”按钮，结果如图 3. 25 所示。

（3）单击“启动调试”按钮，程序运行结果如图 3. 26 所示。

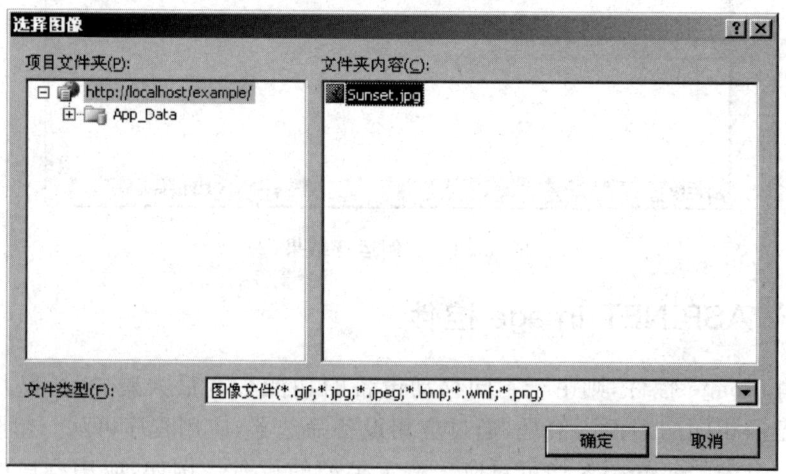

图 3. 24　选择图像

3.5.6　ASP.NET DropDownList 控件

DropDownList Web 服务器控件允许用户从预定义的列表中选择一项。它与 ListBox Web 服务器控件的不同之处在于，其列表项在用户单击下拉按钮之前一直保持隐藏状态。另外，DropDownList 控件与 ListBox 控件的不同之处还在于它不支持多重选择模式。

图 3.25　布局结果

图 3.26　Image 控件实例运行结果

可以通过以像素为单位设置 DropDownList 控件的高度和宽度来控制其外观。部分浏览器不支持以像素为单位设置高度和宽度，这些浏览器将使用行计数设置。

DropDownList 控件用于创建下拉列表。其常用属性如表 3-11 所示。

表 3-11　DropDownList 控件常用属性

属　性	描　述	.NET
SelectedIndex	可选项的索引号	1.0
OnSelectedIndexChanged	当被选项目的 index 被更改时被执行的函数的名称	1.0
RunAt	规定该控件是服务器控件。必须设置为"server"	1.0

【例 3-7】 以下给出关于 DropDownList 控件的一个应用实例。在 Default.aspx 文件中声明了 1 个 DropDownList 控件。可以选择页面上的一个下拉列表，并可从中选择自己需要的选项。实例步骤如下。

(1) 在 Default.aspx 页面的设计视图状态下，拖放一个 DropDownList 控件。选择 Items 属性的浏览按钮[...]，弹出如图 3.27 所示的对话框。

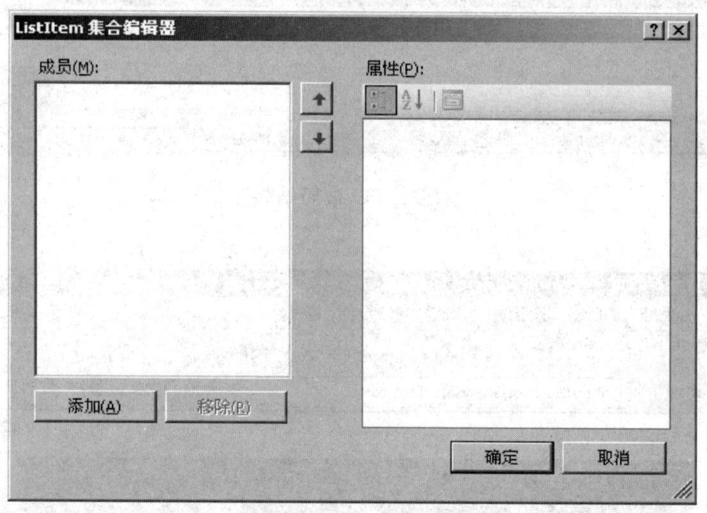

图 3.27　ListItem 集合编辑器

(2) 单击“添加”按钮，在右边的 Text 属性中输入“计算机”。重复上述步骤，添加“面向对象程序设计”、“计算机基础”和“人工智能”，最后结果如图 3.28 所示。

(3) 单击“确定”按钮，单击“启动调试”按钮，程序运行结果如图 3.29 所示，可以在列表中选择所需要的课程。

3.5.7　ASP.NET CheckBox 控件

可以使用 CheckBox 控件执行以下操作：

- 当选中某个复选框时将引起页回发。
- 当选中某个复选框时捕获用户交互。
- 将每个复选框绑定到数据库中的数据。

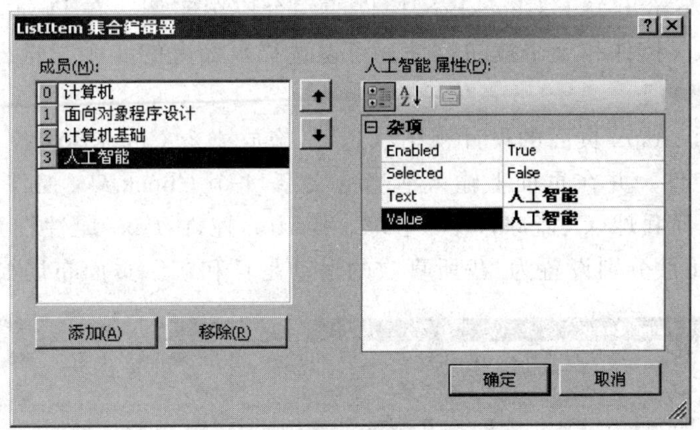

图 3.28 列表选项添加

图 3.29 DropDownList 控件实例运行结果

CheckBox 控件用于显示复选框。其常用属性如表 3-12 所示。

表 3-12 CheckBox 控件常用属性

属　　性	描　　述	.NET
AutoPostBack	规定在 Checked 属性已改变后，是否立即向服务器回传表单。默认是 false	1.0
CausesValidation	规定点击 Button 控件时是否执行验证	2.0
Checked	规定是否已选中该复选框	1.0
InputAttributes	该 CheckBox 控件的 Input 元素所用的属性名和值的集合	2.0
LabelAttributes	该 CheckBox 控件的 Label 元素所用的属性名和值的集合	2.0
RunAt	规定该控件是服务器控件。必须被设置为"server"	1.0
Text	与 CheckBox 关联的文本标签	1.0
TextAlign	与 CheckBox 控件关联的文本标签的对齐方式(right 或 left)	1.0
ValidationGroup	在 CheckBox 控件回发到服务器时要进行验证的控件组	2.0
OnCheckedChanged	当 Checked 属性被改变时，被执行函数的名称	

【例 3-8】 以下给出关于 CheckBox 控件的一个应用实例。在 Default. aspx 文件中声明了 4 个 CheckBox 控件和 1 个按钮控件。可以选择页面上的 4 个复选框来做一项多项选择调查。实例步骤如下。

(1) 在 Default. aspx 页面的设计视图状态下，拖放 4 个 CheckBox 控件、1 个 Button 控件和 2 个 Label 控件。并在页面上输入适当的文字，4 个 CheckBox 控件 Text 属性分别设置为：A、足球，B、乒乓球，C、篮球，D、羽毛球。Button 控件 Text 属性设置为“确定”。2 个 Label 控件 Text 属性分别设置为“我所喜欢的运动是：”和“”。页面布局如图 3.30 所示。

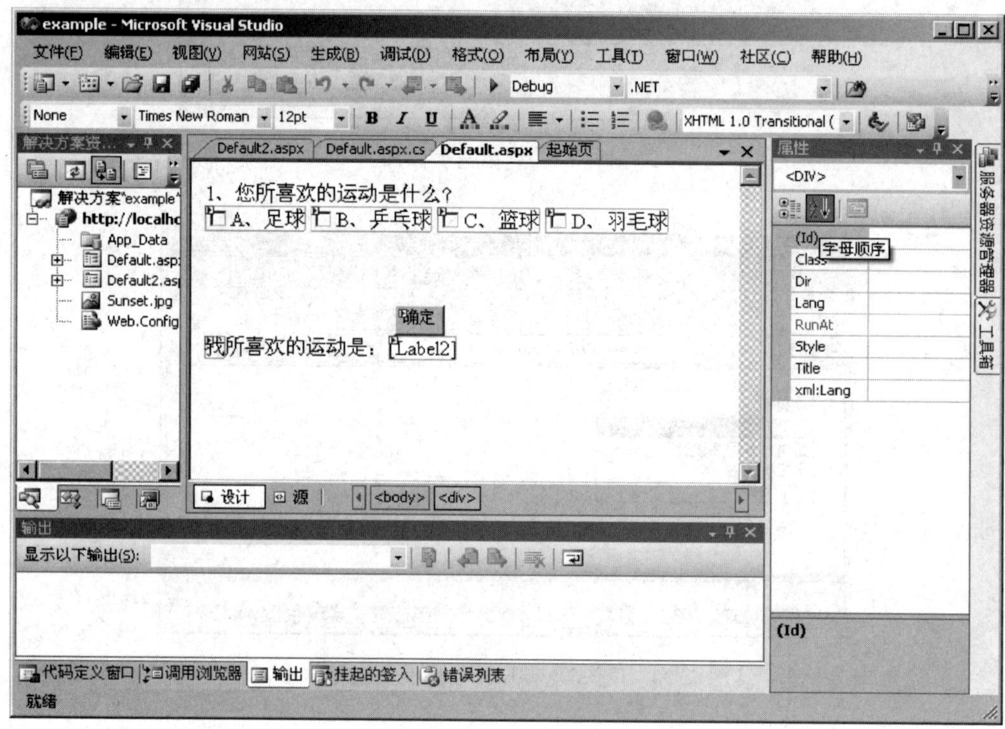

图 3.30　CheckBox 控件实例布局

(2) 双击“确定”按钮，添加如下代码：

```
protected void Button1_Click(object sender, EventArgs e)
{
    String str1,str2,str3,str4;
    if(CheckBox1.Checked)
    {
        str1 = "足球、";
    }
    else
    {
        str1 = "";
    }
    if(CheckBox2.Checked)
    {
        str2 = "乒乓球、";
```

```
    }
    else
    {
        str2 = "";
    }
    if(CheckBox3.Checked)
    {
        str3 = "篮球、";
    }
    else
    {
        str3 = "";
    }
    if(CheckBox4.Checked)
    {
        str4 = "羽毛球.";
    }
    else
    {
        str4 = "";
    }
    Label2.Text = str1 + str2 + str3 + str4;
}
```

(3) 单击“启动调试”工具,程序运行结果如图 3.31 所示。可以在复选框中选择自己喜欢的球类。

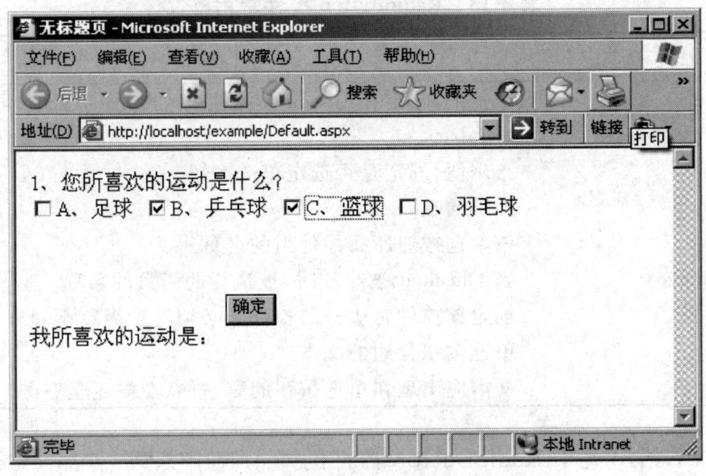

图 3.31　CheckBox 控件实例运行界面

(4) 单击“确定”按钮,程序运行结果如图 3.32 所示。

3.5.8 ASP.NET RadioButton 控件

单选按钮很少单独使用,而是进行分组以提供一组互斥的选项。在一个组内,每次只能选择一个单选按钮。可以用下列方法创建分组的单选按钮。

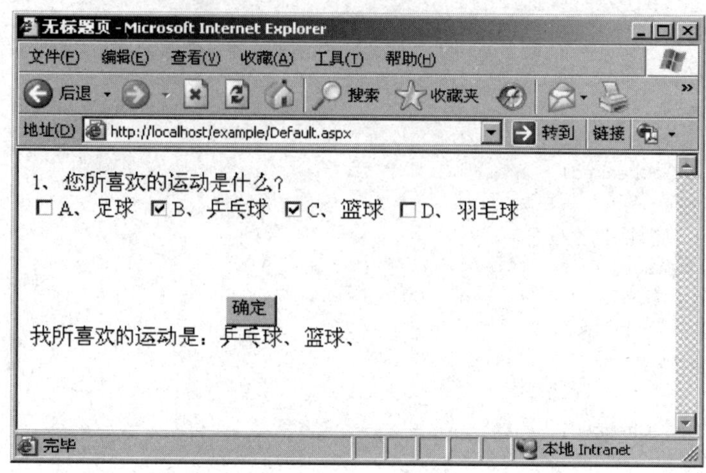

图 3.32　CheckBox 控件实例运行结果

（1）向页中添加单个的 RadioButton Web 服务器控件，然后将所有这些控件手动分配到一个组中。这种情况下，该组可为任意名称；具有相同组名的所有单选按钮视为单个组的组成部分。

（2）向页面中添加 1 个 RadioButtonList Web 服务器控件。该控件中的列表项将自动进行分组。

RadioButton 控件用于显示单选按钮。其常用属性如表 3-13 所示。

表 3-13　RadioButton 控件常用属性

属　　性	描　　述
AutoPostBack	布尔值，规定在 Checked 属性被改变后，是否立即回传表单。默认是 false
Checked	布尔值，规定是否选定单选按钮
ID	控件的唯一 ID
GroupName	该单选按钮所属控件组的名称
OnCheckedChanged	当 Checked 被改变时，被执行的函数的名称
RunAt	规定该控件是服务器控件。必须设置为"server"
Text	单选按钮旁边的文本
TextAlign	文本应出现在单选按钮的哪一侧(左侧还是右侧)

【例 3-9】 以下给出关于 RadioButton 控件的一个应用实例。在 Default .aspx 文件中声明了 4 个 RadioButton 控件和 1 个按钮控件。可以选择页面上的 4 个单选按钮来做一项选择调查。实例步骤如下。

（1）在 Default. aspx 页面的设计视图状态下，拖放 4 个 RadioButton 控件、1 个 Button 控件和 2 个 Label 控件。并在页面上输入适当的文字，4 个 RadioButton 控件 Text 属性分别设置为："A、足球"、"B、乒乓球"、"C、篮球"、"D、羽毛球"。4 个 RadioButton 控件的 Text 属性均设置为 like。Button 控件 Text 属性设置为"确定"。两个 Label 控件 Text 属性分别设置为"我所喜欢的运动是:"和""。页面布局如图 3.33 所示。

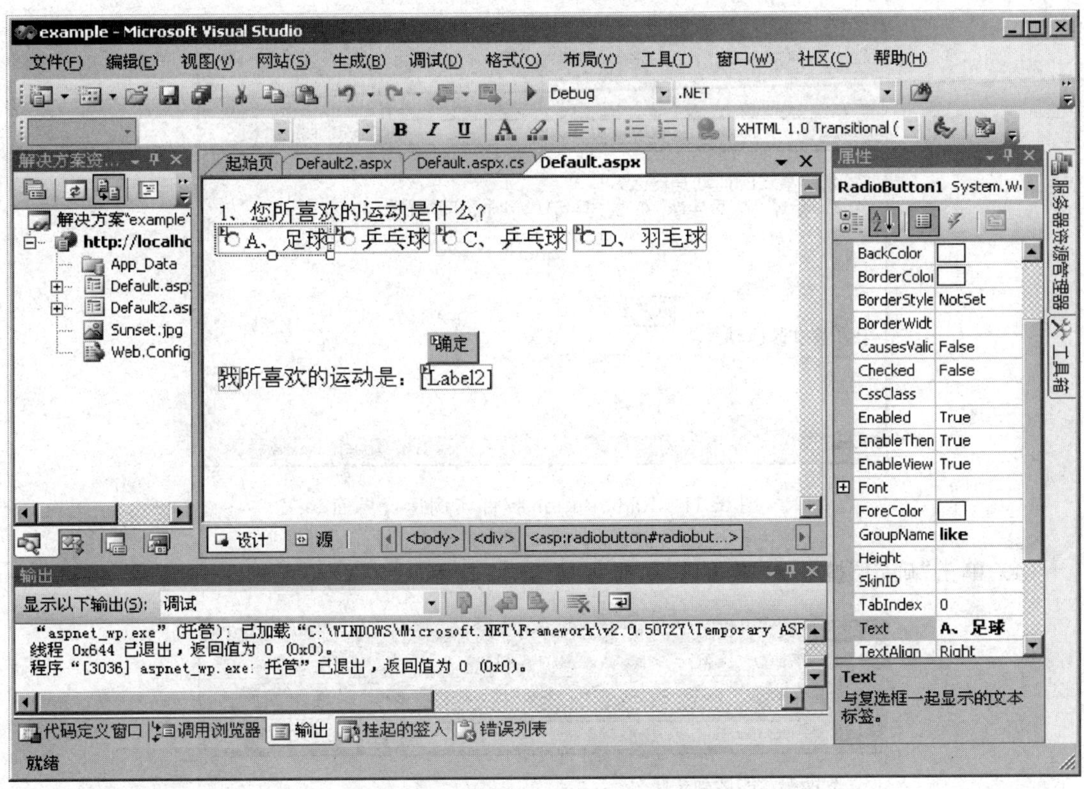

图 3.33　RadioButton 控件实例布局

(2) 双击“确定”按钮，添加如下代码：

```
protected void Button1_Click(object sender, EventArgs e)
{
    if(RadioButton1.Checked)
    {
        Label2.Text = "足球.";
    }
    else if (RadioButton2.Checked)
    {
        Label2.Text = "乒乓球.";
    }
    else if (RadioButton3.Checked)
    {
        Label2.Text = "篮球.";
    }
    else if (RadioButton4.Checked)
    {
        Label2.Text = "羽毛球.";
    }
}
```

(3) 单击“启动调试”工具，程序运行结果如图 3.34 所示。可以选择自己喜欢的球类。

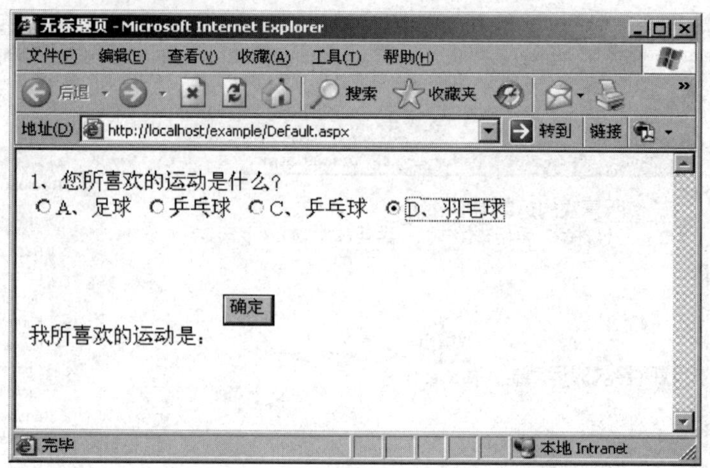

图 3.34 RadioButton 控件实例运行界面

(4) 单击“确定”按钮，程序运行结果如图 3.35 所示。

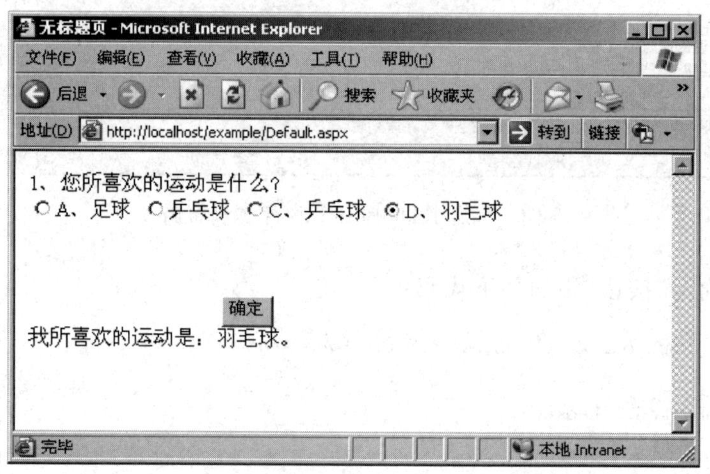

图 3.35 RadioButton 控件实例运行结果

3.6 Web 表单验证控件

对于开发人员来说，验证是用户在 Web 表单中输入是否有效的重要任务之一。因为在网上提供信息时，用户的行为是无法预测的，因此必须采取额外的预防措施，尽量保证用户提供的数据是正确的。例如，信用卡号和身份证号的输入的有效和无效的问题。

ASP.NET 中提供了一系列的验证控件来检查输入的数据是否合法，它使用起来很简单但是功能却很强大。ASP.NET 提供的验证控件及其功能的描述如表 3-14 所示。

在页面运行中，当整个页面需要被验证的控件都通过验证后，页面中 IsValid 的属性值将会被设置为 true，否则为 false，同时没有通过验证的控件将会显示设定的出错信息。

表 3-14　ASP.NET 提供的验证控件及其功能的描述

控　　件	描　　述
RequiredFieldValidator	使用户在输入时,不是使这一项为空
CompareValidator	对两个控件的值进行比较
RangeValidator	对输入的值进行控制,使其值界定在一定范围内
RegularExpressionValidator	把用户输入的字符和自定义的表达式进行比较
CustomValidator	自定义验证方式
ValidationSummary	在一个页面中显示总的验证错误

每个验证控件都有下列相同的属性值。

(1) ControlToValidate：设定需要验证的服务器控件。

(2) Display：设定验证控件的显示行为,它有 3 个属性值,分别为 Dynamic(当错误信息不显示时,将不占用显示空间)、Static(此值为默认值,无论错误信息是否显示,均占有显示空间)、None(仅在 ValidationSummary 中显示错误信息)。

(3) ErrorMessage：定义在 ValidationSummary 中显示的文字。

3.6.1　RequiredFieldValidator 控件

RequiredFieldValidator 控件用于使输入控件成为一个必选字段,计算输入控件的值以确保用户输入值。

通过该控件,如果输入值的初始值未改变,那么验证将失败。默认情况下,初始值是空字符串("")。

注释：输入值的开头和结尾的空格将在验证前被删除。InitialValue 不为输入控件设置默认值,它指示了不希望用户在输入控件中输入的值。

RequiredFieldValidator 控件常用属性如表 3-15 所示。

表 3-15　RequiredFieldValidator 控件常用属性

属　　性	描　　述
BackColor	RangeValidator 控件的背景颜色
ControlToValidate	要验证的控件的 ID
Display	验证控件的显示行为。合法的值有：None——验证消息从不内联显示；Static——在页面布局中分配用于显示验证消息的空间；Dynamic——如果验证失败,将用于显示验证消息的空间动态添加到页面
EnableClientScript	布尔值,规定是否启用客户端验证
Enabled	布尔值,规定是否启用验证控件
ErrorMessage	当验证失败时,在 ValidationSummary 控件中显示的文本。注释：如果未设置 Text 属性,文本也会显示在该验证控件中
ForeColor	该控件的前景色

续表

属　性	描　述
ID	控件的唯一 ID
InitialValue	规定输入控件的初始值(开始值)。默认是空字符串“”
IsValid	布尔值,指示关联的输入控件是否通过验证
RunAt	规定该控件是一个服务器控件。必须设置为"server"
Text	当验证失败时显示的消息

使用 RequiredFieldValidator 控件使输入控件成为强制字段。当验证执行时,如果输入控件包含的值仍为初始值而未更改,则该输入控件验证失败。这会防止用户使关联的输入控件保持不变。默认情况下,初始值为空字符串（“”),这指示必须在输入控件中输入值方可通过验证。

注意：*在执行验证之前移除输入值前后的多余空格,这样可防止在输入控件中输入的空格通过验证。*

【例 3-10】 以下给出关于 RequiredFieldValidator 控件的一个应用实例。实例演示如何使用 RequiredFieldValidator 控件使 TextBox 控件成为强制字段。

(1) 在 Default. aspx 页面的设计视图状态下,拖放 1 个 TextBox 控件和 1 个 RequiredFieldValidator 控件。TextBox 控件 Text 属性设置为 abc,ID 属性设置为,TextBox1。RequiredFieldValidator 控件 Text 属性设置为“值不能为初始值”; ControlToValidate 属性设置为 TextBox1。页面布局如图 3. 36 所示。

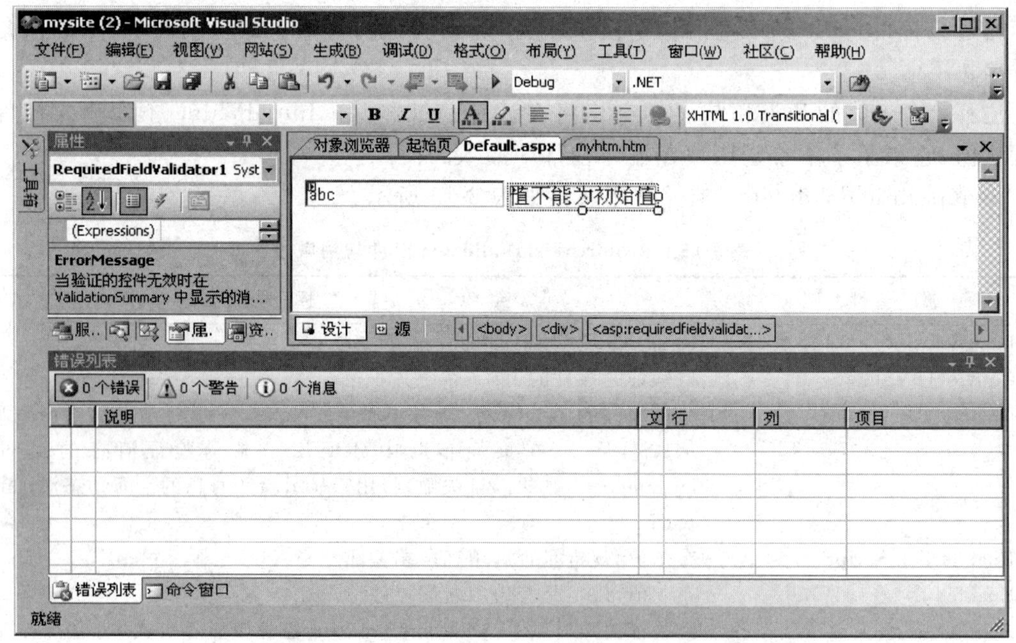

图 3. 36　RequiredFieldValidator 控件实例布局

(2) 单击“启动调试”工具,选中文本框(不修改内容),确认。程序运行结果如图 3. 37 所示。

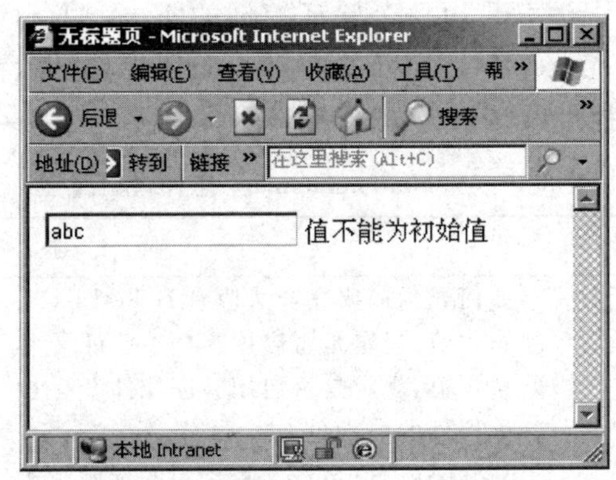

图 3.37　RequiredFieldValidator 控件实例运行结果

3.6.2　RangeValidator 控件

RangeValidator 控件测试输入值是否位于给定的范围内。RangeValidator 使用 3 个关键属性执行验证：ControlToValidate 包含要验证的值，MinimumValue 和 MaximumValue 定义有效范围的最小值和最大值。

RangeValidator 控件常用属性如表 3-16 所示。

表 3-16　RangeValidator 控件常用属性

属　性	描　述
BackColor	RangeValidator 控件的背景颜色
ControlToValidate	要验证的控件的 ID
Display	验证控件的显示行为。合法的值有：None——验证消息从不内联显示；Static——在页面布局中分配用于显示验证消息的空间；Dynamic——如果验证失败，将用于显示验证消息的空间动态添加到页面
EnableClientScript	布尔值，规定是否启用客户端验证
Enabled	布尔值，规定是否启用验证控件
ErrorMessage	当验证失败时，在 ValidationSummary 控件中显示的文本。注释：如果未设置 Text 属性，文本也会显示在该验证控件中
ForeColor	该控件的前景色
ID	控件的唯一 ID
IsValid	布尔值，指示关联的输入控件是否通过验证
MaximumValue	规定输入控件的最大值
MinimumValue	规定输入控件的最小值
RunAt	规定该控件是一个服务器控件。必须设置为"server"
Type	规定要检测的值的数据类型。类型有 Currency、Date、Double、Integer、String
Text	当验证失败时显示的消息

3.6.3　ValidationSummary 控件

ValidationSummary 控件用于在网页、消息框或在这两者中内联显示所有验证错误的摘要，显示 Web 页上所有验证错误的列表。

在该控件中显示的错误消息是由每个验证控件的 ErrorMessage 属性规定的。如果未设置验证控件的 ErrorMessage 属性,就不会为那个验证控件显示错误消息。

ValidationSummary 控件常用属性如表 3-17 所示。

表 3-17 ValidationSummary 控件常用属性

属性	描述
DisplayMode	如何显示摘要。合法值有 BulletList、List、SingleParagraph
EnableClientScript	布尔值,规定是否启用客户端验证
Enabled	布尔值,规定是否启用验证控件
ForeColor	该控件的前景色
HeaderText	ValidationSummary 控件中的标题文本
ID	控件的唯一 ID
RunAt	规定该控件是一个服务器控件。必须设置为"server"
ShowMessageBox	布尔值,指示是否在消息框中显示验证摘要
ShowSummary	布尔值,规定是否显示验证摘要

ValidationSummary 控件允许在单个位置概述网页上所有验证控件的错误信息。基于 DisplayMode 属性的值,该摘要可显示为列表、项目符号列表或单个段落。ValidationSummary 控件中为页面上每个验证控件显示的错误信息,是由每个验证控件的 ErrorMessage 属性指定的。如果没有设置验证控件的 ErrorMessage 属性,将不会在 ValidationSummary 控件中为该验证控件显示错误信息。通过设置 HeaderText 属性,还可以在 ValidationSummary 控件的标题部分指定一个自定义标题。

通过设置 ShowSummary 属性,可以控制 ValidationSummary 控件是显示还是隐藏。还可通过将 ShowMessageBox 属性设置为 True,在消息框中显示摘要。

【例 3-11】 以下给出关于 RangeValidator 与 ValidationSummary 控件的一个应用实例。示例演示如何使用 RangeValidator 与 ValidationSummary 控件来概述页上的未通过验证的输入控件。

(1) 在 Default. aspx 页面的设计视图状态下,添加 2 个 TextBox 控件、1 个 RangeValidator 控件和 1 个 Button 控件。它们的属性设置如表 3-18 所示,页面布局如图 3.38 所示。

表 3-18 Default. aspx 页控件属性设置及说明(1)

控件类型	控件名称	主要属性设置	用途
标准/TextBox 控件	txtName		输入姓名
	txtMath		输入数学成绩
标准/Button 控件	btnCheck	Text 属性设置为“验证”	执行页面提交的功能
验证/RequiredFieldValidator 控件	RequiredFieldValidator1	ControlToValidate 属性设置为 txtName	要验证的控件的 ID 为 txtName
		ErrorMessage 属性设置为“姓名不能为空”	显示的错误信息为“姓名不能为空”
		SetFocusOnError 属性设置为 True	验证无效时,在该控件上设置焦点

续表

控件类型	控件名称	主要属性设置	用 途
验证/RangeValidator 控件	RangeValidator1	ControlToValidate 属性设置为 txtMath	要验证的控件的 ID 为 txtMath
		ErrorMessage 属性设置为“分数在 0～100 之间”	显示的错误信息为“分数在 0～100 之间”
		MaximumValue 属性设置为 100	最大值为 100
		MinimumValue 属性设置为 0	最小值为 0
		Type 属性设置为 Double	进行浮点型比较
验 证/Validation Summary 控件	ValidationSummary1		将错误信息一起显示

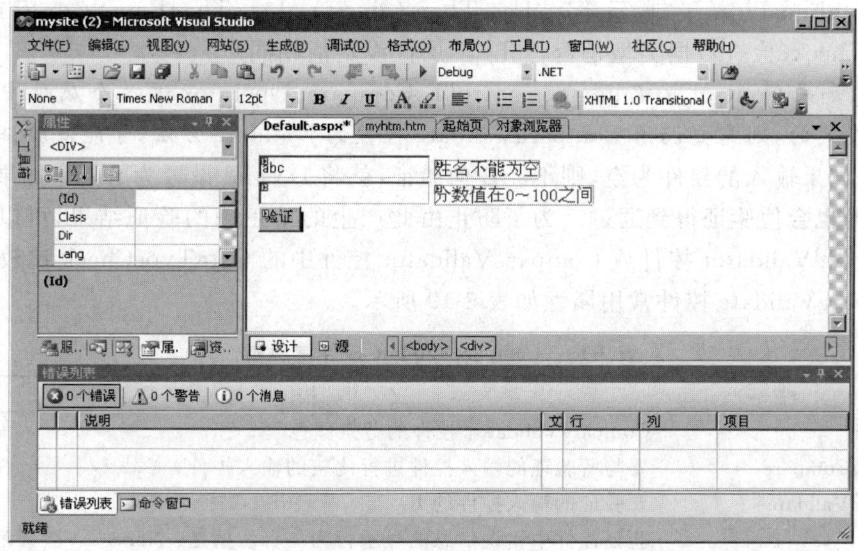

图 3.38 RangeValidator 与 ValidationSummary 控件实例布局

(2) 单击“启动调试”工具，选中文本框 2，输入 a，单击“验证”按钮。程序运行结果如图 3.39 所示。

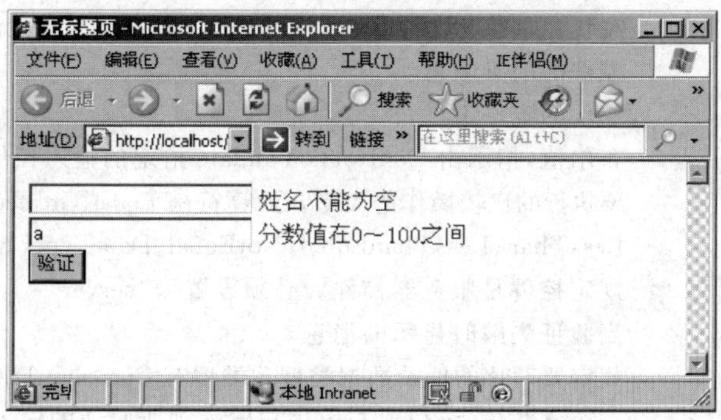

图 3.39 RangeValidator 与 ValidationSummary 控件实例运行结果

3.6.4 CompareValidator 控件

CompareValidator 控件用于比较两个控件的属性值，或将一个控件的值与某个特定的数据比较。ControlToValidate 属性设定需要比较验证的控件 ID 值，ControlToCompare 属性设定与之比较的控件 ID 值，Operator 属性设定比较的类型。这 3 个属性的关系示意为：

```
<ControlToValidate> Operator <ControlToCompare>
```

如果要将一个输入控件的值同某一个常数值相比较，该常数值可以通过 ValueToCompare 来设置。其关系即为

```
<ControlToValidate> Operator ValueToCompare
```

Operator 属性值有 7 种：Equal（等于）、NotEqual（不等于）、GreaterThan（大于）、GreaterThanEqual（大于或等于）、LessThan（小于）、LessThanEqual（小于或等于）、DataTypeCheck（检查数据类型是否与 Type 属性设定值相同）。

注意：*如果 ControlToValidate、ControlToCompare、Operator 这 3 个属性中有一个是在程序中指定的，则需要调用 CompareValidate 控件的 Validate 方法，才能使验证生效。*

另外，如果输入的控件为空，则不经任何验证，就将 IsValid 设置为 true。如果比较值的类型不正确也会使验证得到通过。为了防止由此产生的不正确的验证结果，可以同时使用 RequiredFieldValidator 控件或 CompareValidator 控件中的 DataTypeCheck 比较运算符。

CompareValidate 控件常用属性如表 3-19 所示。

表 3-19 CompareValidate 控件常用属性

属性	描述
BackColor	CompareValidator 控件的背景颜色
ControlToCompare	要与所验证的输入控件进行比较的输入控件
ControlToValidate	要验证的输入控件的 ID
Display	验证控件中错误信息的显示行为。合法值是：None——验证消息从不内联显示；Static——在页面布局中分配用于显示验证消息的空间；Dynamic——如果验证失败，将用于显示验证消息的空间动态添加到页面
EnableClientScript	布尔值，规定是否启用客户端验证
Enabled	布尔值，规定是否启用验证控件
ErrorMessage	当验证失败时在 ValidationSummary 控件中显示的文本。 注释：如果未设置 Text 属性，此文本将显示在验证控件中
ForeColor	控件的前景颜色
ID	控件的唯一 ID
IsValid	布尔值，指示由 ControlToValidate 指定的输入控件是否通过验证
Operator	要执行的比较操作的类型。运算符是 Equal、GreaterThan、GreaterThanEqual、LessThan、LessThanEqual、NotEqual、DataTypeCheck
RunAt	规定控件是服务器控件。必须设置为"server"
Text	当验证失败时显示的消息
Type	规定要对比的值的数据类型。类型有 Currency、Date、Double、Integer、String
ValueToCompare	一个常数值，该值要与由用户输入到所验证的输入控件中的值进行比较

【例 3-12】 以下给出关于 CompareValidate 控件的一个应用实例。在.aspx 文件中声明了 2 个 TextBox 控件、1 个 Button 控件以及 1 个 CompareValidator 控件。如果验证失败，将在 CompareValidator 控件中显示“文本框 2 必须小于文本框 1 的值”。

(1) 在 Default.aspx 页面的设计视图状态下，添加 2 个 TextBox 控件、1 个 CompareValidate 控件和 1 个 Button 控件。它们的属性设置如表 3-20 所示，页面布局如图 3.40 所示。

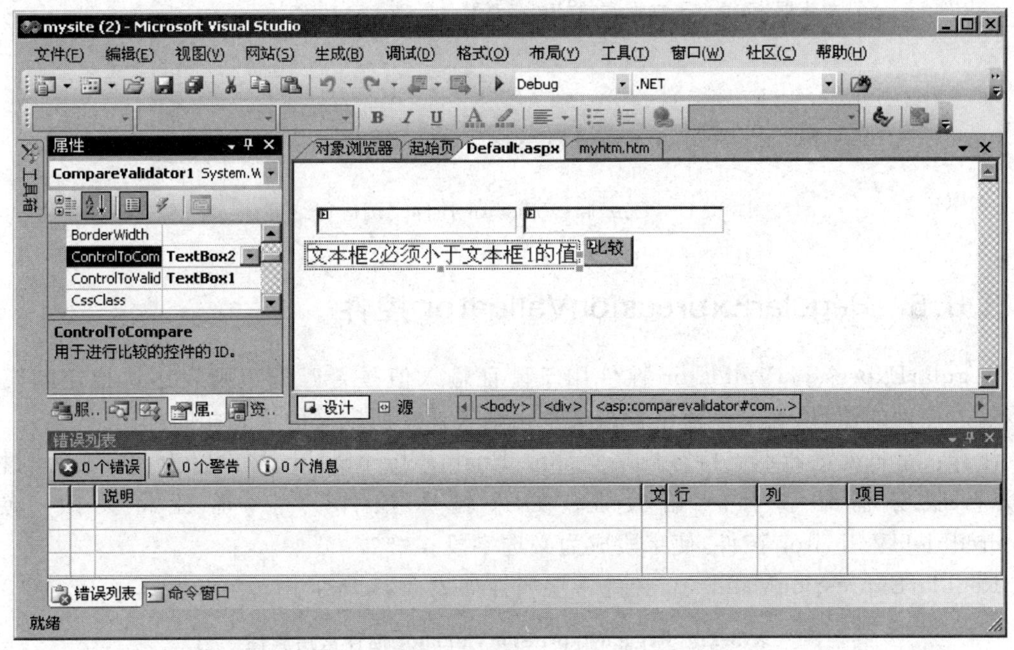

图 3.40 CompareValidator 控件实例布局

表 3-20 Default.aspx 页控件属性设置及说明(2)

控件类型	控件名称	主要属性设置	用途
标准/TextBox 控件	TextBox1		输入数字 1
	TextBox2		输入数字 2
标准/Button 控件	btnCheck	Text 属性设置为“比较”	执行页面提交的功能
验证/CompareValidate 控件	CompareValidate1	ControlToValidate 属性设置为 TextBox1	要验证的控件的 ID 为 TextBox1
		ErrorMessage 属性设置为“文本框 2 必须小于文本框 1 的值”	显示的错误信息为“文本框 2 必须小于文本框 1 的值”
		ControlToCompare 属性设置为 TextBox2	要验证的控件的 ID 为 TextBox2

(2) 单击“启动调试”工具，选中文本框 1，输入 23，选中文本框 2，输入 11，单击“比较”按钮。程序运行结果如图 3.41 所示。

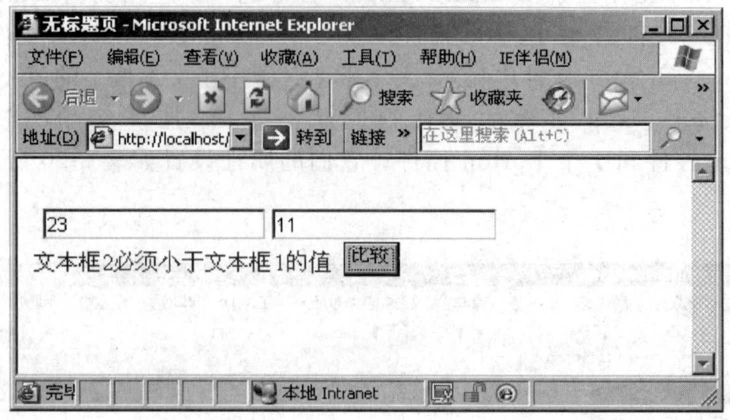

图 3.41 CompareValidator 控件实例运行结果

3.6.5 RegularExpressionValidator 控件

RegularExpressionValidator 控件用于验证输入值是否匹配正则表达式指定的模式。计算输入控件的值，以确定该值是否与某个正则表达式所定义的模式相匹配。

注释：除非浏览器不支持客户端验证或 EnableClientScript 被设置为 False，否则将同时执行服务器端和客户端验证。如果输入控件为空，验证将失败。使用 RequiredFieldValidator 控件，使字段成为必选字段。

RegularExpressionValidator 控件常用属性如表 3-21 所示。

表 3-21 RegularExpressionValidator 控件常用属性

属　　性	描　　述
BackColor	RangeValidator 控件的背景颜色
ControlToValidate	要验证的控件的 ID
Display	验证控件的显示行为。合法的值有：None——验证消息从不内联显示；Static——在页面布局中分配用于显示验证消息的空间；Dynamic——如果验证失败，将用于显示验证消息的空间动态添加到页面
EnableClientScript	布尔值，规定是否启用客户端验证
Enabled	布尔值，规定是否启用验证控件
ErrorMessage	当验证失败时，在 ValidationSummary 控件中显示的文本。 注释：如果未设置 Text 属性，文本也会显示在该验证控件中
ForeColor	该控件的前景色
ID	控件的唯一 ID
IsValid	布尔值，指示关联的输入控件是否通过验证
RunAt	规定该控件是一个服务器控件。必须设置为"server"
Text	当验证失败时显示的消息
ValidationExpression	规定验证输入控件的正则表达式。在客户端和服务器上，表达式的语法是不同的

使用 ValidationExpression 属性指定用于验证输入控件的正则表达式。客户端的正则表达式验证语法和服务器端略有不同。在客户端使用的是 JScript 正则表达式语法，而在服务器端使用的则是 Regex 语法。由于 JScript 正则表达式语法是 Regex 语法的子集，所以最好使用 JScript 正则表达式语法，以便在客户端和服务器端得到同样的结果。

使用 RegularExpressionValidator 验证控件时的验证功能及其验证表达式介绍如下：

只能输入数字： "^[0-9]*$"

只能输入 n 位的数字： "^\d{n}$"

只能输入至少 n 位数字： "^\d{n,}$"

只能输入 m~n 位的数字： "^\d{m,n}$"

只能输入零和非零开头的数字： "^(0|[1-9][0-9]*)$"

只能输入有两位小数的正实数： "^[0-9]+(.[0-9]{2})?$"

只能输入有 1~3 位小数的正实数： "^[0-9]+(.[0-9]{1,3})?$"

只能输入非零的正整数： "^\+?[1-9][0-9]*$"

只能输入非零的负整数： "^\-[1-9][0-9]*$"

只能输入长度为 3 的字符： "^.{3}$"

只能输入由 26 个英文字母组成的字符串： "^[A-Za-z]+$"

只能输入由 26 个大写英文字母组成的字符串： "^[A-Z]+$"

只能输入由 26 个小写英文字母组成的字符串： "^[a-z]+$"

只能输入由数字和 26 个英文字母组成的字符串： "^[A-Za-z0-9]+$"

只能输入由数字、26 个英文字母或者下划线组成的字符串："^\w+$"

举例如下。

验证用户密码："^[a-zA-Z]\w{5,17}$"，正确格式为：以字母开头，长度在 6~18 范围内，只能包含字符、数字和下划线。

验证是否含有"^%&',;=?$\"等字符："[^%&',;=?$\x22]+"。

只能输入汉字："^[\u4e00-\u9fa5],{0,}$"。

验证 E-mail 地址："^\w+[-+.]\w+)*@\w+([-.]\w+)*\.\w+([-.]\w+)*$"。

验证 InternetURL："^http://([\w-]+\.)+[\w-]+(/[\w-./?%&=]*)?$"。

验证电话号码："^(\(\d{3,4}\)|\d{3,4}-)?\d{7,8}$"。

正确格式为："XXXX-XXXXXXX"，"XXXX-XXXXXXXX"，"XXX-XXXXXXX"，"XXX-XXXXXXXX"，"XXXXXXX"，"XXXXXXXX"。

【例 3-13】 以下给出关于 CompareValidate 控件的一个应用实例。在.aspx 文件中声明了 1 个 TextBox 控件、1 个 Button 控件和 1 个 RegularExpressionValidator 控件。示例演示如何使用 RegularExpressionValidator 控件来验证输入到文本框中的值是否为特定模式。在此例中，该模式为 6 位数字的邮政编码，验证结果随后显示在页上。

(1) 在 Default.aspx 页面的设计视图状态下，添加 1 个 TextBox 控件、1 个 RegularExpressionValidator 控件和 1 个 Button 控件。它们的属性设置如表 3-22 所示，页面布局如图 3.42 所示。

表 3-22　Default.aspx 页控件属性设置及说明(3)

控件类型	控件名称	主要属性设置	用　途
标准/TextBox 控件	TextBox1		输入 6 位邮政编码
标准/Button 控件	btnCheck	Text 属性设置为“验证”	执行页面提交的功能
验证/CompareValidate 控件	CompareValidate1	ControlToValidate 属性设置为 TextBox1	要验证的控件的 ID 为 TextBox1
		ErrorMessage 属性设置为“邮政编码必须为 6 位数字”	显示的错误信息为“邮政编码必须为 6 位数字”
		ValidationExpression 属性设置为“^\d{6}$”	验证输入数据是否为 6 位数字

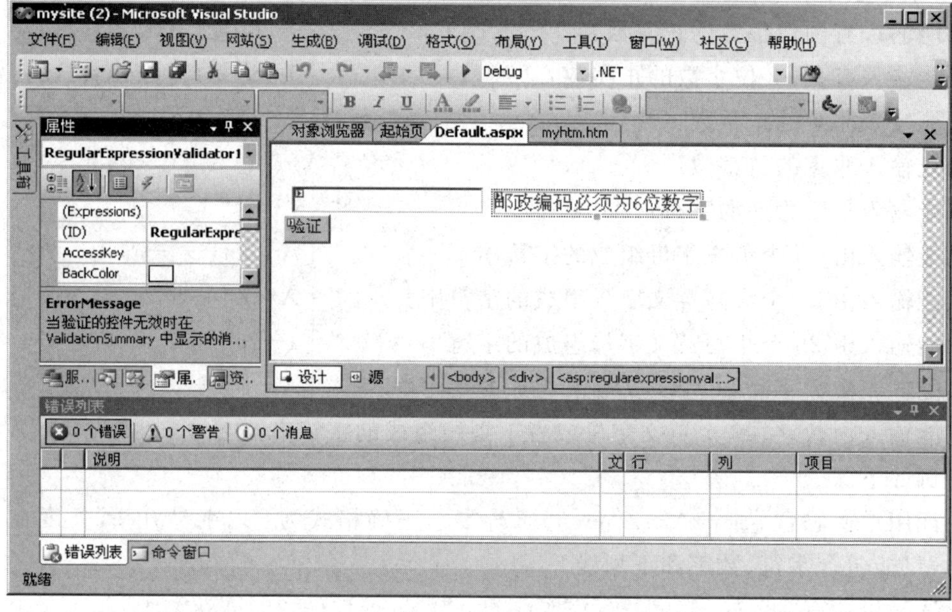

图 3.42　RegularExpressionValidator 控件实例布局

(2) 单击“启动调试”工具，选中文本框，输入 1234567，单击“验证”按钮。程序运行结果如图 3.43 所示。

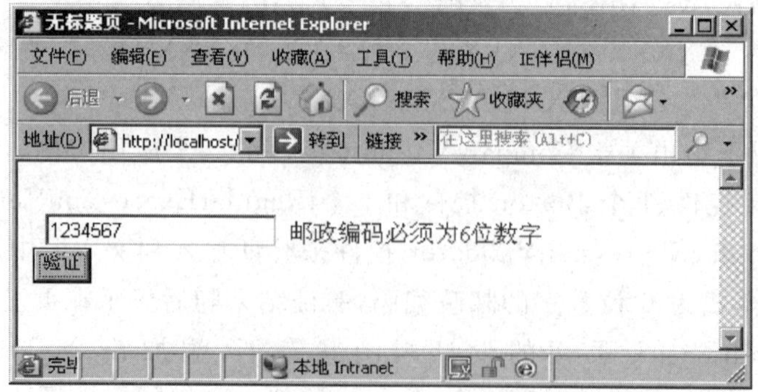

图 3.43　RegularExpressionValidator 控件实例运行结果

3.6.6 CustomValidator 控件

CustomValidator 控件可对输入控件执行用户定义的验证，计算输入控件的值以确定它是否通过自定义的验证逻辑。CustomValidator 控件常用属性如表 3-23 所示。

表 3-23　CustomValidator 控件常用属性

属　性	描　述
BackColor	CustomValidator 控件的背景颜色
ClientValidationFunction	规定用于验证的自定义客户端脚本函数的名称。 注释：脚本必须用浏览器支持的语言编写，比如 VBScript 或 JScript 使用 VBScript 的话，函数必须位于表单中： Sub FunctionName (source, arguments) 使用 JScript 的话，函数必须位于表单中： Function FunctionName (source, arguments)
ControlToValidate	要验证的输入控件的 ID
Display	验证控件中错误信息的显示行为。合法的值有：None——验证消息从不内联显示；Static——在页面布局中分配用于显示验证消息的空间；Dynamic——如果验证失败，将用于显示验证消息的空间动态添加到页面
EnableClientScript	布尔值，该值指示是否启用客户端验证
Enabled	布尔值，该值指示是否启用验证控件
ErrorMessage	验证失败时 ValidationSummary 控件中显示的错误信息的文本。 注释：如果设置了 ErrorMessage 属性但没有设置 Text 属性，则验证控件中也将显示 ErrorMessage 属性的值
ForeColor	控件的前景色
ID	控件的唯一 ID
IsValid	布尔值，该值指示关联的输入控件是否通过验证
OnServerValidate	规定被执行的服务器端验证脚本函数的名称
RunAt	规定该控件是服务器控件。必须设置为"server"
Text	当验证失败时显示的文本

若要创建服务器端验证函数，请为执行验证的 ServerValidate 事件提供处理程序。通过将 ServerValidateEventArgs 对象的 Value 属性作为参数传递到事件处理程序，可以访问来自要验证的输入控件的字符串。验证结果随后将存储在 ServerValidateEventArgs 对象的 IsValid 属性中。

若要创建一个客户端验证函数，首先添加先前描述的服务器端验证函数。然后，将客户端验证脚本函数添加到 .aspx 页中。

如果正在使用 Visual Basic，则该函数必须采用以下形式：

```
Sub ValidationFunctionName (source, arguments)
```

如果正在使用 Visual C#，则该函数必须采用以下形式：

```
void ValidationFunctionName (source, arguments)
```

如果正在使用 JScript，则该函数必须采用以下形式：

```
Function ValidationFunctionName (source, arguments)
```

使用 ClientValidationFunction 属性指定与 CustomValidator 控件相关联的客户端验证脚本函数的名称。由于脚本函数在客户端执行，该函数必须使用目标浏览器所支持的语言，如 Visual Basic 或 JScript。

与服务器端验证类似，使用 arguments 参数的 Value 属性访问要验证的值。通过设置 arguments 参数的 IsValid 属性来返回验证结果。

【例 3-14】 以下给出关于 CustomValidator 控件的一个应用实例。在.aspx 文件中声明了 1 个 TextBox 控件、1 个 Button 控件和 1 个 CustomValidator 控件。示例演示如何创建一个用于在服务器上验证在文本框中输入的值是否为偶数的 CustomValidator 控件，验证结果随后显示在页面上。

（1）在 Default.aspx 页面的设计视图状态下，添加 1 个 TextBox 控件、1 个 CustomValidator 控件和 1 个 Button 控件。它们的属性设置如表 3-24 所示，页面布局如图 3.44 所示。

表 3-24 Default.aspx 页控件属性设置及说明

控件类型	控件名称	主要属性设置	用途
标准/TextBox 控件	TextBox1		输入整数
标准/Button 控件	btnCheck	Text 属性设置为“验证”	执行页面提交的功能
验证/CustomValidator 控件	CustomValidator 1	ControlToValidate 属性设置为 TextBox1	要验证的控件的 ID 为 TextBox1
		ErrorMessage 属性设置为“输入的不是偶数”	显示的错误信息为“输入的不是偶数”

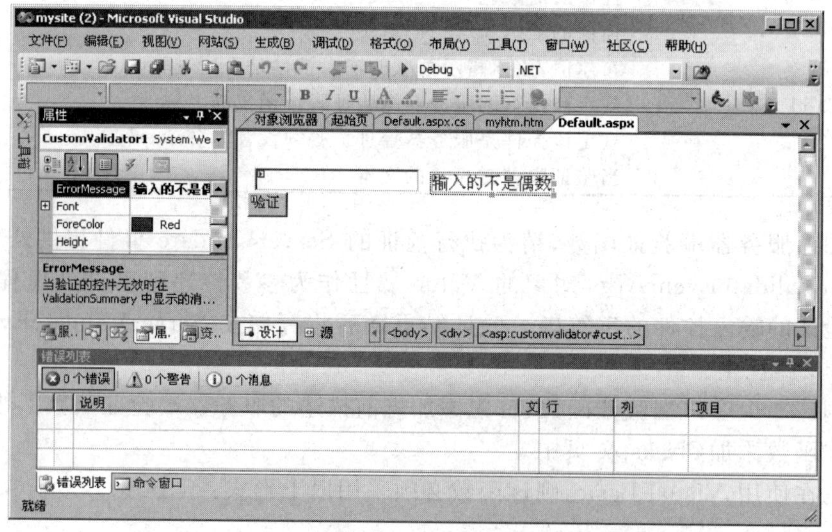

图 3.44 RegularExpressionValidator 控件实例布局

（2）双击 Default.aspx 页面上的 CustomValidator 控件，输入以下代码：

```
protected void CustomValidator1_ServerValidate(object source, ServerValidateEventArgs args)
```

```
    {
        int i = int.Parse(args.Value);
        args.IsValid = ((i % 2) == 0);
    }
```

(3) 选择 Default.aspx 页面上的 CustomValidator 控件，设置 CustomValidator 控件的 ClientValidationFunction 属性为 CustomValidator1_ServerValidate。

(4) 单击"启动调试"工具，选中文本框，输入 11，单击"验证"按钮。程序运行结果如图 3.45 所示。

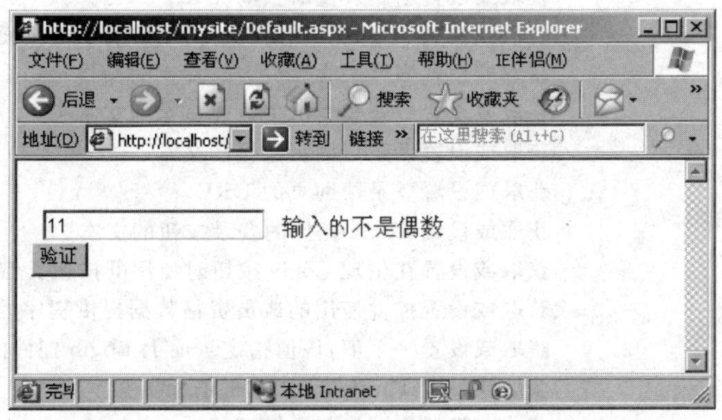

图 3.45 CustomValidator 控件实例运行结果

3.7 登录控件

ASP.NET 2.0 中，新增了许多新的功能和控件。其中，新增的登录控件使得 Web 应用的设计更加得心应手。什么是登录控件呢？就是平常在 Web 应用中经常要用到的用户注册、登录、忘记密码、登录后根据权限的不同而显示不同的页面等功能，在 ASP.NET 2.0 中都已经可以由提供的控件来实现了。ASP.NET 2.0 中的登录控件比较多，封装了大部分 Web 应用中要实现系统登录的系列功能，涉及很多方面，如表 3-25 所示。

表 3-25 常用登录控件

控 件	功 能
Login	用户登录窗口
LoginName	显示用户当前登录名称
LoginStatus	显示用户登录状态
LoginView	根据用户角色的不同而显示不同的登录后内容
PasswordRecovery	该控件可以实现密码提示恢复功能
CreatUserWizar	引导用户进行注册
ChangePassword	用户密码更改

3.7.1 Login 控件

Login 控件显示用于执行用户身份验证的用户界面。Login 控件包含用于用户名和密码的文本框和一个复选框，该复选框让用户指示是否需要服务器使用 ASP.NET 成员资格存储他们的标识，并且当他们下次访问该站点时自动进行身份验证。其常用属性如表 3-26 所示。

表 3-26　Login 控件最常用的属性及说明

属　性	描　述
CreateUserIconUrl	获取显示在新用户的注册页链接旁边的图像的位置
CreateUserText	获取或设置新用户注册页的链接文本
CreateUserUrl	获取或设置新用户注册页的 URL
DestinationPageUrl	获取或设置在登录尝试成功时向用户显示的页面的 URL
FailureAction	获取或设置当登录尝试失败时发生的操作
FailureText	获取或设置当登录尝试失败时显示的文本
HelpPageText	获取或设置登录帮助页链接的文本
HelpPageUrl	获取或设置登录帮助页的 URL
LoginButtonText	获取或设置 Login 控件的登录按钮的文本
LoginButtonType	获取或设置在呈现 Login 按钮时使用的按钮类型
MembershipProvider	获取或设置控件使用的成员资格数据提供程序的名称
Orientatio	获取或设置一个值，该值指定页面上 Login 控件的元素的位置
PasswordLabelText	获取或设置 Password 文本框的标签文本
PasswordRecoveryText	获取或设置密码恢复页链接的文本
PasswordRecoveryUrl	获取或设置密码恢复页的 URL
PasswordRequiredErrorMessage	获取或设置当密码字段为空时在 ValidationSummary 控件中显示的错误信息
RememberMeText	获取或设置"记住我"复选框的标签文本
TextLayout	指定 Login 控件的每个标签相对于其关联文本框的位置
TitleText	获取或设置 Login 控件的标题
UserName	获取用户输入的用户名
UserNameLabelText	获取或设置 UserName 文本框的标签文本
UserNameRequiredErrorMessage	获取或设置当用户名字段为空时在 ValidationSummary 控件中显示的错误信息
ValidatorTextStyle	获取对 Style 属性集合的引用，这些属性定义与 Login 控件使用的验证程序关联的错误信息的外观
VisibleWhenLoggedIn	获取或设置一个值，该值指示在验证用户身份后是否显示 Login 控件

同样，登录控件还包括许多常用的事件，如表 3-27 所示。

表 3-27　Login 控件最常用事件及说明

事　件	描　述
Authenticate	当用户使用登录控件登录到网站时，引发该事件
LoggedIn	对用户进行身份验证后引发该事件
LoggingIn	对用户进行身份验证前引发该事件
LoginError	对用户进行用户身份验证失败时引发该事件

【例 3-15】 ASP.NET 环境下创建一个登录页面，当输入用户名和密码正确后，显示登录成功。步骤如下。

(1) 启动 VS2013，新建网站，依次选择“添加”→“添加新项”→“Web 窗体”命令，新建窗体 login.aspx。

(2) 在 login.aspx 的设计窗口添加 login 控件，并进行简单的外观属性设置。

(3) 双击 login 控件，添加如下代码：

```
protected void Login1_Authenticate(object sender, AuthenticateEventArgs e)
    {
        if (Login1.UserName == "asp" && Login1.Password == "666666")
        {
            Response.Redirect("Default.aspx");
        }
    }
```

(4) 选择“网站”→“添加”→“Web 窗体”命令，添加 Default.aspx 窗体，设计“登录成功”界面。

(5) 运行 login.aspx 程序，结果如图 3.46 所示。输入用户名 asp 和密码 666666，结果如图 3.47 所示。

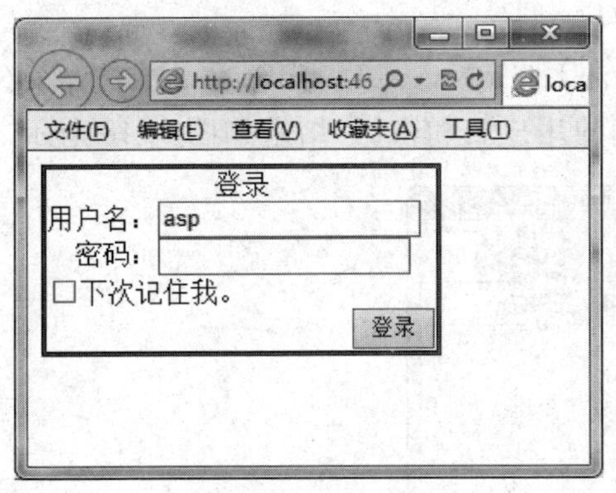

图 3.46 登录页面

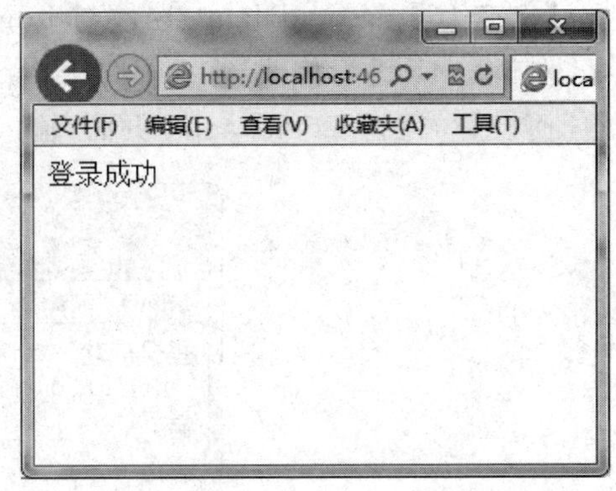

图 3.47 登录成功

3.7.2 LoginName 控件

如果用户已使用 ASP.NET 成员资格登录，LoginName 控件将显示该用户的登录名。或者，如果站点使用集成 Windows 身份验证，该控件将显示用户的 Windows 账户名。

LoginView 控件主要有 FormatString 属性，主要用于格式化输出用户名，其基本格式是：

```
FormatString = "字符串,{格式符号}"
```

3.7.3 LoginStatus 控件

LoginStatus 控件为没有通过身份验证的用户显示登录链接，为通过身份验证的用户显示注销链接。登录链接将用户带到登录页。注销链接将当前用户的身份重置为匿名用户。其常用属性如表 3-28 所示。

表 3-28　LoginStatus 控件最常用的属性及说明

属　性	描　述
LoginImageUrl	设置或获取用于登录链接的图像 URL
LoginText	设置或获取用于登录链接的文本
LogoutAction	设置或获取一个值用于用户从网站注销时执行的操作
LogoutImageUrl	设置或获取一个值用于登出图片的显示
LogoutPageUrl	设置或获取一个值用于登出链接的图像 URL
LogoutText	设置或获取一个值用于登出链接的文本
TagKey	获取 LoginStatus 控件的 HtmlTextWriterTag 的值

LoginStatus 控件还包括两个常用事件，分别为 LoggingOut 和 LoggedOut。当用户单击注销按钮时会触发 LoggingOut 事件，能够在 LoggingOut 事件中编写相应的事件以清除用户的身份信息，这些信息包括 Session、Cookie 等；还能够在 LoggedOut 事件中规定在用户离开网站时所必须执行的操作。

【例 3-16】 LoginName 控件与 LoginStatus 控件实例。

对例 3-15 进行修改，在 Default. aspx 页面中拖入 LoginName、LoginStatus 控件，不必做任何设置，运行 Login. aspx 页面，输入正确的正确的用户名和密码，结果如图 3. 48 所示。

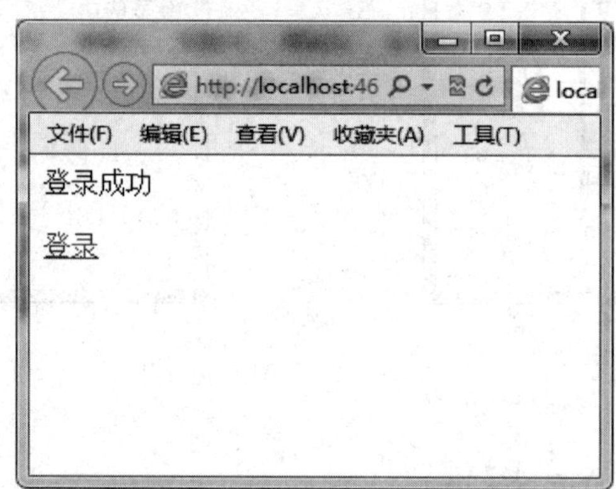

图 3. 48　LoginName 控件与 LoginStatus 控件实例

3.7.4　LoginView 控件

使用 LoginView 控件，可以向匿名用户和登录用户显示不同的信息。该控件显示以下两个模板之一：AnonymousTemplate 或 LoggedInTemplate。在这些模板中，可以分别添加为匿名用户和经过身份验证的用户显示适当信息的标记和控件。

LoginView 控件还包括 ViewChanging 和 ViewChanged 的事件，可以为这些事件编写当用户登录和更改状态时的处理程序。其常用属性如表 3-29 所示。

表 3-29 LoginView 控件最常用的属性及说明

属性	描述
EnableTheming	提示控件是否有主题
EnableViewState	控件是否自动保存其状态以用于往返过程
RoleGroups	将模板与角色关联

3.7.5 CreateUserWizard 控件

CreateUserWizard 控件收集潜在用户提供的信息。默认情况下，reateUserWizard 控件将新用户添加到 ASP.NET 成员资格系统中。CreateUserWizard 控件收集下列用户信息：用户名、密码、密码确认、电子邮件地址、安全提示问题、安全答案。其常用属性如表 3-30 所示。

表 3-30 CreateUserWizard 控件最常用的属性及说明

属性	描述
ActiveStep	活动的 WizardSteps 控件的索引
Answer	答案文本框中的初始值
ContinueDestinationPageUrl	单击“取消”按钮时将重新定向到的 URL
EmailRegularExpression	有效电子邮件地址的正则表达式的规范
FinishDestinationPageUrl	单击“完成”按钮时重定向的 URL
HelpPageUrl	帮助页的 URL
PasswordRegularExpression	有效的新密码的正则表达式规范
RequireEmail	是否需要电子邮件地址才创建用户

3.7.6 ChangePassword 控件

通过 ChangePassword 控件，用户可以更改其密码。用户必须首先提供原始密码，然后创建并确认新密码。如果原始密码正确，则用户密码将更改为新密码。该控件还支持发送关于新密码的电子邮件。

ChangePassword 控件包含显示给用户的两个模板化视图。第一个模板是 ChangePasswordTemplate，它显示用来收集更改用户密码所需的数据的用户界面。第二个模板是 SuccessTemplate，它定义当用户密码更改成功以后显示的用户界面。

ChangePassword 控件由通过身份验证和未通过身份验证的用户使用。如果用户未通过身份验证，该控件将提示用户输入登录名。如果用户已通过身份验证，该控件将用用户的登录名填充文本框。其常用属性如表 3-31 所示。

表 3-31 ChangePassword 控件最常用的属性及说明

属性	描述
CancelButtonImageUrl	配置取消按钮控件的图片文本，该属性可以为按钮控件指定一个图片按钮进行呈现
CancelButtonStyle	配置取消按钮控件的样式和外观的属性集

续表

属　性	描　述
ChangePasswordButtonType	配置更改密码控件的类型
ChangePasswordFailtureText	配置更改密码失败时所呈现的错误信息
ConfirmNewPassword	获取用户输入的重复密码的值
ConfirmPasswordCompareErrorMessage	当用户输入密码和输入验证密码出现错误时提示的错误消息
ConfimPasswordRequiredErrorMessage	当用户没有输入“确认新密码”时在控件中提示的错误消息
ContinueButtonImageUrl	为继续按钮配置一个图片文本，该属性可以为按钮控件指定一个图片按钮进行呈现
ContinueButtonStyle	为继续按钮配置样式或属性集

3.7.7 PasswordRecovery 控件

PasswordRecovery 控件允许根据创建账户时所使用的电子邮件地址来找回用户密码。PasswordRecovery 控件会向用户发送包含密码的电子邮件。

该控件可以配置 ASP.NET 成员资格，以使用不可逆的加密来存储密码。在这种情况下，PasswordRecovery 控件将生成一个新密码，而不是将原始密码发送给用户。

该控件还可以配置成员资格，以包括一个用户为了找回密码必须回答的安全提示问题。如果这样做，PasswordRecovery 控件将在找回密码前提问该问题并核对答案。

PasswordRecovery 控件要求应用程序能够将电子邮件转发给简单邮件传输协议(SMTP) 服务器。可以通过设置 MailDefinition 属性自定义发送给用户的电子邮件的文本和格式。

3.8 用户控件

ASP.NET 提供了比传统 ASP 更好的代码分离方案。在传统的 ASP 中，要将用 Server.Execute 执行的 ASP 文件或事务对象组件的代码分离开，一般只能将代码分离成几个文件，然后使用 include 方法。这种方法将造成内存中有多个 include 文件的副本(文件每被引用一次就产生一个副本)，从而增加了系统的负担，因此并不可行。使用 Server.Execute 或许有些改观，但是不能向正在执行的 ASP 文件传递附加的查询串参数。使用组件可能是唯一比较好的做法。在 ASP.NET 中，除了使用 include(并不推荐使用)和事务对象组件的方法，还可以使用两种新技术：code-behind 类和 Web 用户控件。

使用 code-behind 类可以有效地将客户端的 HTML 代码和服务器端的事件处理代码分离开。将这两部分代码分离开有利于调试时跟踪程序，因为那时就不必在实现用户界面的代码和事务逻辑代码之间来回切换。而且，如果项目中用户界面和事务处理是由不同的小组开发的，那么使用 code-behind 类就可以使这两部分实现独立调试。利用 code-behind 类将用户界面代码和事务逻辑代码区分开使得代码的集成和维护都比较简便。下面介绍用户控件。

3.8.1 用户控件简介

ASP.NET 的服务器端控件使得 Web 开发工作变得更为简单，功能更为强大。前面介绍过如何在 ASP.NET 页面中使用服务器端控件。但是，如果服务器端没有所要求的控件时该怎么办呢?

可以动手作自己的控件来取代.NET 提供的控件，这种控件就是用户控件。

3.8.2 创建用户控件

有人认为，知道如何使用服务器端控件可不一定说明编写用户控件是件容易的事。事实上，编写一个基本用户控件(有时也称为 pagelets)并让 ASP.NET 页面像使用服务器端控件那样使用这些控件的确是件简单的事。这里有一个简单示例，在网站上找到解决方案→http/lodzlhost/…，右击，选择“添加新项”→“Web 用户控件”命令，建立一个 Web 用户控件文件 basic.ascx，在文件中输入以下代码：

```
basic.ascx
<p>
This is a user control... really!
</p>
```

这就是一个用户控件。这段代码的确就是易于被使用的一个用户控件。尽管这个控件没有做什么事，却是关于什么是用户控件的一个很好说明。事情并不像想象得那么复杂。注意后缀.ascx，它告诉网页这是一个用户控件。它没有什么特别含义，只是不让 IIS 去直接执行这段代码。

3.8.3 调用用户控件

只有当包括在 Web 窗体页中时，用户控件才可以工作。当一个请求到达某一页而该页包含用户控件时，该用户控件将经历任何服务器控件所要经历的所有处理阶段。

在 Web 窗体页中包括用户控件的方法很简单。

在要包含用户控件的 Web 窗体页中，声明一个@Register 指令，该指令包括：

- Tagprefix 属性，该属性将前缀与用户控件相关联。此前缀将包括在用户控件元素的开始标记中。
- Tagname 属性，该属性将名称与用户控件相关联。此名称将包括在用户控件元素的开始标记中。
- Src 属性，该属性定义要包括在 Web 窗体页中的用户控件文件的虚拟路径。

使用自定义服务器控件语法在 HtmlForm 服务器控件的开始标记和结束标记之间(<form runat=server></form>)声明该用户控件元素。

为了使用 3.8.2 节例子创建的用户控件，在网站上找到解决方案，选择 http/lodzlhost/，右击，选择“添加新项”→“Web 网站”命令，建立一个 Web 网页 basic.aspx，在文件顶部输入以下代码：

```
<%@ Register TagPrefix = "asp101samps" TagName = "SomeText"
Src = "basic.ascx" %>
```

在 HtmlForm 服务器控件的开始标记和结束标记之间（<form runat = server></form>）声明该用户控件元素如下：

```
<form id = "form1" runat = "server">
<asp101samps:SomeText runat = "server" />
</form>
```

3.8.4 用户控件属性增加

下面给 3.8.2 节创建的用户控件加上两个属性，一个是 color，另一个是 text。3.8.2 节创建的用户控件的 basic.ascx 文件代码为：

```
basic.ascx
<p>
This is a user control... really!
</p>
```

把以上代码修改为：

```
basic.ascx
<script language = "C#" runat = "server">
    public  String Color = "black";
    public String Text  =  "this is my";
</script>
<p>
<font color = "<% = Color %>">
<% = Text %>
</font>
</p>
```

这样就可以使用和改变控件的色彩和文字了。可以在初始化时赋值，还可以动态地修改这两个属性。

在 basic.ascx 网页里可以重复调用这个控件并使用不同的属性值，修改后的完整代码如下：

```
basic.aspx
<form id = "form1" runat = "server">
<asp101samps:SomeText ID = "SomeText1" runat = "server" />
<asp101samps:SomeText ID = "SomeText2" Text = "This is quite cool!" runat = "server" />
</form>
```

注意：要记得 basic.aspx 文件顶部不要少了如下代码：

```
<%@ Register TagPrefix = "asp101samps" TagName = "SomeText"
Src = "basic.ascx" %>
```

运行网页 basic. ascx,结果如图 3.49 所示。

图 3.49 用户控件

【例 3-17】 以下给出关于创建和调用用户控件的一个应用实例。假如有大量的 ASP .NET 页面,在其中要求访问者选择一个邮政编码。然后,基于这个邮编,显示与之相关的城市。这项功能可以通过一个包含邮政编码的 DropDownList 控件来组织,只要访问者选取或者输入了一个邮政编码,就需要将相应的城市和省份放在 Label 控件中显示出来。

(1) 在网站上找到解决方案(http/lodzlhost/…),右击,选择"添加新项"→"Web 用户控件"命令,建立一个 Web 用户控件文件 wwq. ascx,单击"设计",拖放 1 个 DropDownList 控件和 1 个 Label 控件,其设计视图布局如图 3.50 所示。

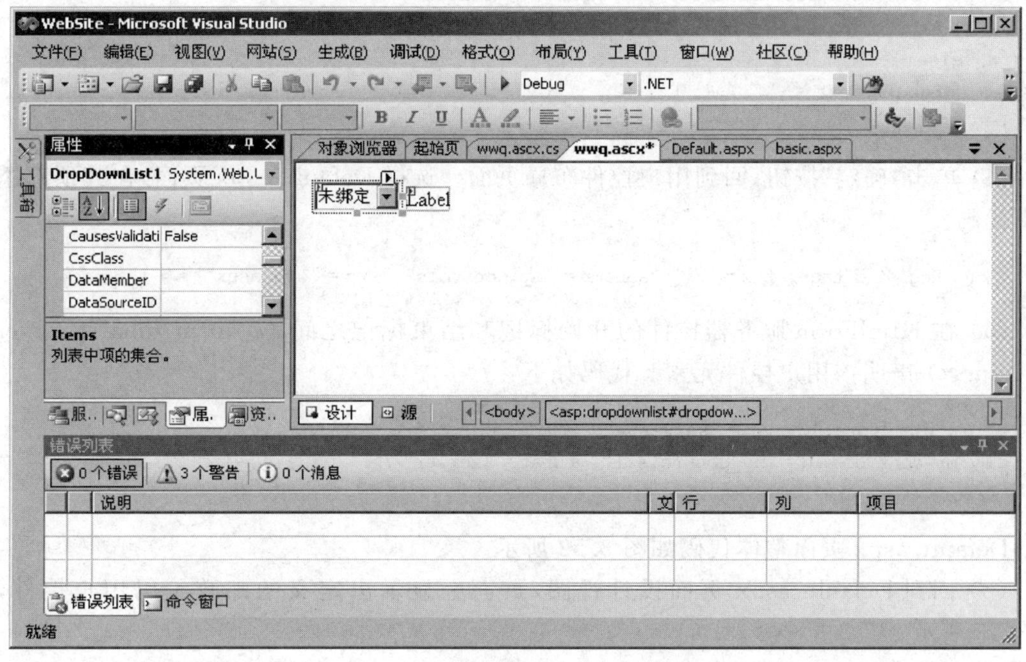

图 3.50 邮政编码用户控件初始布局

(2) 选中 DropDownList 控件，单击 DropDownList 控件的属性 Items，弹出 ListItem 集合编辑器。添加两个成员，并修改其 Text 属性，结果如图 3.51 所示。

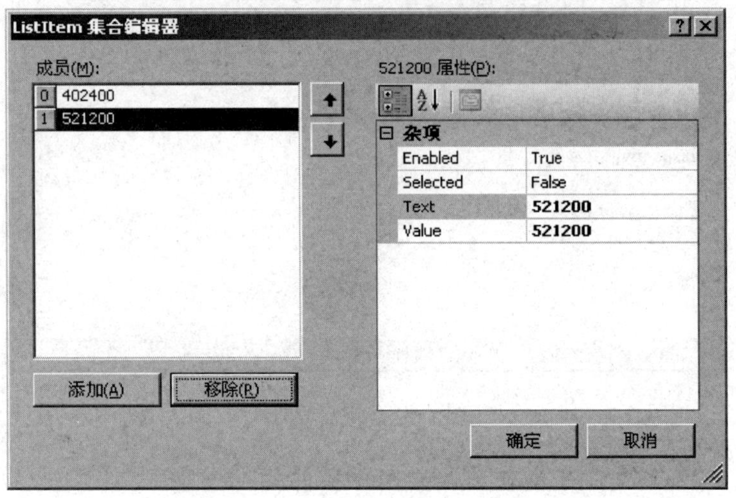

图 3.51 ListItem 集合编辑器属性设置

(3) 选中 DropDownList 控件，添加 SelectedIndexChanged 事件，并为该事件添加如下代码：

```
protected void DropDownList1_SelectedIndexChanged(object sender, EventArgs e)
{
    if (DropDownList1.SelectedItem.Text == "402400")
    { Label1.Text = "重庆"; }
    else
    { Label1.Text = "广东"; }
}
```

(4) 单击"确定"按钮，回到用户控件布局页面。选择 Default.aspx 页面，在其顶部添加如下代码：

```
<%@ Register tagprefix = "my" tagname = "my_controls"  src = "wwq.ascx" %>
```

(5) 在 HtmlForm 服务器控件的开始标记和结束标记之间（<form runat=server></form>）声明该用户控件元素。代码如下：

```
<form id = "form1" runat = "server">
<my:my_controls id = "my_controls_1"  runat = "server" />
 </form>
```

Default.aspx 页面整体代码如图 3.52 所示。

(6) 回到 Default.aspx 页面设计视图，页面上显示出定义的邮政编码用户控件，如图 3.53 所示。

(7) 单击"启动调试"工具，在下拉列表框中选择 521200，则显示结果如图 3.54 所示。

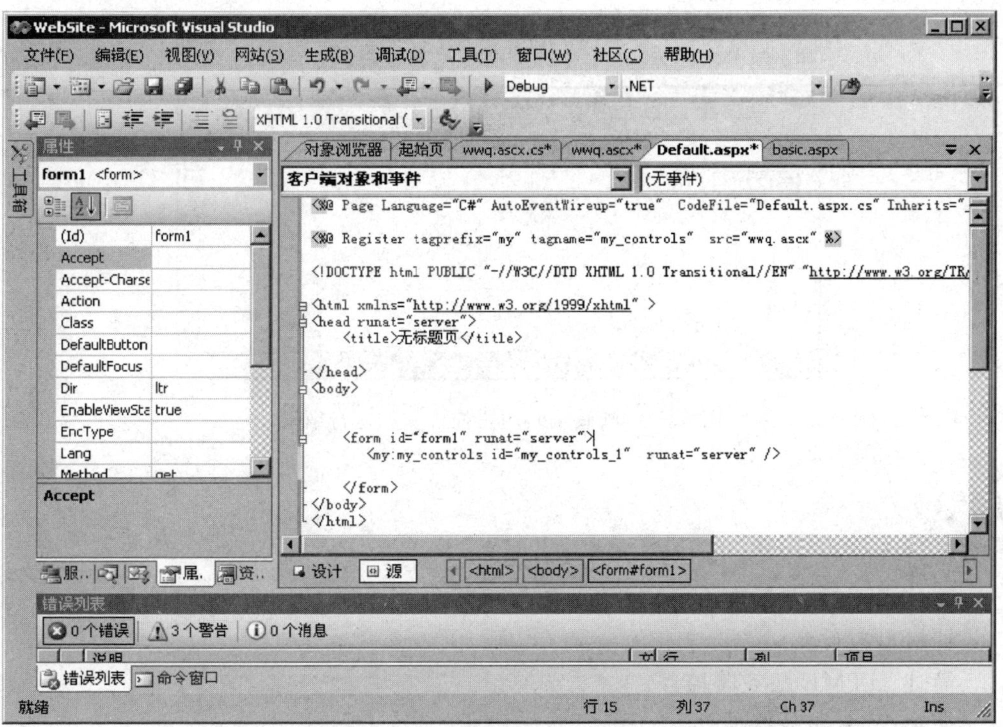

图 3.52 Default.aspx 页面整体代码

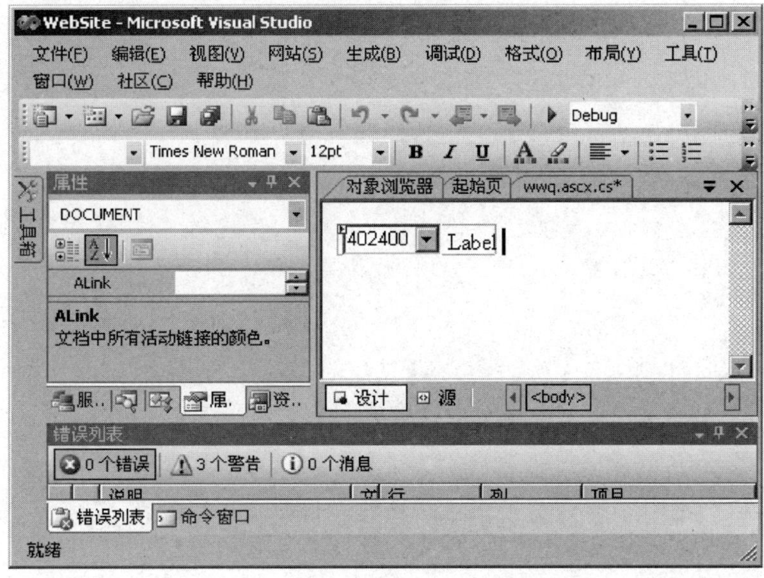

图 3.53 邮政编码用户控件

图 3.54 邮政编码用户控件实例运行结果

习题 3

1. 简述 Web 表单的概念。
2. 什么是控件？
3. 简述 HTML 服务器控件。
4. 简述 Web 服务器控件。
5. 怎样在 ASP.NET 中创建用户控件？
6. 怎样在 ASP.NET 中调用用户控件？

第4章 网页布局

介绍网页布局基本知识,包括站点的建立、母版页和内容页的设计、网站导航基本控件的使用等内容,使读者能更轻松地运用 ASP.NET 开发出复杂多变的网站。主要实现以下目标:

- 了解 IIS 基本概念、站点建立过程;
- 掌握母版页和内容页的创建与应用;
- 掌握网站导航基本控件的使用。

4.1 站点建立

IIS(Internet Information Server,互联网信息服务)是一种 Web 服务组件,其中包括 Web 服务器、FTP 服务器、NNTP 服务器和 SMTP 服务器,分别用于网页浏览、文件传输、新闻服务和邮件发送等方面,它使得在网络(包括互联网和局域网)上发布信息成了一件很容易的事。本节先讲述 Windows 7 中自带的 Internet 信息服务(IIS)管理器的配置和管理方法。

4.1.1 IIS 的添加和运行

1. IIS 安装

Windows 7 系统下 IIS 管理器的安装过程参考 1.3 节。

2. IIS 设置

当 IIS 添加成功之后,选择"开始"→"控制面板"→"管理工具"→"Internet 信息服务(IIS)管理器"命令,打开 IIS 管理器,如图 4.1 所示。如果有"停止"字样的服务,单击"启动"命令来开启。

4.1.2 Web 服务器

1. 建立第一个 Web 站点

比如本机的 IP 地址为 192.168.0.1,自己的网页放在 C:\Mysite 目录下,网页的首页文件名为 Index.aspx,现在想根据这些信息建立自己的 Web 服务器。对于此 Web 站点,可以利用现有的 Default Web Site 来做相应的修改,就可以轻松实现。

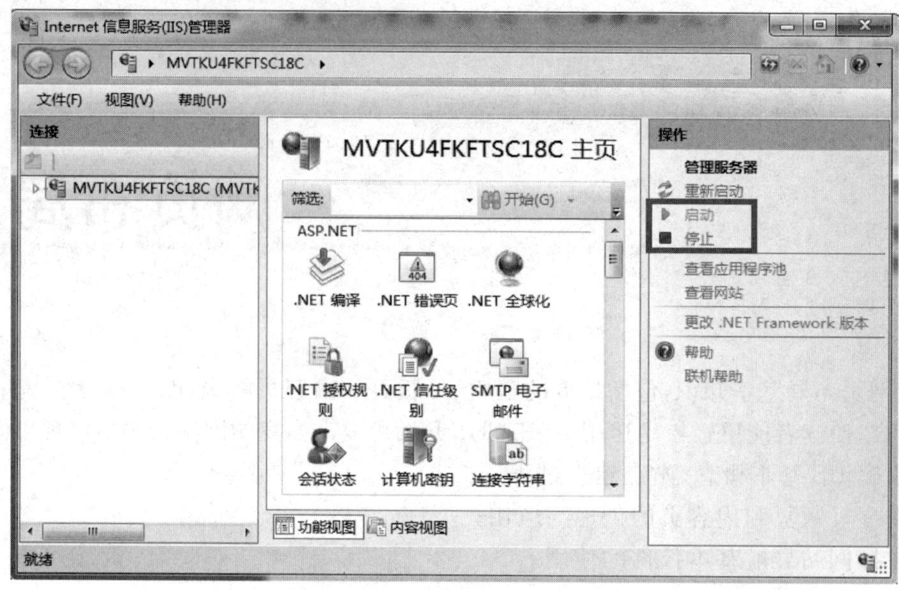

图 4.1　IIS 运行

(1) 修改绑定的 IP 地址：选中 Default Web Site，单击“绑定”，选中需要编辑的 IP 地址，再单击“编辑”按钮，如图 4.2 所示。

图 4.2　网站绑定

在“IP 地址”下拉列表框中选择已经分配好的 IP 地址，如图 4.3 所示。

(2) 修改物理路径：选中 Default Web Site，单击“基本设置”，选择“物理路径”为 C:\mysite，再单击“确定”按钮，如图 4.4 所示。

(3) 添加默认文档：选中 Default Web Site，双击“默认文档”图标，如图 4.5 所示。

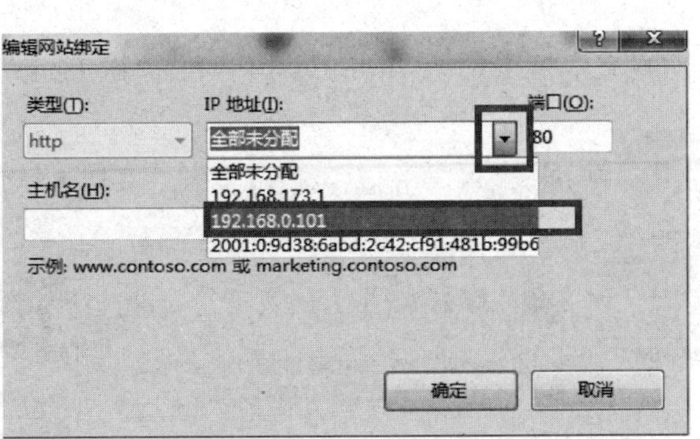

图 4.3　编辑网站绑定

图 4.4　设置物理路径

图 4.5　默认文档

单击“添加”，在“名称”文本框中输入 Index. aspx ，再单击“确定”按钮，如图 4.6 所示。

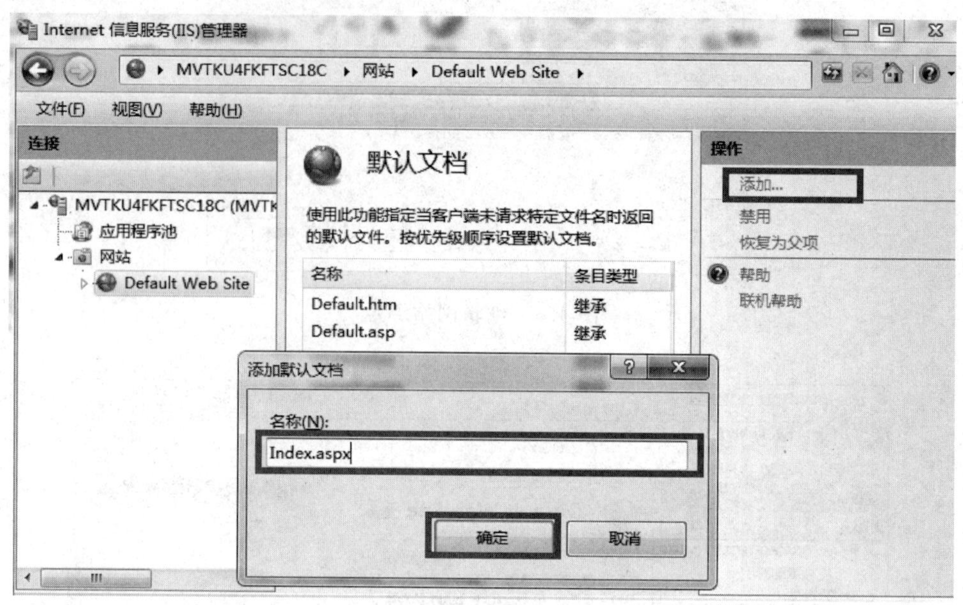

图 4.6　添加默认文档 Index. aspx

(4) 添加虚拟目录：比如，若主目录在 C:\Mysite，想输入 192. 168. 0. 1/test 的格式就可调出 C:\Mysite 中的网页文件，这里面的 test 就是虚拟目录。右击 Default Web Site，选择“添加虚拟目录”，然后在“别名”文本框中输入 test，在“物理路径”中选择 C:\mysite，然后单击“确定”按钮即可添加成功，如图 4.7 所示。

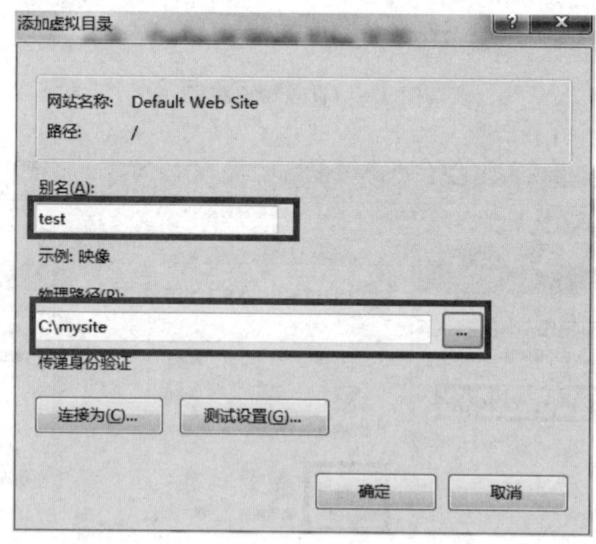

图 4.7　新建虚拟目录

(5) 效果的测试：打开 IE 浏览器，在地址栏输入 192. 168. 0. 1 之后再按 Enter 键，此时就能够调出自己网页的首页，则说明设置成功。

2. 添加更多的 Web 站点

添加更多的 Web 站点的具体操作步骤如下。

(1) 多个 IP 对应多个 Web 站点,如果本机已绑定了多个 IP 地址,想利用不同的 IP 地址得出不同的 Web 页面,则只需在“网站”处右击,选择“添加网站”。如图 4.8 所示,根据提示在“网站名称”文本框中输入用于说明它的内容(如“我的第二个 Web 站点”),在“物理路径”上选择网站路径(如 D:\test),在“IP 地址”的下拉菜单中选择需给它绑定的 IP 地址即可;当建立好此 Web 站点之后,再按上述的方法进行相应设置。

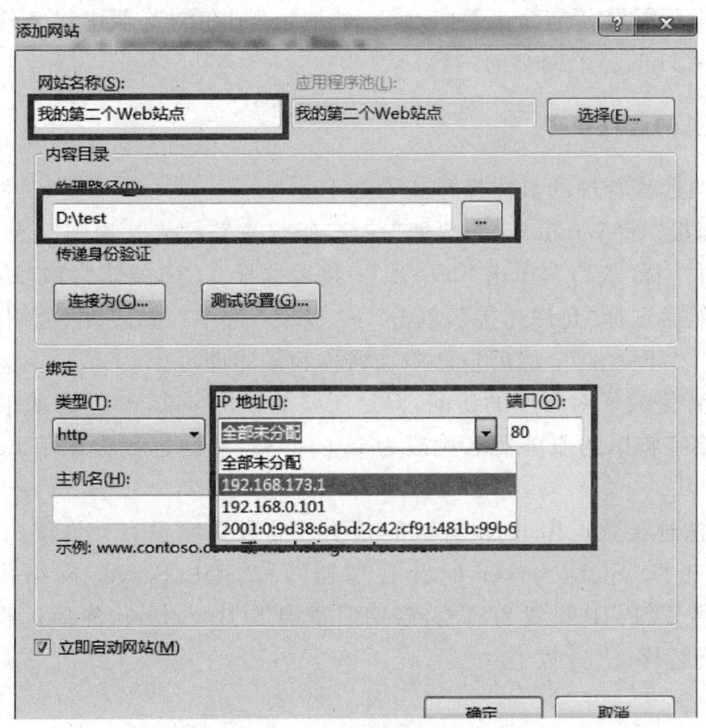

图 4.8 “添加网站”对话框

(2) 一个 IP 地址对应多个 Web 站点:当按上步的方法建立好所有的 Web 站点后,对于做虚拟主机,可以通过给各 Web 站点设不同的端口号来实现。比如给一个 Web 站点设为 80,一个设为 81,一个设为 82……则对于端口号是 80 的 Web 站点,访问格式仍然直接是 IP 地址就可以了,而对于绑定其他端口号的 Web 站点,访问时必须在 IP 地址后面加上相应的端口号,也即使用如 http://192.168.0.1:81 的格式。

很显然,改了端口号之后使用起来就麻烦些。如果已在 DNS 服务器中将所有需要的域名都已经映射到了此唯一的 IP 地址,则采用设不同“主机头名”的方法,可以直接用域名来完成对不同 Web 站点的访问。比如本机只有一个 IP 地址为 192.168.0.1,已经建立(或设置)好了两个 Web 站点,一个是“Default Web Site”,一个是“我的第二个 Web 站点”,现在想输入 www.enanshan.com 可直接访问前者,输入 www.popunet.com 可直接访问后者。其操作步骤如下:

① 确保已先在 DNS 服务器中将这两个域名都已映射到了那个 IP 地址上，并确保所有的 Web 站点的端口号均保持为 80 这个默认值。

② 选择“Default Web Site”，单击“绑定”按钮，选中“IP 地址”，再单击“编辑”按钮，在“主机名”中输入 www. enanshan. com，单击“确定”按钮保存退出。

③ 按上步同样的方法为“我的第二个 Web 站点”设好新的主机头名为 www. popunet. com 即可。

④ 打开 IE 浏览器，在地址栏中输入不同的网址，就可以调出不同 Web 站点的内容了。

(3) 多个域名对应同个 Web 站点：只需先将某个 IP 地址绑定到 Web 站点上，再在 DNS 服务器中，将所需域名全部映射向这个 IP 地址，则在浏览器中输入任何一个域名，都会直接得到所设置好的那个网站的内容。

3. 对 IIS 服务的远程管理

对 IIS 服务的远程管理的具体操作步骤如下。

选择“控制面板”→“Windows 防火墙”→“高级设置”→“入站规则”；然后在右侧一栏选择“新建规则”，再选择“端口”，单击“下一步”；接着选择 TCP，指定“特定端口”(如：1234)，单击“下一步”；然后选择“允许连接”，单击“下一步”；选中“域、专用、公用”(可根据自己实际情况勾选)，单击“下一步”；然后自己添加名称和描述即可。

通过以上配置完成了对程序的访问，但是还要继续将 web. config(如果是 asp. net 项目的话)文件的连接字符串的服务器名称改为 ip 的形式，然后远程尝试用 http://ip:port/进行访问程序。

如果提示无法连接数据库，则很有可能是本地的数据库没有允许使用 TCP/IP 进行访问。设置如下：选择“SQL Server 配置管理器”→“SQL Server 网络配置”，然后选择 MSSQLServer，将 TCP/IP 设置为启用，启用后重启 SQL Server，然后远程尝试用 http://ip:port/进行访问程序。

4.2 母版页和内容页

4.2.1 母版页和内容页概述

母版页中包含的是页面公共部分，即网页模板。因此，在创建示例之前，必须判断哪些内容是页面公共部分。

使用 ASP.NET 母版页可以为应用程序中的页创建一致的布局。单个母版页可以为应用程序中的所有页(或一组页)定义所需的外观和标准行为。然后可以创建包含要显示的内容的各个内容页。当用户请求内容页时，这些内容页与母版页合并以将母版页的布局与内容页的内容组合在一起输出。

母版页为具有扩展名 .master(如 MySite. master)的 ASP.NET 文件，它具有可以包括静态文本、HTML 元素和服务器控件的预定义布局。母版页由特殊的 @ Master 指令识别，该指令替换了用于普通 .aspx 页的 @ Page 指令。该指令类看起来类似下面这样：

```
<%@ Master Language="C#" %>
```

除会在所有页上显示的静态文本和控件外，母版页还包括一个或多个ContentPlaceHolder控件。这些占位符控件定义可替换内容出现的区域。接着在内容页中定义可替换内容。

内容页是通过创建各个内容页来定义母版页的占位符控件的内容，这些内容页为绑定到特定母版页的ASP.NET页(.aspx文件以及可选的代码隐藏文件)。通过包含指向要使用的母版页的MasterPageFile属性，在内容页的@ Page指令中建立绑定。例如，一个内容页可能包含下面的@ Page指令，该指令将该内容页绑定到Master1.master页。在内容页中，通过添加Content控件并将这些控件映射到母版页上的ContentPlaceHolder控件来创建内容。

```
<% @ Page Language="C#" MasterPageFile="~/Master.master" Title="Content Page 1" %>
<asp:Content ID="Content1" ContentPlaceHolderID="Main" Runat="Server">
    Main content.
</asp:Content>
```

母版页中创建为ContentPlaceHolder控件的区域在新的内容页中显示为Content控件。显示剩下的母版页内容，以便查看布局，但这些内容显示为浅灰色，因为在编辑内容页时不能更改这些内容。

母版页提供了开发人员已通过传统方式创建的功能，这些传统方式包括重复复制现有代码、文本和控件元素；使用框架集；对通用元素使用包含文件；使用ASP.NET用户控件等。母版页具有下面的优点：

(1) 使用母版页可以集中处理页的通用功能，以便可以只在一个位置上进行更新。

(2) 使用母版页可以方便地创建一组控件和代码，并将结果应用于一组页。例如，可以在母版页上使用控件来创建一个应用于所有页的菜单。

(3) 通过允许控制占位符控件的呈现方式，母版页使用户可以在细节上控制最终页的布局。

4.2.2 创建母版页和内容页

为了减少在网页设计时出现的变一页则动全站的问题，Visual Studio 2003升级到Visual Studio 2005后增加了母版的概念。可以把母版想象成为“网页模版”，与之不同的是，再也不必每个页面都去更新了，修改一次，所有的网页都会改变，做到了一劳永逸。下面介绍母版页和内容页的创建。

(1) 选择“开始”→“所有程序”→Microsoft Visual Studio 2013→ Microsoft Visual Studio 2013命令，启动Microsoft Visual Studio 2013。

(2) 选择“文件”→“新建”→“网站”命令，打开“新建网站”对话框。选择“ASP.NET网站”，语言选择Visual C#，位置选择一个已建的虚拟目录，如图4.9所示。

(3) 单击“确定”，在解决方案资源管理器中选中刚建的站点，右击，选择“添加”→“添加新项”，打开“添加新项”对话框，如图4.10所示。

(4) 选择母版页，名称默认，语言默认Visual C#，单击“添加”按钮。打开页面

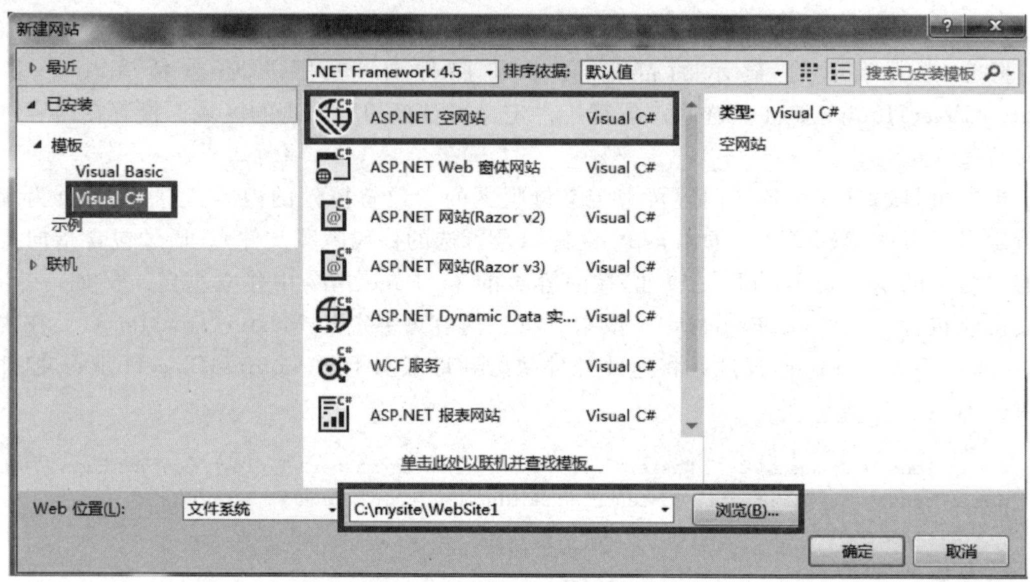

图 4.9 “新建网站”对话框

图 4.10 添加新项(1)

MasterPage. master，里面有一个 ContentPlaceHolder 控件，注意不要在控件里面写什么东西。转到设计视图，在这个控件外面加上 header 和 footer 两句文本，如图 4.11 所示。

(5) 保存后就可以用它来做其他内容页面。有两种方法：一是右击母版页任意位置，单击“添加内容页”；二是在解决方案资源管理器上新建新项，在生成 aspx 页面时选中“选择母版页”。在此，用方法二建立内容页。

在解决方案资源管理器中选中刚建的站点，右击，选择“添加”→“添加新项”，打开“添加新项”对话框，选择“Web 窗体”，选中“选择母版页”复选框，如图 4.12 所示。

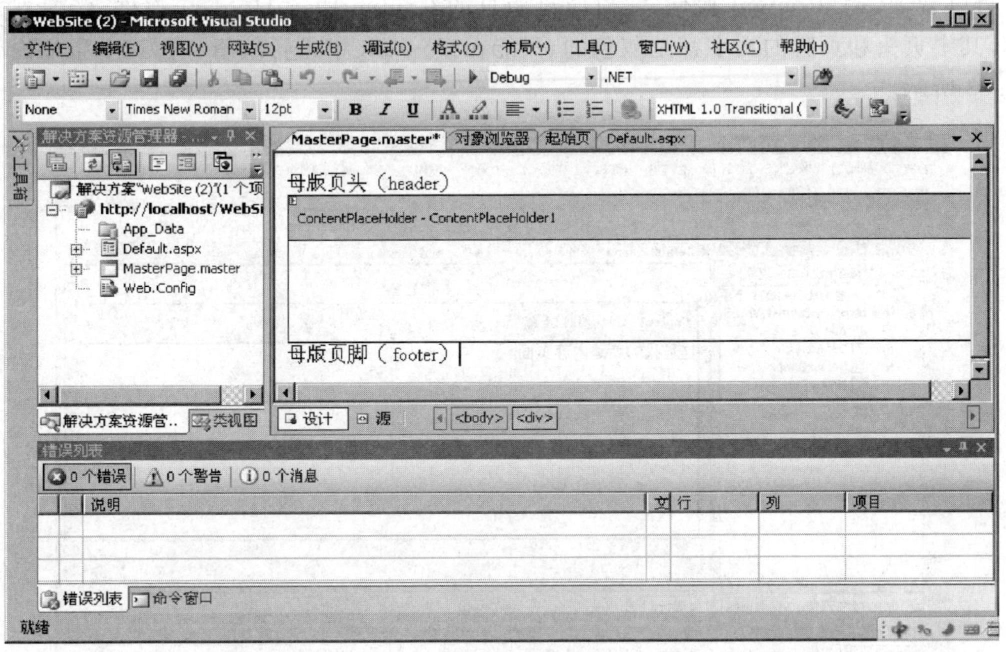

图 4.11　母版页

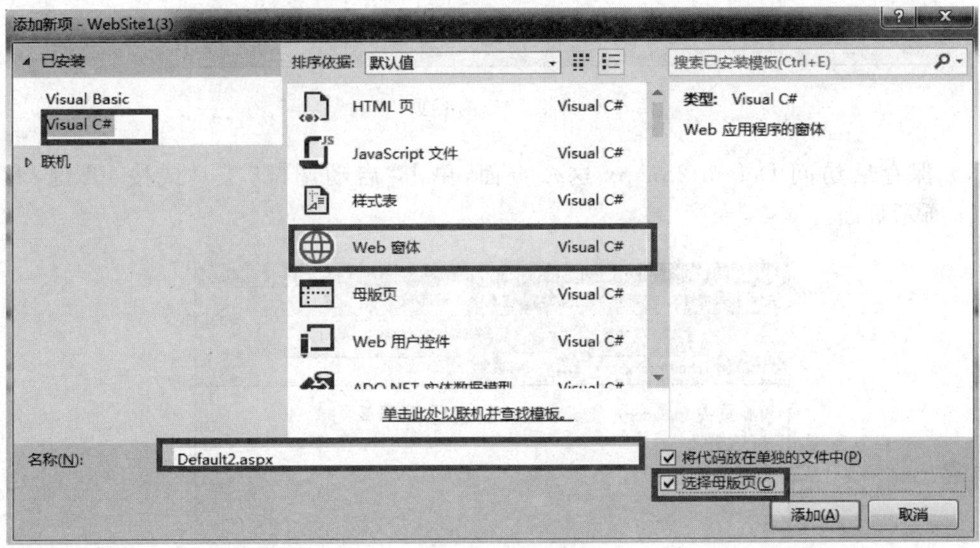

图 4.12　添加内容页

(6) 单击"添加"按钮，选择刚才新建的母版页，单击"确定"按钮。新生成的页面源代码只有这几句：

```
<%@ Page Language = "C#" MasterPageFile = "~/MasterPage.master" AutoEventWireup = "true"
CodeFile = "Default2.aspx.cs" Inherits = "Default2" Title = "Untitled Page" %>
<asp:Content ID = "Content1" ContentPlaceHolderID = "ContentPlaceHolder1" Runat = "Server">
</asp:Content>
```

可以看到一个 Content 控件，它对应母版页的 ContentPlaceHolder1 控件，转换到视图页面，其中页头和页脚的文字都是灰色的，只能在 Content 中进行编辑。在其中添加内容如图 4.13 所示。

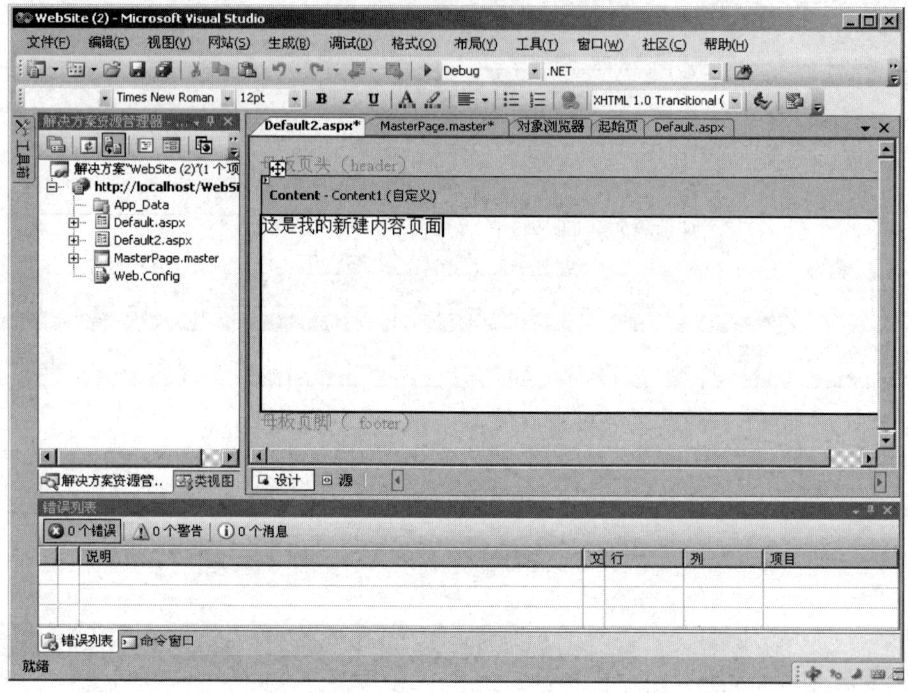

图 4.13　内容页

（7）保存后访问 Default2.aspx 这个页面，单击“启动调试”工具或按 F5 键，看到如图 4.14 所示页面。

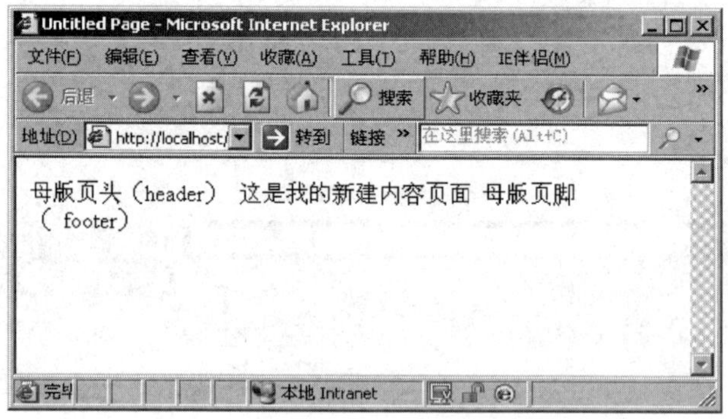

图 4.14　母版页与内容页运行结果

（8）再来看看源代码：

```
<%@ Master Language = "C#" AutoEventWireup = "true" CodeFile = "MasterPage.master.cs"
Inherits = "MasterPage" %>

<!DOCTYPE html PUBLIC " -//W3C//DTD XHTML 1.0 Transitional//EN" "http://www.w3.org/TR/
```

```
xhtml1/DTD/xhtml1 - transitional.dtd">

< html xmlns = "http://www.w3.org/1999/xhtml" >
< head runat = "server">
    < title>无标题页</title >
</head >
< body >
    < form id = "form1" runat = "server">
    < div >
        母版页头(header)< asp:contentplaceholder id = "ContentPlaceHolder1" runat = "server">
        </asp:contentplaceholder >
        母版页脚( footer)</div >
    </form >
</body >
```

</html>母版内容是放在一个 div 中的，而 content 页面并没有放在单独的 div，就是说在母版不会给子页添加任何的多余代码。这就给编程和网页布局带来了很大的灵活性，可以充分利用 CSS+DIV 的形式定位，也可以用 table 方式进行定位。修改时也不必每个页面都去修改。

4.3　网站导航

随着站点内容的增加以及站点内来回移动网页，管理所有的链接可能会变得比较困难。可以使用 ASP.NET 站点导航功能为用户导航站点提供一致的方法。ASP.NET 站点导航能够将指向所有页面的链接存储在一个中央位置，并在列表中呈现这些链接，或用一个特定 Web 服务器控件在每页上呈现导航菜单。ASP.NET 站点导航提供下列功能：

- 站点地图。使用站点地图描述站点的逻辑结构，并且可通过在添加或移除页面时修改站点地图(而不是修改所有网页的超链接)来管理页导航。
- ASP.NET 控件。使用 ASP.NET 控件在网页上显示导航菜单。导航菜单以站点地图为基础。
- 编程控件。以代码方式使用 ASP.NET 站点导航，以创建自定义导航控件或修改在导航菜单中显示的信息的位置。
- 访问规则。配置用于在导航菜单中显示或隐藏链接的访问规则。
- 自定义站点地图提供程序。创建自定义站点地图提供程序，以便使用自己的站点地图后端(如存储链接信息的数据库)，并将提供程序插入到 ASP.NET 站点导航系统。

通过使用下列 ASP.NET 站点导航控件 SiteMapPath、TreeView 和 Menu，可以轻松地在页面中建立导航信息。

4.3.1　SiteMapPath 控件

SiteMapPath 控件包含来自站点地图的导航数据。此数据包括有关网站中的页的信息，如 URL、标题、说明和导航层次结构中的位置。若将导航数据存储在一个地方，则可以更方便地在网站的导航菜单中添加和删除项。下面以简单站点 SiteMapPath 控件使用为例介绍其使用方法。

（1）在解决方案资源管理器中选中站点，右击，选择“添加”→“添加新项”命令，打开“添加新项”对话框，如图 4.15 所示。

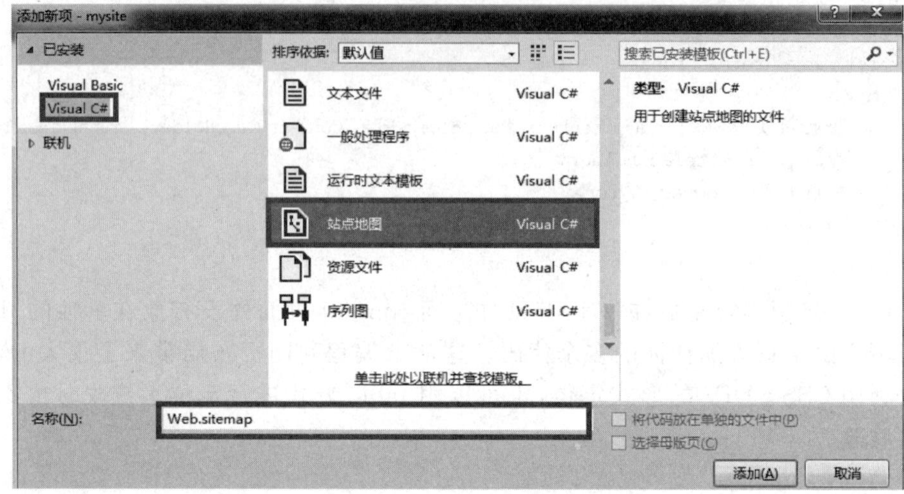

图 4.15　添加新项(2)

（2）选择“站点地图”，单击“添加”按钮，在网站中自动添加 Web. sitemap 文件，如图 4.16 所示。

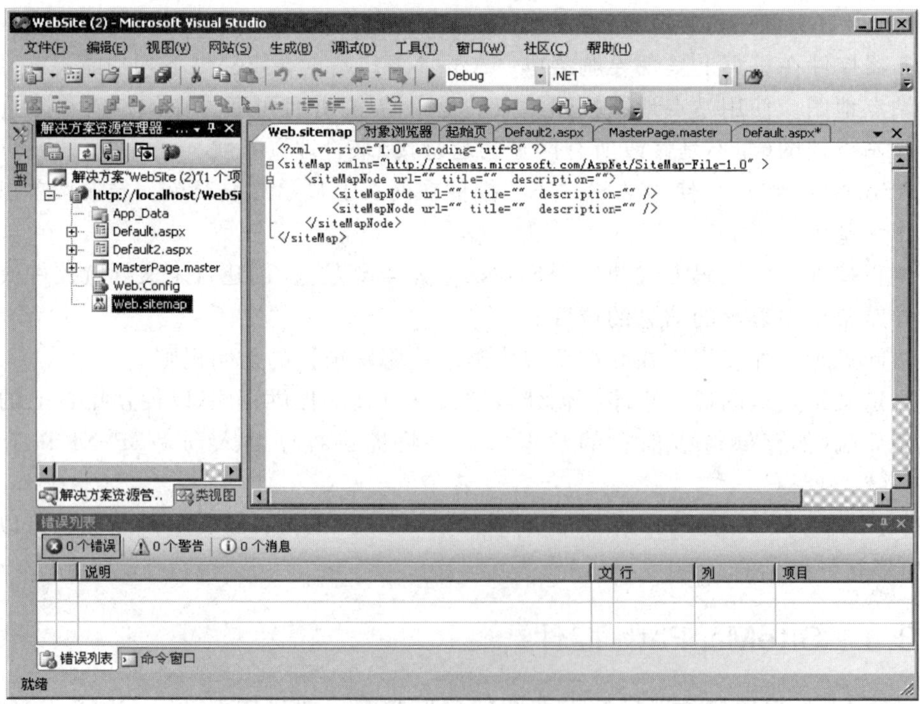

图 4.16　站点地图(1)

其代码为：

```
<?xml version = "1.0" encoding = "utf - 8" ?>
< siteMap xmlns = "http://schemas.microsoft.com/AspNet/SiteMap - File - 1.0" >
    < siteMapNode url = " " title = " "  description = " ">
        < siteMapNode url = " " title = " "  description = " " />
        < siteMapNode url = " " title = " "  description = " " />
    </siteMapNode >
</siteMap >
```

在以上代码上添加站点的 url、title 和 description，代码修改结果为：

```
<?xml version = "1.0" encoding = "utf - 8" ?>
< siteMap xmlns = "http://schemas.microsoft.com/AspNet/SiteMap - File - 1.0" >
    < siteMapNode url = "Default2.aspx" title = "首页"  description = "首页描述">
        < siteMapNode url = "Default3.aspx" title = "频道 1"  description = "频道 1 描述" />
        < siteMapNode url = "Default4.aspx" title = "频道 2"  description = "频道 2 描述" />
    </siteMapNode >
</siteMap >
```

站点地图里随意添加多少都行，如果很多的话，要注意理清节点的"父子关系"。同时，一定要了解 siteMapNode 的属性，这样才可以更好地应用 siteMap 文件。siteMapNode 常用属性如表 4-1 所示。

表 4-1 siteMapNode 常用属性

属 性	描 述
Url	是由路径及网页名称组成的，表示导航节点的实际网页路径，并且 url 在 siteMap 文件中不可重复，必须是唯一的
Title	表示节点的显示名称
Description	表示节点的描述说明
ChildNodes	从关联的 SiteMapProvider 提供者，取得或设置目前 Site MapNode 对象的所有子节点
HasChildNodes	指出目前 SiteMapNode 是否有任何子节点
Item	根据指定的键获取或设置一个来自 Attributes 集合的自定义属性或资源字符串
Key	获取一个字符串，该字符串表示站点地图节点的查找键
NextSibling	获取与当前节点位于相同层级、相对于 ParentNode 属性的下一个 SiteMapNode 节点（如果存在）
ParentNode	获取或设置作为当前节点的父节点的 SiteMapNode 对象
PreviousSibling	获取与当前节点位于相同层级、相对于 ParentNode 对象的前一个 SiteMapNode 对象（如果存在）
Provider	获取跟踪 SiteMapNode 对象的 SiteMapProvider 提供程序
ReadOnly	获取或设置一个值，该值指示是否可以修改站点地图节点
ResourceKey	获取或设置用于本地化 SiteMapNode 的资源键
Roles	获取或设置与 SiteMapNode 对象关联的角色（在安全修整期间使用）的集合
RootNode	获取站点地图提供程序层次结构中的根提供程序的根节点，如果不存在提供程序层次结构，则 RootNode 属性将获取当前提供程序的根节点

注意：Url 是不可以重复的，如果重复，会报错误。

（3）在网站上分别添加 Default2. aspx、Default3. aspx 和 Default4. aspx 页面，并分别在这 3 张网页的设计图上拖放 1 个 SiteMapPath 控件，如图 4. 17 所示。

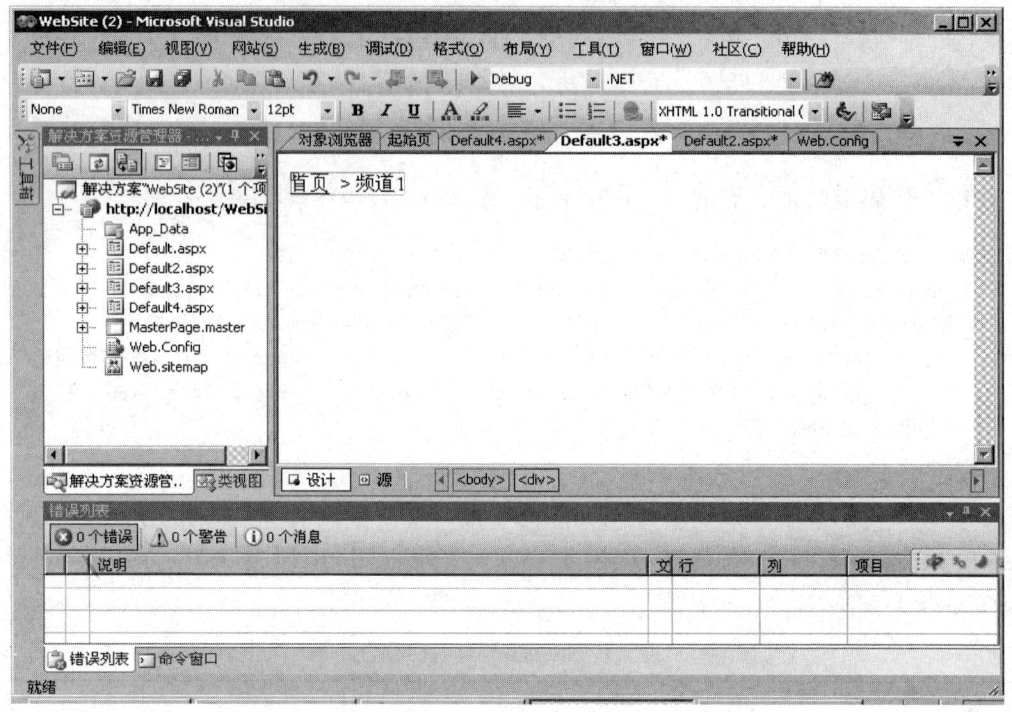

图 4. 17　Default3. aspx 页面添加 SiteMapPath 控件后

（4）分别运行 Default2. aspx、Default3. aspx 和 Default4. aspx 页面，效果如果 4. 18 所示。

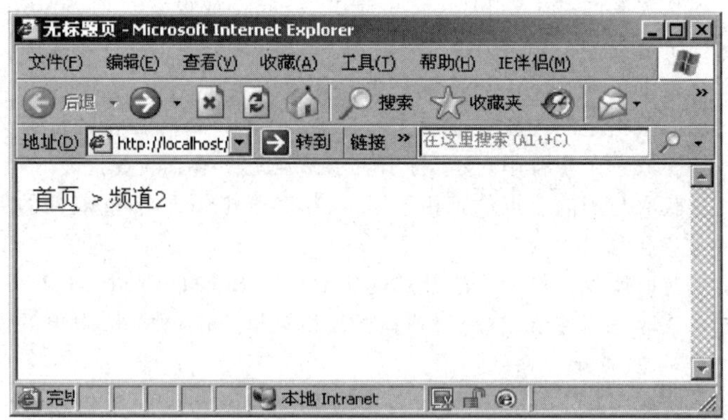

图 4. 18　运行 Default4. aspx 页面效果

可见同一个 SiteMapPath 控件在每个页面上显示的内容不一样，Default2. aspx、Default3. aspx 和 Default4. aspx 页面上显示的内容分别是：首页 ；首页 > 频道 1；首页 > 频道 2。这正是 Web. sitemap 文件里添加的内容。

4.3.2 TreeView 控件

TreeView 是 ASP.NET 的 Navigation 中的一个控件，实际上就是平时所说的树形菜单。TreeView 可以与数据源绑定，这两种数据源是 Site Map 和 XML File，可以看出不能直接与数据库绑定。TreeView 控件常用属性如表 4-2 所示。

表 4-2 TreeView 控件常用属性

属　性	描　述
ShowLines	是否显示树形菜单中连接各节点的虚线。默认值为 false
ExpandDepth	默认展开菜单的深度值，0 表示全部不展开。默认值为全部展开
ShowCheckBoxes	哪些节点上显示选择框。默认为 None
SelectedNode	选择了的节点。当单击节点（不是节点左边的“展开”、“关闭”按钮）时就选择了一个节点
SelectedValue	相当于 SelectedNode. Value
TreeNode. ValuePath	父节点到指定节点的 value 字符串连接，各节点 value 之间用“/”分隔开

在 ASP.NET 中做树形菜单非常地方便，并且在设计的时候选择不同的 ImageSet 值，显示的时候就会使用不同的图标。

【例 4-1】 以下给出关于 TreeView 控件的一个应用实例。在 .aspx 文件中声明了 1 个 TreeView 控件。示例演示如何使用 TreeView 控件创建一个树形菜单，验证结果随后显示在页面上。具体操作步骤如下。

(1) 在 Default. aspx 页面的设计视图状态下，添加 1 个 TreeView 控件，页面布局如图 4.19 所示。

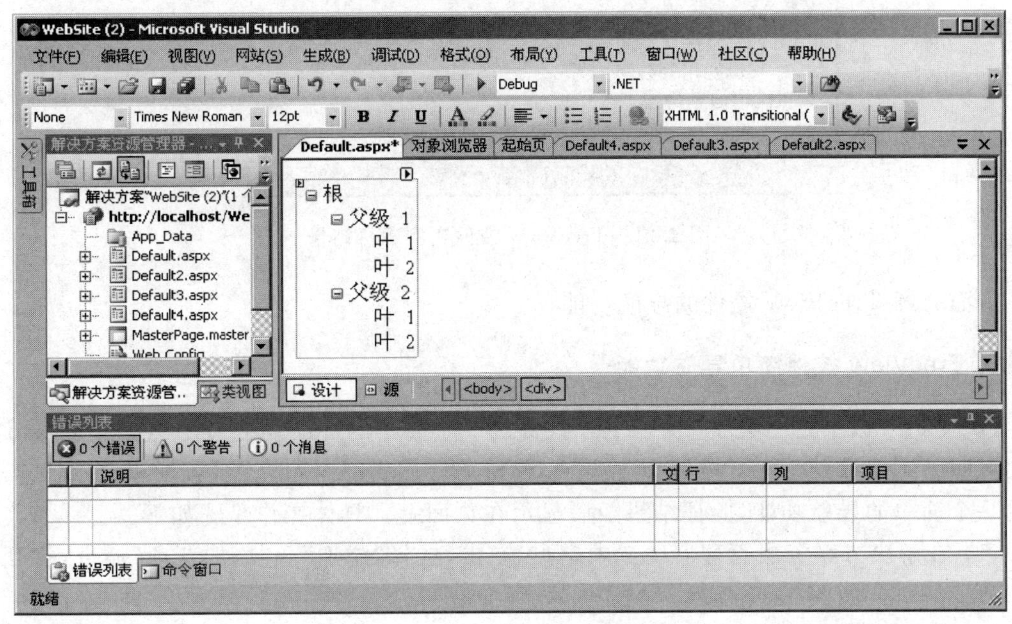

图 4.19 TreeView 控件实例布局

(2) 单击 Default.aspx 页面上的 TreeView 控件右上角的小三角符号，编辑节点，弹出“TreeView 节点编辑器”对话框，在编辑器中按图 4.20 所示进行编辑。

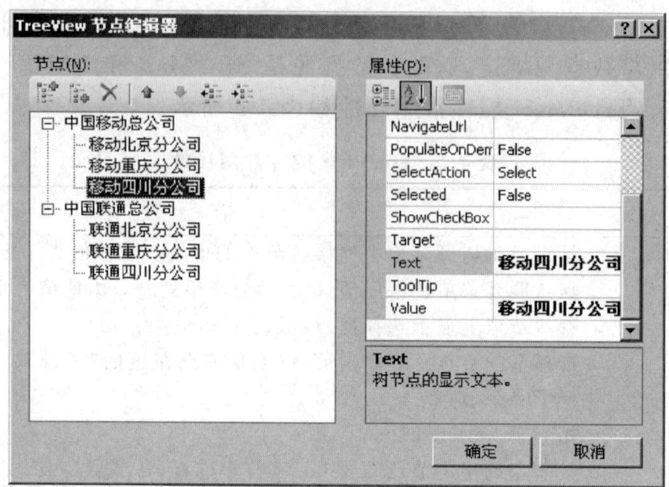

图 4.20 “TreeView 节点编辑器”对话框

(3) 单击“确定”按钮，单击“启动调试”工具。程序运行结果如图 4.21 所示。

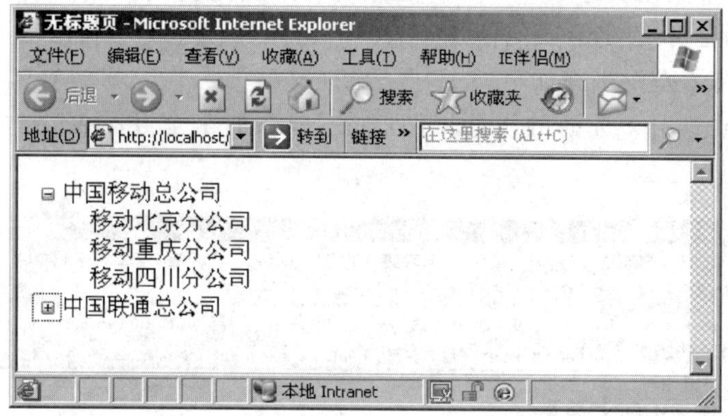

图 4.21 TreeView 控件实例运行结果

下面介绍 TreeView 控件的导航功能。

1. TreeView 控件简单导航功能

【例 4-2】 以下给出关于 TreeView 控件的一个简单的导航功能应用实例。在.aspx 文件中声明了 1 个 TreeView 控件和 1 个 SiteMapDataSource 控件。示例演示 TreeView 控件的一个简单的导航功能，验证结果随后显示在页面上。具体操作步骤如下。

(1) 在解决方案资源管理器中选中站点，右击，选择“添加”→“添加新项”命令，打开“添加新项”对话框，如图 4.15 所示。

(2) 选择“站点地图”，单击“添加”按钮。在网站中自动添加 Web.sitemap 文件，如图 4.16 所示。

其代码为：

```
<?xml version = "1.0" encoding = "utf - 8" ?>
< siteMap xmlns = "http://schemas.microsoft.com/AspNet/SiteMap - File - 1.0" >
    < siteMapNode url = " " title = " "  description = " ">
        < siteMapNode url = " " title = " "  description = " " />
        < siteMapNode url = " " title = " "  description = " " />
    </siteMapNode >
</siteMap >
```

对以上代码中添加站点的 url、title 和 description 代码进行修改，同时，再添加一些节点，web. sitemap 内容如下：

```
<?xml version = "1.0" encoding = "utf - 8" ?>
< siteMap xmlns = "http://schemas.microsoft.com/AspNet/SiteMap - File - 1.0" >
 < siteMapNode url = "" title = "报表"  description = "报表">
  < siteMapNode url = "柱形图表-投票.aspx" title = "投票"  description = "投票" />
  < siteMapNode url = "柱形图表-汽车销售业绩.aspx" title = "汽车销售业绩"  description =
"汽车销售业绩" />
  < siteMapNode url = "" title = "投票"  description = "投票">
   < siteMapNode url = "创建动态编译程序.aspx" title = "GDI + Testing1"  description = "GDI +
测试 1">
   </siteMapNode >
   < siteMapNode url = "柱形图表-Testing1.aspx" title = "GDI + Testing2"  description = "GDI +
测试 2">
   </siteMapNode >
  </siteMapNode >
 </siteMapNode >
</siteMap >
```

(3) 新建 5 个页面，页面名称分别为：柱形图表-投票.aspx、柱形图表-汽车销售业绩.aspx、创建动态编译程序.aspx、柱形图表-Testing1.aspx 和 testing.aspx。在前 4 个页面的设计视图上分别输入：柱形图表-投票、柱形图表-汽车销售业绩、创建动态编译程序、柱形图表-Testing1。在最后的页面上拖放两个控件，分别是 TreeView 和 SiteMapDataSource，如图 4.22 所示。

(4) 右击 TreeView 控件，选择 Show Smart Tag，在“选择数据源”下拉列表框中选择要连接的 SiteMapDataSource 的控件名字，如图 4.23 所示。

(5) 按 F5 键，运行结果如图 4.24 所示。再分别单击汽车销售业绩、GDI＋Testing1 等内容，就会分别转向相应页面。

在选择这种方式的时候一定要注意，如果想多个节点导航到同一个页面则不能选择.sitemap 文件绑定的方式。

2. TreeView 控件利用 XML 格式的导航功能

(1) 建立一个新页面，在页面上拖放两个控件，分别是 TreeView 和 XmlDataSource。

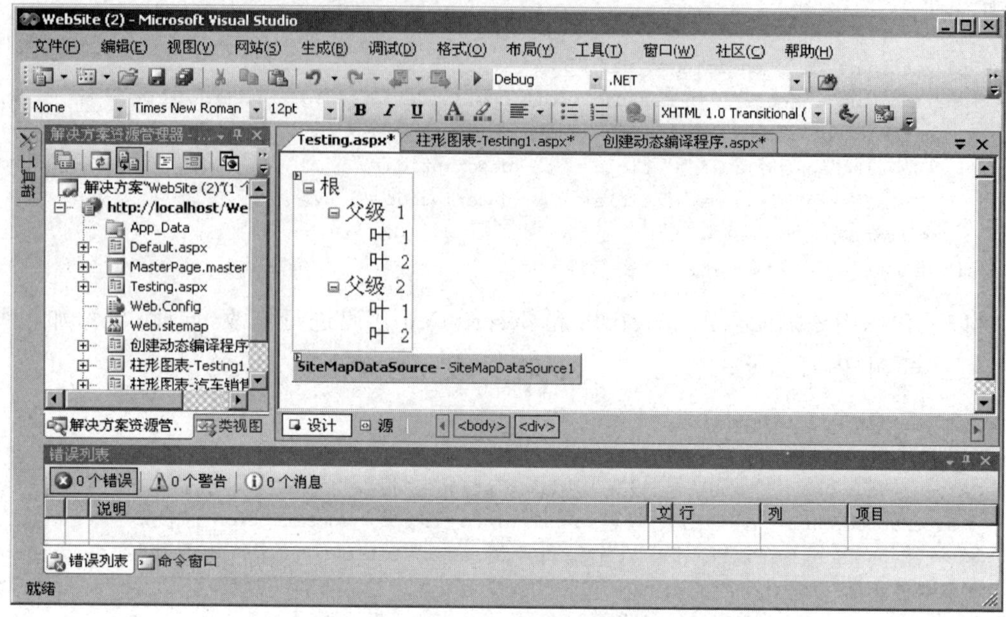

图 4.22 TreeView 控件和 SiteMapDataSource 控件布局

图 4.23 TreeView 任务对话框

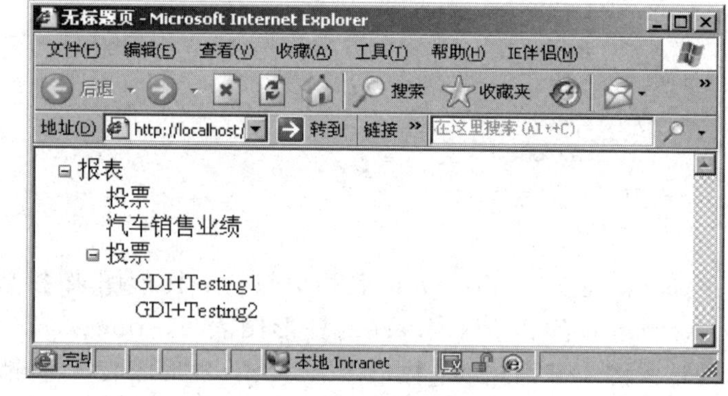

图 4.24 TreeView 控件导航结果

（2）建立一个 Computer.xml 文件，文件内容如下：

```
<?xml version = "1.0" encoding = "utf - 8" ?>
< Root url = "1.aspx" name = "计算机产品汇总" describe = "计算机产品">
 < Parent url = "2.aspx" name = "CPU 处理器" describe = "CPU">
  < Child url = "3.aspx" name = "INTEL 处理器" describe = "INTEL"></Child >
  < Child url = "4.aspx" name = "AMD  处理器" describe = "AMD"></Child >
 </Parent >
</Root >
```

注意：上面的 XML 文档的节点类型及节点名称各个方面都可以自己定义，在这个方面要比第一个方法简单多了。

（3）将 XML 文件和 XmlDataSource 控件绑定在一起：

右击 XmlDataSource 控件，选择 Show Smart Tag，在 Configure Data source 中的 Data

File 中选择需要绑定的 XML 文件。

(4) 下面来配置 TreeView 控件和 XmlDataSource 控件的绑定及对应关系。

设置 TreeView 控件的 DataSourceID 为需要对应的 XmlDataSource 控件名称，然后设置 DataBindings 集合属性，将各个属性一一对应。

① 添加需要绑定的节点。

② 设置节点对应关系：NavigateUrlFiled 为 url；TextField 为 name；ValueFiled 为 describe。

(5) 按 F5 键后就可以看效果了。

4.3.3　Menu 控件

Menu 控件包括显示在页面上的静态元素，以及用户选择某个菜单元素时出现的动态项目或菜单，还能够显示来自高层数据源控件的数据。元素可以在数据源里定义，或者通过编程自动加到控件里。Menu 控件可以与使用网站地图文件的 SiteMapDataSource 控件的值绑定在一起。

【例 4-3】 以下给出关于 Menu 控件的一个导航功能应用实例。在. aspx 文件中声明了 1 个 Menu 控件和 1 个 SiteMapDataSource 控件。演示 Menu 控件的导航功能，验证结果随后显示在页上。具体操作步骤如下。

(1) 在解决方案资源管理器中选中站点，右击，选择"添加"→"添加新项"命令，打开"添加新项"对话框。

(2) 选择"站点地图"，单击"添加"按钮。在网站中自动添加 Web. sitemap 文件。

(3) 新建 5 个页面，页面名称分别为：柱形图表-投票. aspx、柱形图表-汽车销售业绩. aspx、创建动态编译程序. aspx、柱形图表-Testing1. aspx 和 testing. aspx。在前 4 个页面的设计视图上分别输入：柱形图表-投票、柱形图表-汽车销售业绩、创建动态编译程序、柱形图表-Testing1。在最后的页面上拖放两个控件，分别是 Menu 和 SiteMapDataSource，如图 4. 25 所示。

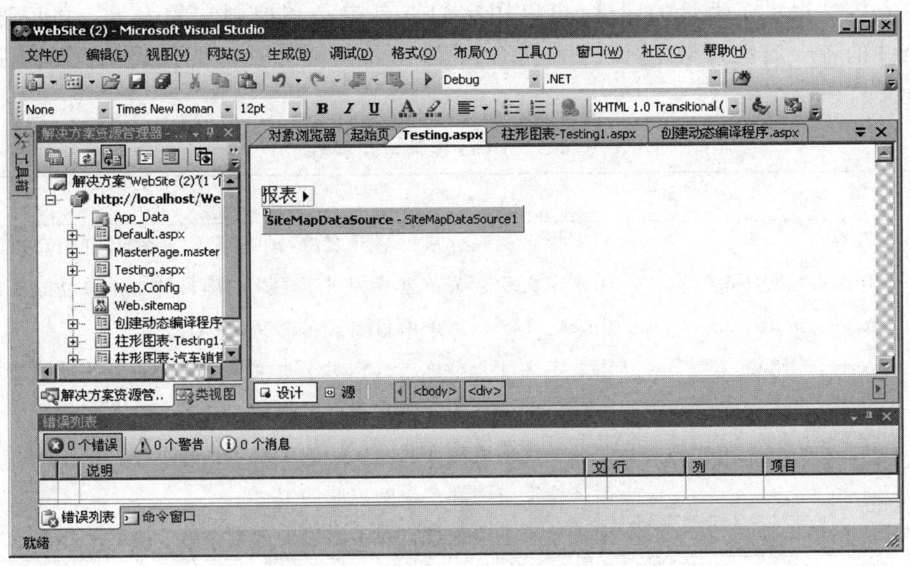

图 4. 25　Menu 控件和 SiteMapDataSource 控件布局

(4) 右击 Menu 控件，选择 Show Smart Tag，在“选择数据源”下拉列表框中选择要连接的 SiteMapDataSource 的控件名字，如图 4.26 所示。

(5) 按 F5 键，运行结果如图 4.27 所示。

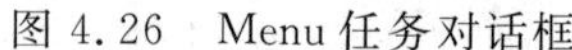

图 4.26　Menu 任务对话框

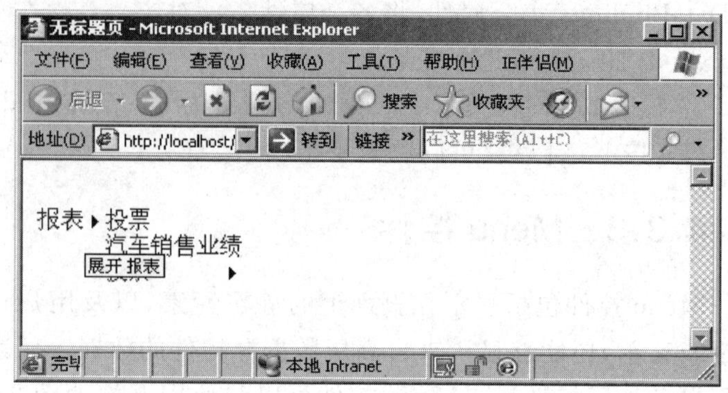

图 4.27　Menu 控件导航结果

这个例子用的是 Menu 控件默认的行为，也就是显示根节点，当鼠标指针停留在上面的时候，节点会动态地展开。子节点以同样的方式展开。

Menu 控件支持两种显示类型：静态和动态。如果希望 Menu 控件在任何时候都完全展开，就要使用静态选项。动态选项允许整个或者部分菜单结构像前面讨论的例子里那样动态显示出来。两种显示选项不是互不相容的——可以一起使用它们，这样菜单的一部分是静态的，其他部分都是动态的。例如，可能希望静态地显示菜单的前两层，而剩下的节点都动态地显示出来。

Menu 里静态元素的层次由其 StaticDisplayLevels 属性控制。StaticDisplayLevels 属性是一个代表显示层数的整数值，最小值为 1、负值或者为 0 都会产生异常。可以对动态菜单使用 MaximumDynamicDisplayLevels 属性。它用来定义动态元素显示的层数。1 是默认的值；0 表示没有动态菜单要显示；而负值会产生异常。

Menu 控件提供了大量的属性，可以用它们来自定义和控制它的表示。可以通过设置 Menu 控件的各个属性来指定其尺寸、颜色、字体以及其他外观特征。表 4-3 列出了其中的一些属性。

表 4-3　Menu 控件常用属性

属　　性	描　　述
DisappearAfter	用来指定在鼠标指针移开之后，动态菜单显示的时间长短
DynamicHorizontalOffset	用来定义动态菜单进行相对于主菜单项目的水平移动的像素个数
DynamicItemFormatString	用来定义动态菜单项目要显示的文本
DynamicVerticalOffset	用来定义动态菜单进行相对于主菜单项目的垂直移动的像素个数
ItemWrap	表示菜单项目的文字是否可以换行。这是一个布尔值
Orientation	允许更改菜单的方向。支持的值是水平和垂直
SkinID	用来指定应用到菜单的皮肤的 ID
StaticSubMenuIndent	用来显示子菜单进行水平缩排的像素个数

另外，还可以通过前面讨论的属性和 CSS 以及可用的样式元素来操控 Menu 控件的表示。这些元素可以从各个方面设定 Menu 控件的样式。

DynamicHoverStyle：用来定义鼠标指针停留在动态元素上时的表示。

DynamicMenuItemStyle：用来定义动态菜单项目的表示。

DynamicSelectedStyle：用来定义选中的动态菜单项目的表示。

DynamicMenuStyle：用来定义动态菜单的表示。

StaticHoverStyle：用来定义鼠标指针停留在静态元素上时的表示。

StaticMenuItemStyle：用来定义静态菜单项目的表示。

StaticMenuStyle：用来定义静态菜单的表示。

StaticSelectedStyle：用来定义选中的静态菜单项目的表示。

习题 4

1. 母版页和内容页之间如何互相传值？
2. 怎样编辑 ASP.NET 母版页与内容页？
3. 如何使用 SitMap 做网站导航？
4. 利用 Menu 控件和 SiteMapDataSource 控件做一个简单导航网站。

第5章 基本内置对象

介绍基本内置对象基础，包括 Page 对象、Cookie 对象、Request 对象、Response 对象、Application 对象和 Session 对象。通过本章学习，能轻松地在两个网页之间传递变量、输出数据以及记录变量值等。主要实现以下目标：

- 了解常用的对象有哪些，其功能有哪些；
- 掌握六大常用内置对象的基本属性及其基本使用方法。

5.1 ASP.NET 对象概述

ASP.NET 提供了许多内置对象，这些对象提供了相当多的功能，例如，可以在两个网页之间传递变量、输出数据以及记录变量值等。这些对象在 ASP 时代已经存在，到了 ASP.NET 环境下，这些功能仍然可以使用。而且，它们的种类更多，功能也更强大。

ASP.NET 内置对象是由 IIS 控制台初始化的 ActiveX DLL 组件。因为 IIS 可以初始化这些内置组件用于 ASP.NET 中，所以用户也可以直接引用这些组件来实现自己的编程，即可以在应用程序中，通过引用这些组件来实现访问 ASP.NET 内置对象的功能。

常用内置对象及其功能如表 5-1 所示。本节将对 ASP.NET 的这些内置对象进行详细介绍。

表 5-1 常用内置对象及其功能

对　象	功　能
Page 对象	对 ASP.NET 页面相关的内容进行处理
Cookie 对象	存储与客户和网站相关的信息
Response 对象	是 HttpResponse 类的一个实例。该类主要是封装来自 ASP.NET 操作的 HTTP 响应信息
Request 对象	获取客户端及服务器端的相关信息；Response 对象将 HTTP 响应数据及有关该响应的信息发送到客户端
Application 对象	保存应用程序需多次访问的信息，或 Web 服务的实例
Session 对象	为客户的会话存储信息
Server 对象	提供一系列与 Web 相关的实用程序

5.2 Page 和 Cookie 对象

5.2.1 Page 对象

ASP.NET 的运行机制是：.aspx 页面第一次执行时，有一个编译的过程。也就是说在页面执行之前需要首先将.aspx 页及其后台代码编译成页面类，然后才执行页面中的处理；而第二次执行时，由于页面类已存在，没有了编译过程，所以执行时间比第一次要短许多。所以，.aspx 页面第一次执行的时间比第二次长。

在 ASP.NET 的运行机制中，我们提到了页面类，它继承自 System.Web.UI.Page 类，每一个 ASP.NET 的页面对应一个页面类。Page 对象就是页面的实例。

在 Visual Studio 2013 的 IDE 中，新建页面的.aspx 文件有 3 种视图：代码视图、拆分视图和设计视图。打开代码视图，在第一行可以看到这样的代码：

```
<% @ Page Language = "C#" AutoEventWireup = "true" CodeFile = "default.aspx.cs" Inherits =
"_default" trace = "true" %>
```

Page 对象是指向页面自身的方式，在整个页面的执行期内，都可以使用。

这就是常说的页面指令，@Page 指令定义了 ASP.NET 页面用于编译和解析的属性，每个 aspx 页面只能有一个@Page 指令。下面解析参数代码。

- Language：指定页面代码和后置代码使用的语言，并且只支持微软.NET 框架中的语言。
- AutoEventWireup：设置页面是否自动调用网页事件，默认为 true。
- CodeFile：指定代码后置文件名，后置代码，该后置代码与页面是局部关系。
- Inherits：页面类。
- trace：跟踪。

Page 对象的常用属性如表 5-2 所示。

表 5-2 Page 对象的常用属性

属性	描述
IsPostBack	获取一个值，该值指示该页是否正在为响应客户端回发而加载，或者它是否正在被首次加载和访问
IsValid	获取一个值，该值指示页验证是否成功
Validators	获取请求的页上包含的全部验证控件的集合

Page 对象的常用事件如表 5-3 所示。

表 5-3 Page 对象的常用事件

事件	描述
Init	在服务器控件初始化时发生，初始化是控件生存期的第一步
DataBinding	在服务器控件绑定到数据源时发生
Load	在服务器控件加载到 Page 对象中时发生

续表

事　件	描　述
PreRender	在页面显示的时候发生
Unload	在服务器控件从内存中卸载时发生
Disposed	在从内存释放服务器控件时发生

【例 5-1】 本例介绍如何使用 Page 对象的 Load 事件。

(1) 在网站上新建页面 Default.aspx，选择"设计"→"添加 lable 控件"命令，在空白处双击页面，输入如下代码：

```
using System;
using System.Data;
using System.Configuration;
using System.Collections;
using System.Web;
using System.Web.Security;
using System.Web.UI;
using System.Web.UI.WebControls;
using System.Web.UI.WebControls.WebParts;
using System.Web.UI.HtmlControls;

public partial class _Default : System.Web.UI.Page
{
  protected void Page_Load(object sender, EventArgs e)
    {
        Label1.Text = "这是 Page_Load 事件";
    }
}
```

(2) 按 F5 键，运行结果如图 5.1 所示。

图 5.1　Page 对象实例

5.2.2　Cookie 对象

Session 对象能够保存用户信息，但是 Session 对象并不能够持久地保存用户信息，当用户在限定时间内没有任何操作时，用户的 Session 对象将被注销和清除，在持久化保存用户信息时，Session 对象并不适用。使用 Cookie 对象能够持久化地保存用户信息，相比于 Session 对象和 Application 对象而言，Cookie 对象保存在客户端，而 Session 对象和 Application 对象保存在服务器端，所以 Cookie 对象能够长期保存。Web 应用程序可以通过获取客户端的 Cookie 的值来判断用户的身份来进行认证。

ASP.NET 内包含两个内部的 Cookie 集合。通过 HttpRequest 的 Cookie 集合来进行访问，Cookie 不是 Page 类的子类，所以使用方法和 Session 和 Application 不同。相比于 Session 和 Application 而言，Cookie 的优点如下所示。

• 可以配置到期的规则：Cookie 可以在浏览器会话结束后立即到期，也可以在客户端中无限保存。

- 简单：Cookie 是一种基于文本的轻量级结构，包括简单的键值对。
- 数据持久性：Cookie 能够在客户端上长期进行数据保存。
- 无须任何服务器资源：Cookie 无须任何服务器资源，存储在本地客户端中。

虽然 Cookie 包括若干优点，这些优点能够弥补 Session 对象和 Application 对象的不足，但是 Cookie 对象同样有缺点。Cookie 的缺点如下所示。

- 大小限制：Cookie 包括大小限制，并不能无限保存 Cookie 文件。
- 不确定性：如果客户端配置禁用 Cookie 配置，则 Web 应用中使用的 Cookie 将被限制，客户端将无法保存 Cookie。
- 安全风险：现在有很多的软件能够伪装 Cookie，这意味着保存在本地的 Cookie 并不安全，Cookie 能够通过程序修改为伪造，这会导致 Web 应用在认证用户权限时出现错误。

Cookie 是一个轻量级的内置对象，Cookie 并不能将复杂和庞大的文本进行存储，在进行相应的信息或状态的存储时，应该考虑 Cookie 的大小限制和不确定性。

Cookie 对象的属性如表 5-4 所示。

表 5-4 Cookie 对象的属性

属　性	描　述
Name	获取或设置 Cookie 的名称
Value	获取或设置 Cookie 的 Value
Expires	获取或设置 Cookie 的过期的日期和事件
Version	获取或设置 Cookie 的符合 HTTP 维护状态的版本

Cookie 对象的方法如表 5-5 所示。

表 5-5 Cookie 对象的方法

方　法	描　述
Add	增加 Cookie 变量
Clear	清除 Cookie 集合内的变量
Get	通过变量名称或索引得到 Cookie 的变量值
Remove	通过 Cookie 变量名称或索引删除 Cookie 对象

1. 创建 Cookie 对象

通过 Add 方法能够创建一个 Cookie 对象，并通过 Expires 属性设置 Cookie 对象在客户端中所持续的时间。示例代码如下所示：

```
HttpCookie MyCookie = new HttpCookie("MyCookie ");
MyCookie.Value = Server.HtmlEncode("我的 Cookie 应用程序");    //设置 Cookie 的值
MyCookie.Expires = DateTime.Now.AddDays(5);                    //设置 Cookie 过期时间
Response.AppendCookie(MyCookie);                               //新增 Cookie
```

上述代码创建了一个名称为 MyCookie 的 Cookie，上述代码通过使用 Response 对象的

AppendCookie 方法进行 Cookie 对象的创建，与之相同，可以使用 Add 方法进行创建。示例代码如下所示：

```
Response.Cookie.Add(MyCookie);
```

上述代码同样能够创建一个 Cookie 对象，当创建了 Cookie 对象后，将会在客户端的 Cookie 目录下建立文本文件。文本文件的内容如下所示：

```
MyCookie
MyCookie
```

注意：Cookie 目录在 Windows 下是隐藏目录，并不能直接对 Cookie 文件夹进行访问。在该文件夹中可能存在多个 Cookie 文本文件，这是由于在一些网站中进行登录保存了 Cookie 的原因。

2. 获取 Cookie 对象

Web 应用在客户端浏览器创建 Cookie 对象之后，就可以通过 Cookie 的方法读取客户端中保存的 Cookie 信息。示例代码如下所示：

```
protected void Page_Load(object sender, EventArgs e)
{
    try
    {
        HttpCookie MyCookie = new HttpCookie("MyCookie ");              //创建 Cookie 对象
        MyCookie.Value = Server.HtmlEncode("我的 Cookie 应用程序");      //Cookie 赋值
        MyCookie.Expires = DateTime.Now.AddDays(5);                     //Cookie 持续时间
        Response.AppendCookie(MyCookie);                                //添加 Cookie
        Response.Write("Cookie 创建成功");                               //输出成功
        Response.Write("<hr/>获取 Cookie 的值<hr/>");
        HttpCookie GetCookie = Request.Cookie["MyCookie"];              //获取 Cookie
        Response.Write("Cookie 的值:" + GetCookie.Value.ToString() + "<br/>");
                                                                        //输出 Cookie 值
        Response.Write("Cookie 的过期时间:" + GetCookie.Expires.ToString() + "<br/>");
    }
    catch
    {
        Response.Write("Cookie 创建失败");                               //抛出异常
    }
}
```

程序运行结果如图 5.2 所示。

上述代码创建一个 Cookie 对象之后立即获取刚才创建的 Cookie 对象的值和过期时间。通过 Request.Cookie 方法可以通过 Cookie 对象的名称或者索引获取 Cookie 的值。

在一些网站或论坛中，经常使用到 Cookie。当用户浏览并登录网站后，如果用户浏览完毕并退出网站时，Web 应用可以通过 Cookie 方法对用户信息进行保存。当用户再次登录时，可以直接获取客户端的 Cookie 的值而无须用户再次进行登录操作。

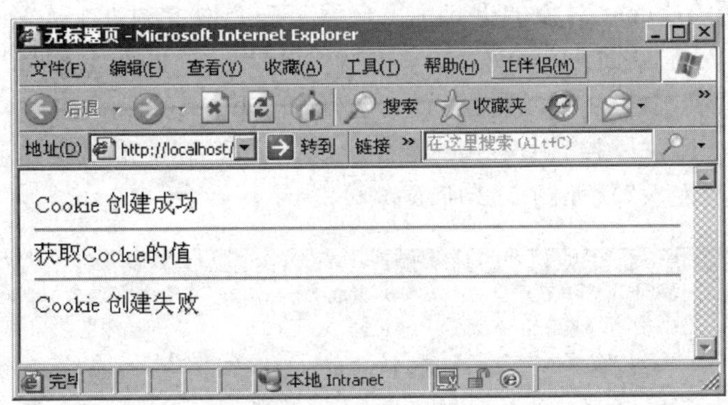

图 5.2　Cookie 例子

5.3　Request 和 Response 对象

5.3.1　Request 对象

ASP.NET Request 对象功能是从客户端得到数据，常用的取得数据的方法是：Request. Form、Request. QueryString、Cookie、ServerVariables 和 Request 等。其中 Request 是 Request. Form 和 Request. QueryString 的一个缩写，可以取代 Request. Form、Request . Query String 情况。而 Request. Form、Request. QueryString 主要对应 Form 提交时的两种不同的提交方法，分别是 Post 方法和 Get 方法。

1. Form 集合

Form 集合用于从使用 Post 方法的表格中获取表格元素的值。语法规则：

```
Request.Form(element)[(index)|.Count]
```

其中参数如表 5-6 所示。

表 5-6　Form 集合的参数

参　数	描　述
element	指定集合要检索的表格元素的名称
index	可选参数，使用该参数可以访问某参数中多个值中的一个。它可以是 1 到 Request. Form(parameter). Count 之间的任意整数
Count	集合中元素的个数

Form 集合按请求正文中参数的名称来索引。Request. Form(element) 的值是请求正文中所有 element 值的数组。通过调用 Request. Form(element). Count 来确定参数中值的个数。如果参数未关联多个值，则计数为 1。如果找不到参数，计数为 0。要引用有多个值的表格元素中的单个值，必须指定 index 值。index 参数可以是从 1 到 Request. Form (element)Count 中的任意数字。如果引用多个表格参数中的一个，而未指定 index 值，返回的数据将是以逗号分隔的字符串。

【例 5-2】 利用 request 对象的 Form 集合编写一个网上调查个人爱好网页。

（1）在网站上新建页面 Default.aspx，单击“设计”，在页面上输入“请填写好你的爱好：”，拖放 1 个 Label 控件（Text 属性设置为空）、1 个 Input（Text）控件（Name 属性设置为 hobby）、1 个 Input（Reset）控件（Value 属性设置为“重置”）和 1 个 Input（Submit）控件（Value 属性设置为“发送”），如图 5.3 所示。

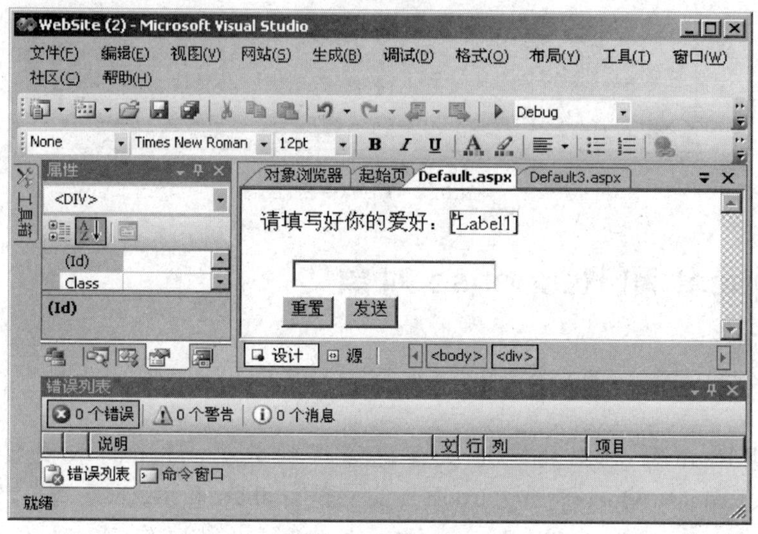

图 5.3　request 对象实例布局

（2）单击“源”，修改 form 属性如下：

```
<form id = "form1" runat = "server" method = "post" action = "default.aspx" >
```

修改部分灰底白字，如图 5.4 所示。

图 5.4　修改 form 属性

(3) 单击"设计",双击页面空白处,添加如下代码:

```
protected void Page_Load(object sender, EventArgs e)
{
    Label1.Text = Request.Form["hobby"];
}
```

(4) 按 F5 键,在文本框中输入"乒乓球",单击"发送"按钮,运行结果如图 5.5 所示。

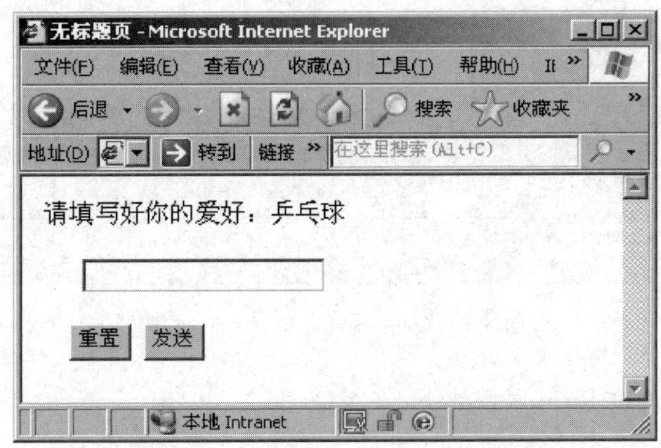

图 5.5 request 对象实例运行结果

2. QueryString 集合

QueryString 集合检索 HTTP 查询字符串中变量的值,HTTP 查询字符串由问号(?)后的值指定。如:

```
< A HREF = "example.asp?string = this is a sample"> string sample< /A>
```

生成值为"this is a sample" 的变量名字符串。通过发送表格或由用户在其浏览器的地址栏中输入查询也可以生成查询字符串。

QueryString 集合的语法规则为:

```
Request.QueryString(variable)[(index)|.Count]
```

QueryString 集合可以让用户以名称检索 Query_String 变量。Request.QueryString(参数)的值是出现在 Query_String 中所有参数的值的数组。通过调用 Request.QueryString(parameter).Count 可以确定参数有多少个值。

也可以使用 QueryString 来达到与前一个范例相同的功能。

【例 5-3】 利用 request 对象的 QueryString 集合编写一个网上调查个人爱好网页。

(1) 在网站上新建页面 Default.aspx,单击"设计",在页面上输入"请填写好你的爱好:",拖放 1 个 Label 控件(Text 属性设置为空),输入文字"乒乓球 羽毛球",拖放 1 个 Input(Submit)控件(Value 属性设置为"发送"),把"乒乓球"超链接到 default.aspx,把"羽毛球"超链接到 default.aspx,如图 5.6 所示。

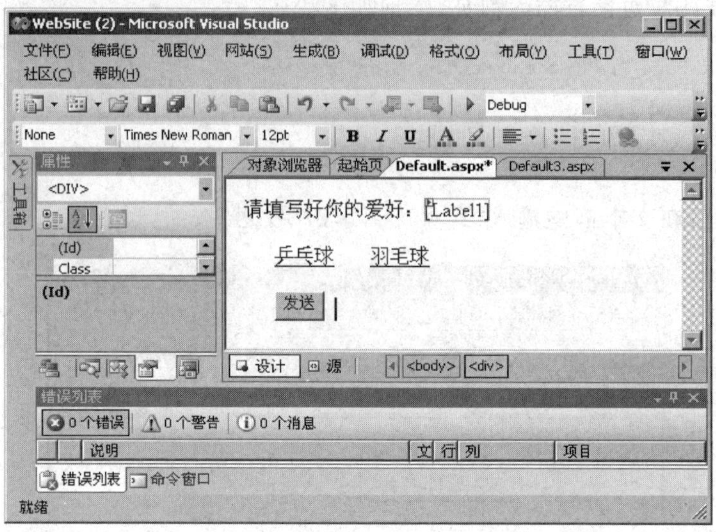

图 5.6　QueryString 集合实例布局

(2) 单击“源”,修改 form 属性如下：

```
< form id = "form1" runat = "server" method = "post" action = "default.aspx" >
```

修改“乒乓球”超链接属性如下：

```
< a href = "Default.aspx?str = 乒乓">乒乓球</a>
```

修改“羽毛球”超链接属性如下：

```
< a href = "Default.aspx?str = 羽毛">羽毛球< br /> </a>
```

修改结果如图 5.7 所示。

图 5.7　修改属性

(3) 单击“设计”,双击页面空白处,添加如下代码:

```
protected void Page_Load(object sender, EventArgs e)
{
    Label1.Text = Request.QueryString["str"];
}
```

(4) 按 F5 键,在文本框中输入“乒乓球”,单击“发送”按钮,运行结果如图 5.8 所示。

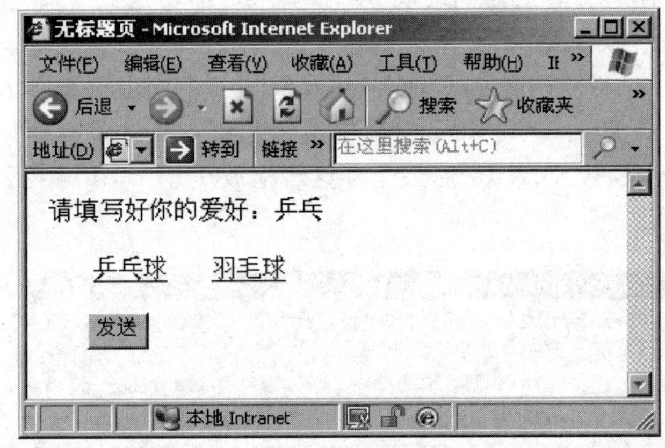

图 5.8 QueryString 集合实例运行结果

3. Cookie 集合

Cookie 是一个标签,当访问一个需要唯一标识站址的 Web 站点时,它会在你的硬盘上留下一个标记,下一次访问同一个站点时,站点的页面会查找这个标记。每个 Web 站点都有自己的标记,标记的内容可以随时读取,但只能由该站点的页面完成。每个站点的 Cookie 与其他所有站点的 Cookie 存在于同一文件夹中的不同文件内(可以在 Windows 的目录下的 Cookie 文件夹中找到它们)。一个 Cookie 就是一个唯一标识客户的标记,Cookie 可以包含在一个对话期或几个对话期之间某个 Web 站点的所有页面共享的信息,使用 Cookie 还可以在页面之间交换信息。Request 提供的 Cookie 集合允许用户检索在 HTTP 请求中发送的 cookie 的值。

Cookie 集合的语法规则为:

```
Request.Cookie(cookie)[(key)|.attribute]
```

其中参数如表 5-7 所示。

表 5-7 Cookie 集合的参数

参　　数	描　　述
cookie	指定要检索其值的 cookie
key	可选参数,用于从 cookie 字典中检索子关键字的值
attribute	指定 cookie 自身的有关信息。如:HasKeys 只读,指定 cookie 是否包含关键字

可以通过包含一个 key 值来访问 cookie 字典的子关键字。如果访问 cookie 字典时未指定 key,则所有关键字都会作为单个查询字符串返回。例如,如果 MyCookie 有两个关键

字，即 First 和 Second，而在调用 Request.Cookie 时并未指定其中任何一个关键字，那么将返回下列字符串。

```
First = firstkeyvalue&Second = secondkeyvalue
```

如果客户端浏览器发送了两个同名的 cookie，那么 Request.Cookie 将返回其中路径结构较深的一个。例如，如果有两个同名的 cookie，但其中一个的路径属性为 /www/，而另一个为 /www/home/，客户端浏览器同时将两个 cookie 都发送到 /www/home/ 目录中，那么 Request.Cookie 将只返回第二个 cookie。

【例 5-4】 利用 Request 对象的 Cookie 集合编写一个网上调查个人爱好网页。

(1) 在网站上新建页面 Default.aspx，单击“设计”，在页面上输入“请填写好你的爱好：”，拖放 1 个 Label 控件（Text 属性设置为空），拖放 1 个 Button 控件（Text 属性设置为“确定”），如图 5.9 所示。

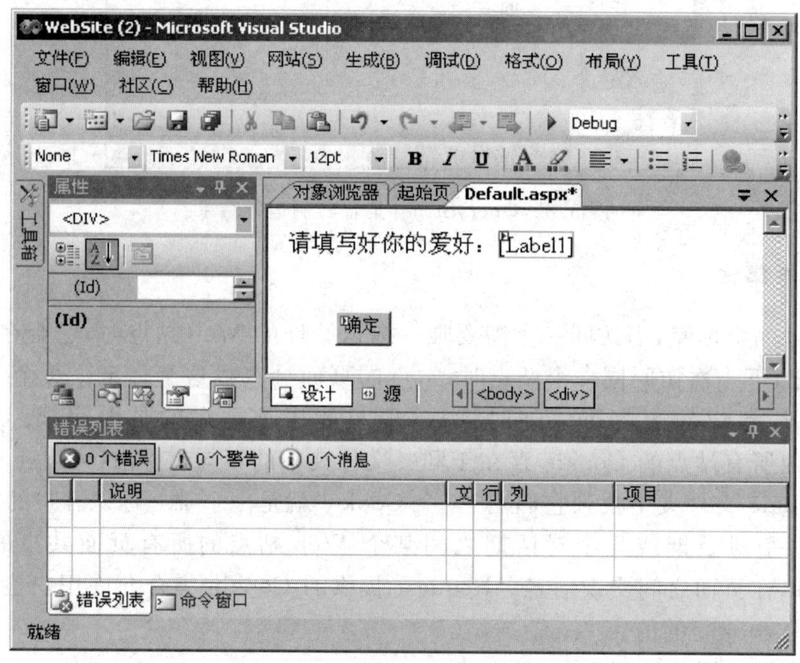

图 5.9　Cookie 集合实例布局

(2) 单击“设计”，双击“确定”按钮，添加如下代码：

```
protected void Button1_Click(object sender, EventArgs e)
{
    HttpCookie aa = new HttpCookie("aa");
    Response.AppendCookie(aa); //添加 Cookie
    aa.Value = "我的 Cookie 应用程序";
    Label1.Text = Request.Cookie["aa"].Value.ToString();
}
```

(3) 按 F5 键，单击“确定”按钮，运行结果如图 5.10 所示。

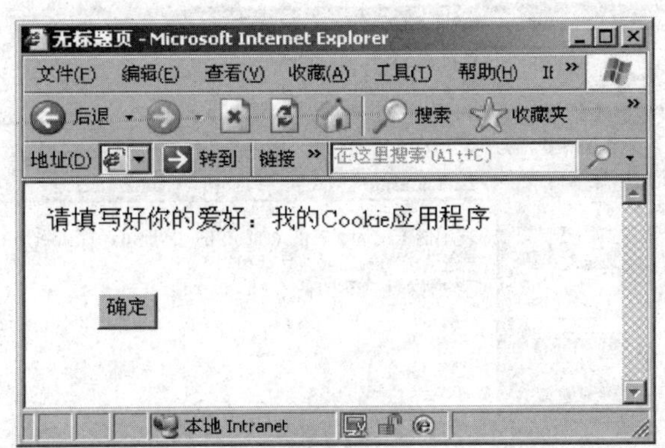

图 5.10 Cookie 集合实例运行结果

4. ServerVariables 集合

在浏览器中浏览网页的时候使用的传输协议是 HTTP，在 HTTP 的标题文件中会记录一些客户端的信息，如客户的 IP 地址等，有时服务器端需要根据不同的客户端信息做出不同的反映，这时就需要用 ServerVariables 集合获取所需信息。

ServerVariables 集合的语法规则为：

```
Request.ServerVariables ( 服务器环境变量 )
```

服务器环境变量较多，一些常用的变量如表 5-8 所示。

表 5-8 ServerVariables 集合的参数

参　数	描　述
ALL_HTTP	客户端发送的所有 HTTP 标题文件
CONTENT_LENGTH	客户端发出内容的长度
CONTENT_TYPE	内容的数据类型。如"text/html"。同附加信息的查询一起使用，如 HTTP 查询 GET、POST 和 PUT
LOCAL_ADDR	返回接受请求的服务器地址。在绑定多个 IP 地址的多宿主机器上查找请求所使用的地址时，这个变量非常重要
LOGON_USER	用户登录 Windows NT 的账号
QUERY_STRING	查询 HTTP 请求中问号(?)后的信息
REMOTE_ADDR	发出请求的远程主机(client)的 IP 地址
REMOTE_HOST	发出请求的主机(client)名称。如果服务器无此信息，它将设置为空的 MOTE_ADDR 变量
REQUEST_METHOD	该方法用于提出请求。相当于用于 HTTP 的 GET、HEAD、POST 等
SERVER_NAME	出现在自引用 URL 中的服务器主机名、DNS 化名或 IP 地址
SERVER_PORT	发送请求的端口号

【例 5-5】 利用 request 对象的 ServerVariables 集合显示出服务器环境变量。

(1) 在网站上新建页面 Default.aspx，单击"设计"，输入"发出请求的远程主机 (client) 的 IP 地址："、"发送请求的端口号："和"客户端发出内容的长度："，拖放 3 个 Label 控件 (Text 属性设置为空)，布局如图 5.11 所示。

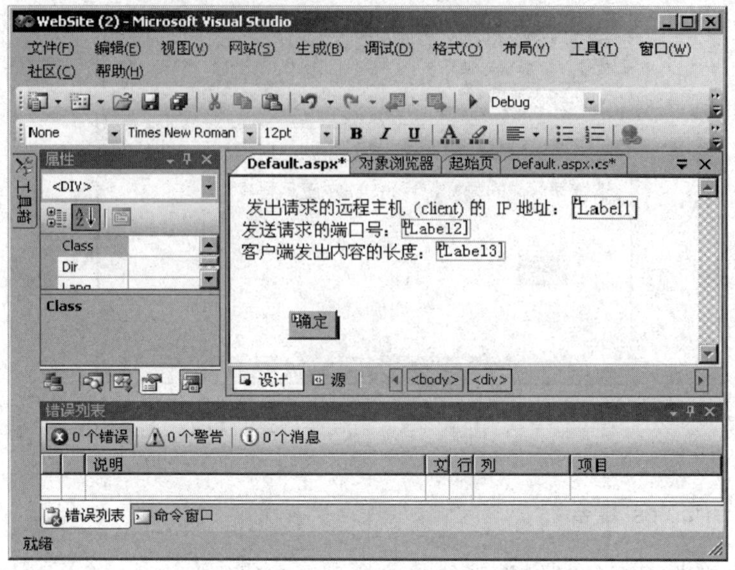

图 5.11　ServerVariables 集合实例布局

(2) 单击“设计”，双击“确定”按钮，添加如下代码：

```
protected void Button1_Click(object sender, EventArgs e)
{
    Label1.Text = Request.ServerVariables["REMOTE_ADDR"];
    Label2.Text = Request.ServerVariables["SERVER_PORT"];
    Label3.Text = Request.ServerVariables["CONTENT_LENGTH"];
}
```

(3) 按 F5 键，单击“确定”按钮，运行结果如图 5.12 所示。

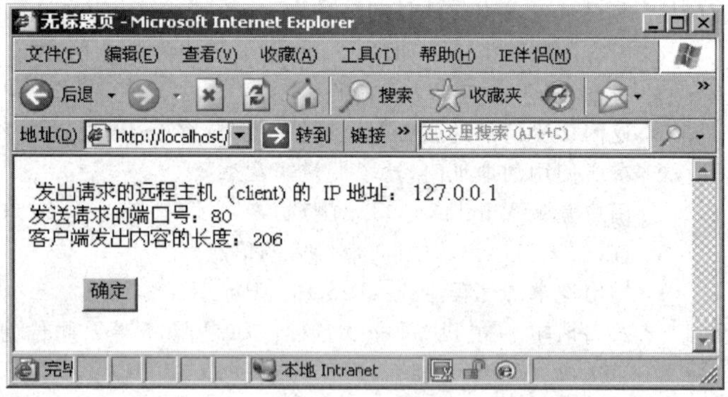

图 5.12　ServerVariables 集合实例运行结果

5. 获取客户端安全证书

获取客户端安全证书方法为：

```
HttpClientCertificate HDC = Request.ClientCertificate;
```

HDC 中存放了所有客户端安全证书的信息，ClientCertificate 这一属性是用

HttpClientCertificate类来声明的，证书的相关信息由类HttpClientCertificate中的相应属性来表示。证书信息属性如表5-9所示。

表5-9 ClientCertificate的常用属性

属性	说明
AllKeys	获取NameValueCollection对象中的所有键
BinaryIssuer	获取或设置证书颁发者(以二进制格式表示)
CertEncoding	获取证书的编码
Certificate	获取一个字符串，该字符串包含整个证书内容的二进制流
Cookie	获取客户证书的唯一ID(如果提供了的话)
Flags	一组标识，提供附加的客户证书信息
IsPresent	获取一个值，该值指示客户证书是否存在
Issuer	一个字符串，该字符串包括含有有关证书颁发者信息的子字段值的列表
IsValid	获取一个值，该值指示客户证书是否有效
Item	获取或设置NameValueCollection对象中的指定项
KeySize	获取数字证书密钥大小的位数
PublicKey	获取证书中的公钥二进制值
SecretKeySize	获取服务器证书私钥的位数
SerialNumber	将证书序列号表示为以连字符分隔的十六进制ASCII字符形式
ServerIssuer	获取服务器证书的颁发者
ServerSubject	获取服务器证书的接收方
Subject	获取客户证书的接收方
ValidFrom	获取证书生效的日期，此日期随区域设置的不同而不同
ValidUntil	获取证书到期日期

【例5-6】 利用request对象的ClientCertificate显示客户端安全证书的信息。

(1) 在网站上新建页面Default.aspx，单击"设计"，输入"获取证书的编码:"、"获取数字证书密钥大小的位数:"和"获取服务器证书的颁发者:"，拖放3个Label控件(Text属性设置为空)，布局如图5.13所示。

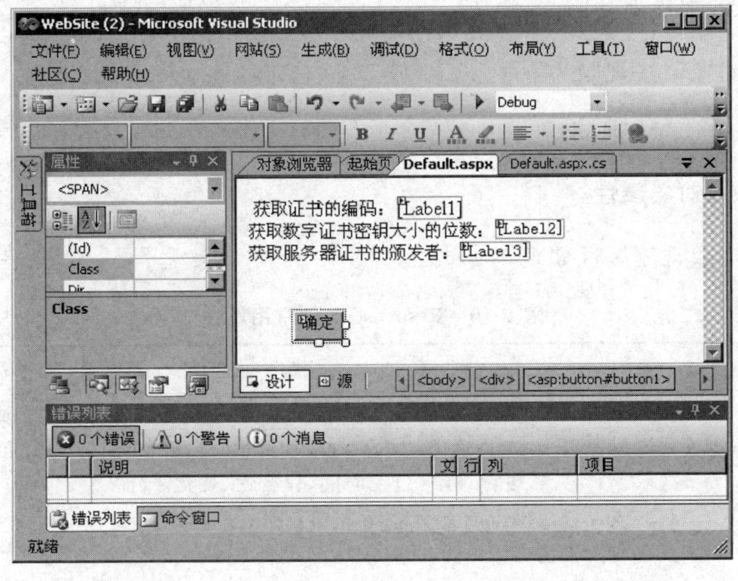

图5.13 ClientCertificate实例布局

（2）单击“设计”，双击“确定”按钮，添加如下代码：

```
protected void Button1_Click(object sender, EventArgs e)
{
    Label1.Text = Request.ClientCertificate["CertEncoding"];
    Label2.Text = Request.ClientCertificate["SecretKeySize"];
    Label3.Text = Request.ClientCertificate["ServerIssuer"];
}
```

（3）按 F5 键，单击“确定”按钮，运行结果如图 5.14 所示。

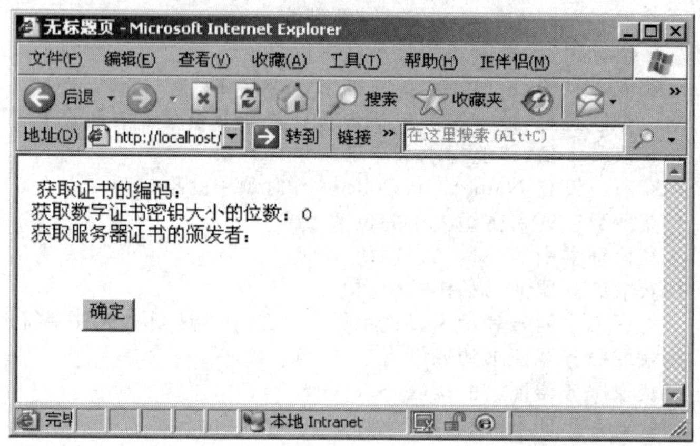

图 5.14 ClientCertificate 实例运行结果

5.3.2 Response 对象

与 Request 是获取客户端 HTTP 信息相反，Response 对象是用来控制发送给用户的信息，包括直接发送信息给浏览器、重定向浏览器到另一个 URL 或设置 cookie 的值。

1. Response 对象语法

Response 对象语法规则为：

```
Response.collection|property|method
```

2. Response 对象属性

Response 对象常用属性如表 5-10 所示。

表 5-10 Response 对象常用属性

属　　性	描　　述
Buffer	获取或设置一个值，该值指示是否缓冲输出，并在完成处理整个响应之后将其发送
BufferOutput	获取或设置一个值，该值指示是否缓冲输出，并在完成处理整个页之后将其发送
Cache	获取 Web 页的缓存策略（过期时间、保密性、变化子句）
Charset	获取或设置输出流的 HTTP 字符集
ContentType	获取或设置输出流的 HTTP MIME 类型
Cookie	获取响应 Cookie 集合

3. Response 对象方法

Response 对象常用方法如表 5-11 所示。

表 5-11 Response 对象常用方法

方 法	描 述
Write()	向客户端浏览器输出信息
Redirect()	将客户端重新定向到新的 URL
BinaryWrite()	输出二进制信息
Clear()	清除缓冲区中的所有 HTTP 页面
End()	将当前所有缓冲的输出发送到客户端，停止该页的执行，并引发 Application_EndRequest 事件
Flush()	向客户端发送当前所有缓冲输出

下面简单介绍 Write 方法和 Redirect 方法。

1) 利用 Response. Write()方法输出信息

利用 Response 对象的 Write()方法，就可以在客户端输出信息，其效果与使用 Label 标签控件的结果是一样的。

语法规则如下：

```
Response.Write(变量数据或字符串);
```

【例 5-7】 利用 Response 对象的 Write 方法编写一个网上调查个人爱好网页。

(1) 在网站上新建页面 Default. aspx，单击“设计”，拖放 1 个 Button 控件（Text 属性设置为“确定”），如图 5.15 所示。

图 5.15 Response 对象的 Write 方法实例布局

(2) 单击“设计”，双击“确定”按钮，添加如下代码：

```
protected void Button1_Click(object sender, EventArgs e)
{
```

```
    Response.Write("这是我的 Write 方法实例");
}
```

(3) 按 F5 键，单击“确定”按钮，运行结果如图 5.16 所示。

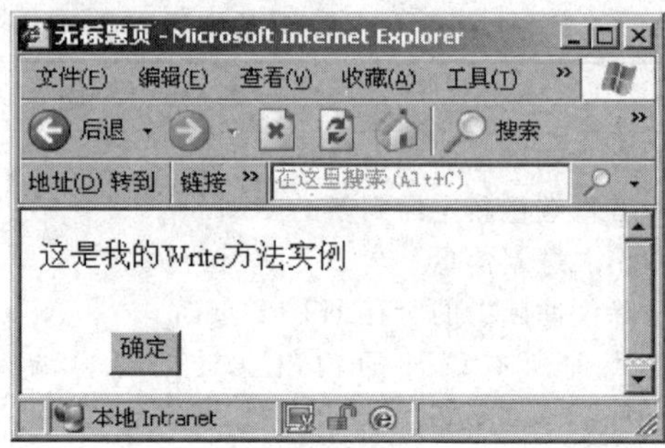

图 5.16　Response 对象的 Write 方法实例运行结果

2) 将客户端定位到新 URL

利用 Response 对象的 Redirect 可以自动引导客户至另一个页面。Redirect()方法之后的语句完全没有执行的机会。

Redirect 方法语法为：

```
Response.Redirect("URL");
```

【例 5-8】 利用 Response 对象的 Redirect 方法进行重新定向。

(1) 在网站上新建页面 Default.aspx，单击“设计”，拖放 1 个 Button 控件(Text 属性设置为“转向我的主页”)，如图 5.17 所示。

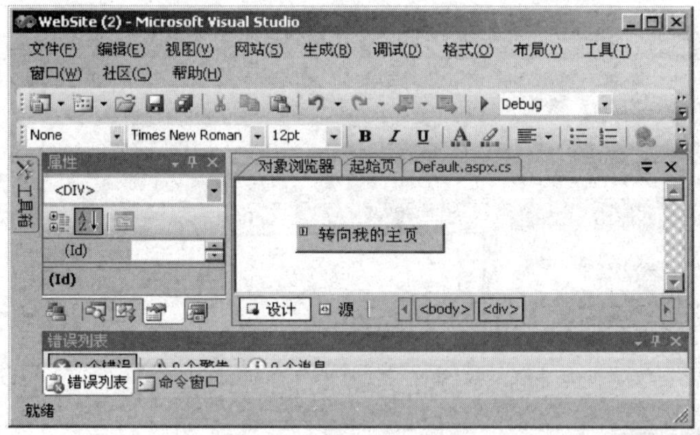

图 5.17　Response 对象的 Redirect 方法实例布局

(2) 在网站上再新建页面 default2.aspx，单击“设计”，添加“欢迎光临我的主页”。

(3) 打开 default.aspx，单击“设计”，双击“转向我的主页”按钮，添加如下代码：

```
protected void Button1_Click(object sender, EventArgs e)
{
    Response.Redirect("default2.aspx");
}
```

(4) 按 F5 键，单击“转向我的主页”按钮，运行结果如图 5.18 所示。

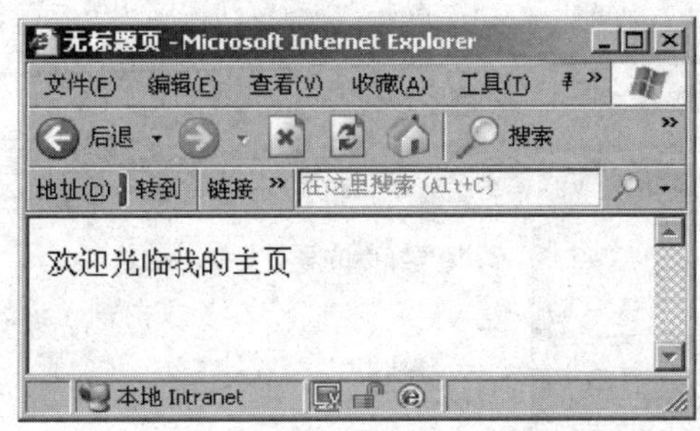

图 5.18　Response 对象的 Redirect 方法实例运行结果

4. Response 对象集合

Response 对象只有一个集合——Cookie。

Cookie 集合设置 cookie 的值。若指定的 cookie 不存在，则创建它。若存在，则设置新的值并且将旧值删去。其语法规则为

```
Response.Cookie(cookie)[(key)|.attribute] = value
```

这里的 cookie 是指定 cookie 的名称。如果指定了 key，则该 cookie 就是一个字典。attribute 指定 cookie 自身的有关信息。attribute 参数见表 5-12。

表 5-12　attribute 参数

参　数	描　述
Domain	若被指定，则 Cookie 将被发送到对该域的请求中去
Expires	指定 Cookie 的过期日期。为了在会话结束后将 Cookie 存储在客户端磁盘上，必须设置该日期。若此项属性的设置未超过当前日期，则在任务结束后 Cookie 将到期
HasKeys	指定 Cookie 是否包含关键字
Path	若被指定，则 Cookie 将只发送到对该路径的请求中。如果未设置该属性，则使用应用程序的路径

【例 5-9】 利用 Response 对象的 Cookie 集合编写一个网上调查个人爱好网页。

(1) 在网站上新建页面 Default.aspx，单击“设计”，输入“请填写好你的爱好：”，拖放 1 个 Label 控件(Text 属性设置为空)，拖放 1 个 Button 控件(Text 属性设置为“确定”)，如图 5.19 所示。

(2) 单击“设计”，双击“确定”按钮，添加如下代码：

```
protected void Button1_Click(object sender, EventArgs e)
{
    HttpCookie aa = new HttpCookie("aa");
    Response.AppendCookie(aa); //添加 Cookie
    aa.Value = "我的 Cookie 应用程序";
    Label1.Text = aa.Value;
}
```

(3) 按 F5 键，单击“确定”按钮，运行结果如图 5.20 所示。

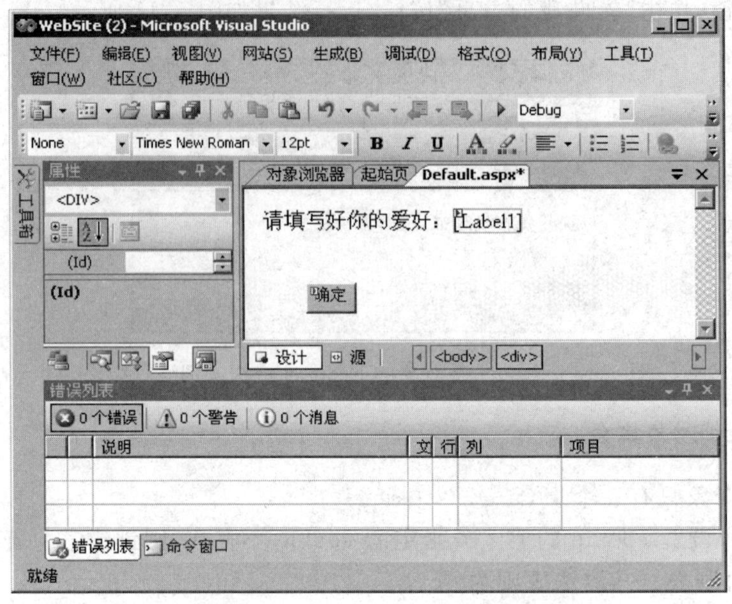

图 5.19 Response 对象 Cookie 集合实例布局

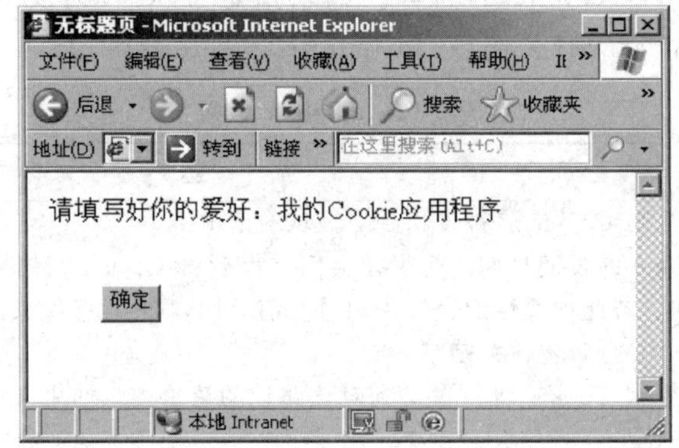

图 5.20 Response 对象 Cookie 集合实例运行结果

5.4 Application 和 Session 对象

5.4.1 Application 对象

Application 变量在整个应用程序生命周期中都是有效的，类似于使用全局变量，所以可以在不同页面中对它进行存取。它和 Session 变量的区别在于，前者是所有的用户共用的全局变量，后者是各个用户独有的全局变量。举个例子来解释：网站访问的计数器变量一般采用 Application 变量，多个请求访问时共享这一个变量，均可对它进行操作，该变量可以被整个应用程序的各个页面直接使用。用户登录的账号名一般采用 Session 变量，多个请求访问时有各自的 Session 变量，只能对自己的该 Session 变量进行操作，整个应用程序的各个页面直接使用这个变量来获得用户的基本信息。

使用 Application 对象方法的优点是：

- 使用简单，消耗较少的服务器资源。
- 不仅能传递简单数据，还能传递对象。
- 数据量大小是不限制的。

使用 Application 对象方法的缺点是作为全局变量容易被误操作。

Application 对象的常用集合如表 5-13 所示。

表 5-13　Application 对象的常用集合

集　　合	描　　述
Contents	用于访问应用程序状态集合中的对象名
StaticObjects	确定某对象指定属性的值或遍历集合，并检索所有静态对象的属性

Application 对象的常用属性如表 5-14 所示。

表 5-14　Application 对象的常用属性

属　　性	描　　述
AllKeys	返回全部 Application 对象变量名到一个字符串数组中
Count	获取 Application 对象变量的数量
Item	允许使用索引或 Application 变量名称传回内容值

Application 对象的常用方法如表 5-15 所示。

表 5-15　Application 对象的常用方法

方　　法	描　　述
Add	新增一个 Application 对象变量
Clear	清除全部 Application 对象变量
Lock	锁定全部 Application 对象变量
Remove	使用变量名称移除一个 Application 对象变量
RemoveAll	移除全部 Application 对象变量
Set	使用变量名称更新一个 Application 对象变量的内容
UnLock	解除锁定的 Application 对象变量

使用 Application 对象方法如下。

(1) 在源页面的代码中创建需要传递的名称和值构造 Application 变量：

```
Application["Name"] = "Value(Or Object)";
```

(2) 在目的页面的代码中使用 Application 变量取出传递的值。

```
Result = Application["Name"]
```

下面举一个例子说明 Application 的应用。

【例 5-10】 编写利用 Application 对象在不同页面间进行值的传递。

(1) 在网站上新建页面 Default.aspx，单击“设计”，输入“姓名 1:”、“姓名 2:”和“姓名

3:"，拖放 3 个 TextBox 控件，拖放 1 个 Button 控件（Text 属性设置为"确定"），布局如图 5.21 所示。

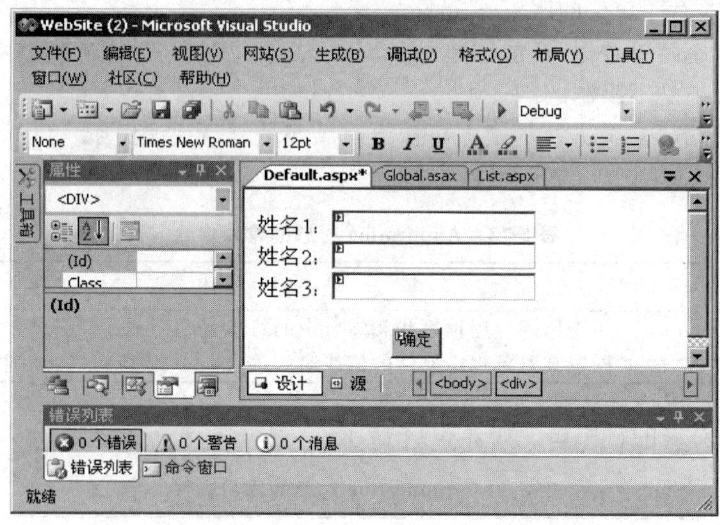

图 5.21　Application 对象实例布局

（2）双击"确定"按钮，添加如下代码：

```
protected void Button1_Click(object sender, EventArgs e)
{
    Application["Name1"] = TextBox1.Text;
    Application["Name2"] = TextBox2.Text;
    Application["Name3"] = TextBox3.Text;
    Response.Redirect("Read.aspx");
}
```

（3）在网站上新建页面 Read.aspx，单击"设计"按钮，输入"姓名 1:"、"姓名 2:"和"姓名 3:"，拖放 3 个 Label 控件（Text 属性设置为空），布局如图 5.22 所示。

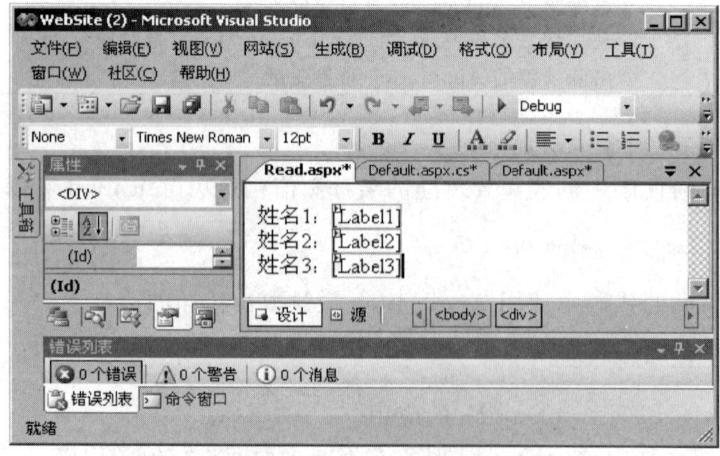

图 5.22　Read 页面布局

（4）双击页面 Read.aspx 设计视图，添加如下代码：

```
protected void Page_Load(object sender, EventArgs e)
{
    Label1.Text = Application["Name1"].ToString();
    Label2.Text = Application["Name2"].ToString();
    Label3.Text = Application["Name3"].ToString();
}
```

（5）按 F5 键，在 3 个控件中分别输入"张三"、"李四"和"王五"，单击"确定"按钮，运行结果如图 5.23 所示。

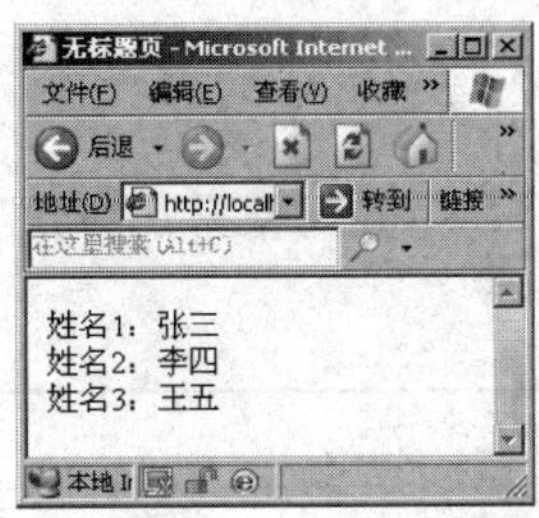

图 5.23　Application 对象实例运行结果

5.4.2　Session 对象

Session 对象是 HttpSessionState 类的一个实例，其功能和 Application 对象类似，都是用来存储跨网页程序的变量或者对象，但 Session 对象和 Application 对象有些特性存在着差异。Session 对象只针对单一网页使用者，不同的客户端无法互相存取。Application 对象中止于停止 IIS 服务，而 Session 对象中止于联机机器离线时，也就是当网页使用者关掉浏览器或超过 Session 变量的有效时间时，Session 对象就会消失。

Session 变量使用方法如下。

（1）在源页面的代码中创建需要传递的名称和值构造 Session 变量：

```
Session["Name"] = "Value(Or  Object)";
```

（2）在目的页面的代码中使用 Session 变量取出传递的值：

```
Result = Session["Name"]
```

具体使用实例与 Application 变量类似，只是将 Application 替换为 Session 即可。

该方法的优点是：

- 使用简单，不仅能传递简单数据类型，还能传递对象。
- 数据量大小是不限制的。

该方法的缺点是在 Session 变量存储大量的数据会消耗较多的服务器资源。

1. Session 对象属性

Session 对象常用属性如表 5-16 所示。

表 5-16　Session 对象常用属性

属　性	描　述
Count	获取会话状态集合中 Session 对象的个数
TimeOut	获取或设置在会话状态提供程序终止会话之前各请求之间所允许的超时期限
SessionID	获取用于标识会话的唯一会话 ID

例如，可以在 Web.Config 文件中设置 Session 对象的有效时间为 30min，代码如下：

```
<sessionState mode = "InProc"  timeout = "30"/>
```

2. Session 对象方法

Session 对象常用方法如表 5-17 所示。

表 5-17 Session 对象常用方法

方　法	描　述	方　法	描　述
Add	新增一个 Session 对象	Remove	删除会话状态集合中的项
Clear	清除会话状态中的所有值	RemoveAll	清除所有会话状态值

下面对比较重要的方法进行详细介绍。

1）Add 方法

Add 方法用于向 Session 对象集合中添加一个新项。

语法：

```
public void Add (string name,Object value)
```

参数说明如下。

- name：要添加到 Session 对象集合中的项的名称。
- value：要添加到 Session 对象集合中的项的值。

例如，在 Session 对象集合中添加一个名称为 test、值为"test 文本"的项，代码如下：

```
Session.Add("test", "test 文本");
```

2）Remove 方法

Remove 方法用于删除 Session 对象集合中的指定项。

语法：

```
public void Remove (string name)
```

参数说明如下。

name：要从 Session 对象集合中删除的项的名称。

例如，从 Session 对象集合中删除名称为 test 的项，代码如下：

```
Session.Remove("test");
```

3. Session 对象事件

1）Session_Start 事件

Session_Start 事件在服务器创建新会话（即事件）时发生，服务器在执行请求页之前先处理该脚本。Session_Start 事件是设置会话期变量的最佳时机，因为在访问任何页之前都会先调用该事件。

Session_Start 事件和 Session_End 事件的脚本位于全局程序集文件 Global. asax 中。

2）Session_End 事件

Session_End 事件在会话（即事件）被放弃或超时时发生。在服务器内置对象中，只有 Application、Server 和 Session 对象可使用该事件。

习题 5

1. 单选题

(1) ASP.NET 内置对象不包括________。

A. Request　B. Response　C. Server　D. Refresh

(2) 访问站点时,保存应用信息的对象是________。

A. Server　B. Session　C. Application　D. Response

(3) 客户端向服务器端提交表单数据,可以采用的方式是________。

A. Post　B. Send　C. Submit　D. Reset

(4) 下列可以对 Cookie 进行操作的对象是________。

A. Request　B. Session　C. Application　D. Server

(5) 在 ASP.NET 应用程序中,用来将网站虚拟目录映射为实际路径的对象和方法是________。

A. Request. Form　B. Request. QueryString

C. Server. MapPath　D. Response. Folder

(6) 在 ASP.NET 程序中,Request 对象的方法包括________。

A. BinaryRead　B. Redirect　C. CreateObject　D. MapPath

(7) 在 ASP. NET 程序中,用来将浏览器重新定向到一个指定网页的对象和方法是________。

A. Response. Redirect　B. Request. Redirect

C. Server. Direct　D. Server. Redirect

(8) Response 对象的方法是________。

A. Write　B. BinaryRead

C. QueryString　D. Lock

2. 多选题

(1) 以下对象是 ASP.NET 内置对象的是________。

A. Request　B. Response　C. Refresh　D. Server

(2) 以下是 Response 对象的方法的是________。

A. Write　B. BinaryRead　C. Redirect　D. Abandon

第6章 数据库操作

介绍数据库相关操作，包括 ADO.NET 数据库开发原理、数据库连接、Command 对象、DataReader 对象、DataAdapter 对象、DataSet 对象和数据绑定等数据库开发技术，使读者能够灵活运用该技术开发实用信息系统。主要实现以下目标：

- 了解 ADO.NET 数据库原理；
- 掌握 C# 数据库操作常用对象的使用方法；
- 理解 C# 数据绑定基本方法；
- 通过实例了解 C# 数据库程序开发过程。

6.1 数据库应用开发概述

我们创建的应用程序大部分都要访问和保存数据，即访问数据库。常用的数据库有 SQL Server、Oracle、Microsoft Access 等，常用的数据库访问方法有 ADO.NET、ODBC、RDS、OLE DB 等。ODBC(Open Database Connectivity，开放式数据库互连)是微软公司开放服务结构(Windows Open Servers Architecture，WOSA)中有关数据库的一个组成部分，它建立了一组规范，并提供了一组对数据库访问的 API(应用程序编程接口)。应用程序可以通过调用 ODBC 的接口函数访问不同类型的数据库。一个基于 ODBC 的应用程序对数据库的操作不依赖任何 DBMS(数据库管理系统)，不直接与 DBMS 打交道，所有的数据库操作由对应的 DBMS 的 ODBC 驱动程序完成。ADO(ActiveX Data Objects，ActiveX 数据对象)把绝大部分的数据库操作封装在 7 个对象中，在程序调用这些对象时执行相应的数据库操作。ADO 建立了基于 Web 方式访问数据库的脚本编写模型，不仅支持任何大型数据库的核心功能，而且支持许多数据库所专有的特性。RDS(Remote Data Services)在 IIS 4.0 中，与 ADO 集成到一起，使用同样的编程模型，提供访问远程数据库的功能。OLE(Object Linking and Embedding，对象连接与嵌入) DB 建立于 ODBC 之上，并将此技术扩展为提供更高级数据访问接口的组件结构，对企业中及 Internet 上的 SQL、非 SQL 和非结构化数据源提供一致的访问。

目前应用更多的则是 ADO.NET 数据库访问技术。本章以数据库 SQL Server 为例，详细讨论 ADO.NET 数据库访问技术。

6.2 ADO.NET 数据库开发方式

6.2.1 ADO.NET 数据库开发概述

1. ADO.NET 的优势

ADO.NET 解决了 Web 应用程序的松耦合特性及其在本质上互不关联的特性。在紧耦合方式中,数据库的连接在整个生命周期中始终保持打开,而不需要对状态进行特殊的处理,但是由于系统连接的用户多而降低了系统的性能。而松耦合方式中,在运行过程中可以断开数据库连接,访问数据存储无须连接,具有与数据库的交互功能,提高了系统的效率。

在运营状况起伏不定的环境下,必须有一个松耦合架构,以降低整体复杂性和依赖性。松耦合使应用程序环境更敏捷,能更快地适应更改,并且降低了风险。除此之外,系统维护也更方便。在 B2B 领域,由于要求业务实体之间独立交互,因此松耦合显得尤为重要。业务合作伙伴之间的关系变化莫测,联合关系时而建立,时而又断绝,还需要在商业合作伙伴之间建立业务流程以满足市场的要求。

2. ADO.NET 组成结构

ADO.NET 的核心组件由.NET Framework 数据提供程序和 DataSet 组成。.NET Framework 数据提供程序实现数据的连接、操作和对数据快速只进只读访问。DataSet 实现独立于数据源的数据访问与操作,有点类似于 ADO 的断开连接的静态数据集。

ADO.NET 的结构如图 6.1 所示,下面详细介绍各个部分。

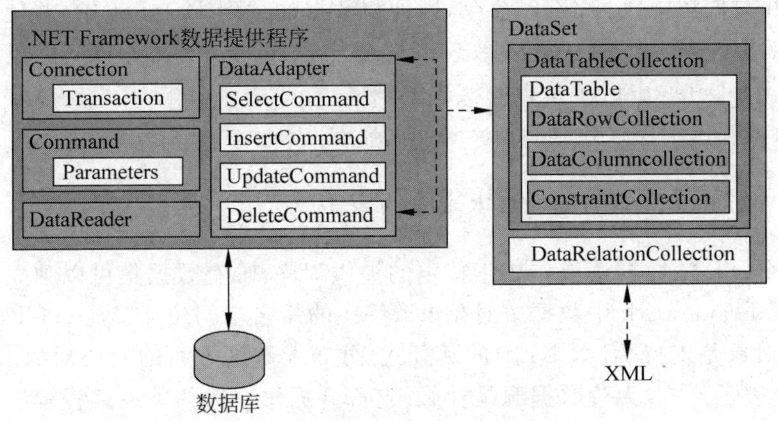

图 6.1 ADO.NET 结构

6.2.2 .NET Framework 数据提供程序

.NET Framework 数据提供程序用于连接到数据库、执行命令和检索结果。可以直接处理检索到的结果,或将其放入 ADO.NET DataSet 对象,以便与来自多个源的数据或在层之间进行远程处理的数据组合在一起,以特殊方式向用户公开。

.NET Framework 提供了以下 4 个.NET Framework 数据提供程序。

- SQL Server .NET Framework 数据提供程序，该程序只能访问 MS SQL Server 7.0 或更高版本，更早版本只能通过 OLE DB 数据提供程序访问。它的命名空间为 System. Data. SqlClient。
- OLE DB .NET Framework 数据提供程序，用于访问 OLE DB 数据提供程序，该程序不支持 OLE DB 2.5 版接口。它的命名空间为 System. Data. OleDb。
- ODBC .NET Framework 数据提供程序，用于访问 ODBC 数据提供程序。它的命名空间为 System. Data. Odbc。
- Oracle .NET Framework 数据提供程序，用于访问 Oracle 数据，该程序需要 Oracle 客户端软件 8.1.7 或更高版本的支持。它的命名空间为 System. Data. OracleClient。

通过对 IDbConnection 接口、IDbCommand 接口、IDataAdapter 接口、IDbDataAdapter 接口、IDataReader 接口、IDataParameter 接口、IDbTransaction 接口等的实现也可以编写自己的数据提供程序组。

.NET 数据提供程序通常包含 4 个核心对象。

- Connection 对象提供与数据源的连接。数据提供程序的 Connection 类是继承 System. Data. IDbConnection 接口的实现。
- Command 对象使用户能够访问用于返回数据、修改数据、运行存储过程以及发送或检索参数信息的数据库命令。数据提供程序的 Command 类是继承 System. Data. IDbCommand 接口的实现。
- DataReader 从数据源中提供高性能的数据流。DataReader 的数据流是只进且只读的。数据提供程序的 DataReader 类是继承 System. Data. IDataReader 接口的实现。
- DataAdapter 提供连接 DataSet 对象和数据源的桥梁。DataAdapter 使用 Command 对象在数据源中执行 SQL 命令，以便将数据加载到 DataSet 中，并使对 DataSet 中数据的更改与数据源保持一致。数据提供程序的 DataAdapter 类是继承 System. Data. IDbDataAdapter 接口的实现。

.NET 数据提供程序还包括 Transaction 对象、Parameter 对象等。

6.2.3 .NET Framework DataSet

连接、命令、事务、数据读取作用于特定的提供程序，唯有数据集可以独立于特定的数据提供，在.NET Framework 中数据集对象 DataSet 的命名空间位于 System. Data 中。

DataSet 对象是支持 ADO.NET 的断开式、分布式数据方案的核心对象。DataSet 是数据的内存驻留表示形式，无论数据源是什么，它都会提供一致的关系编程模型。它可以用于多个不同的数据源，可以用于 XML 数据，也可以用于管理应用程序本地的数据。DataSet 表示包括相关表、约束和表间关系在内的整个数据集。图 6.2 描述了 DataSet 对象模型。

DataSet 包含 3 组集合：

- DataTableCollection。关系数据库当中最主要的对象就是 Table，那么在 DataSet 当中使用该集合来包含多个 DataTable 对象。DataTable 就是在内存中的数据表，可以通过唯一名称来标识一个表。DataSet 的 DataTable 可存储的最大行数是 16 777 216。

- DataRelationCollection。在关系数据库当中除了表之外，还有表示表和表之间的关系 Relation。该集合就是包含表关系对象的集合。
- ExtendedProperties。ExtendedProperties 是一组自定义信息，概念上类似于 ASP 的 Session 之类。

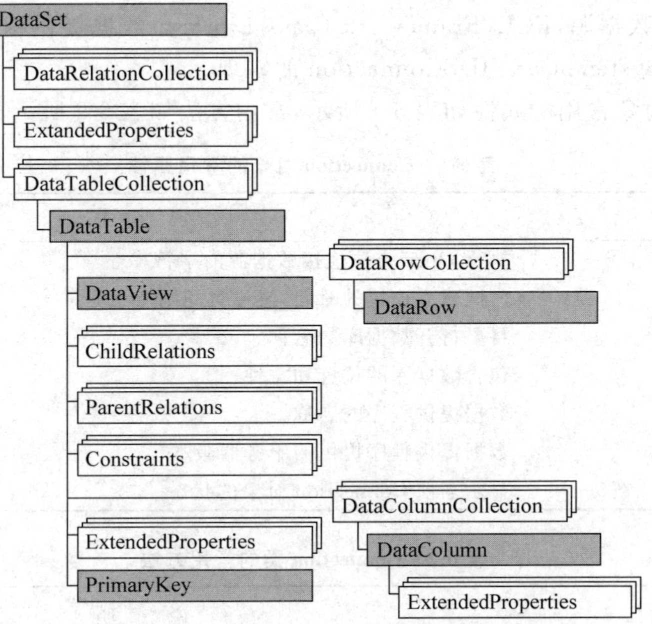

图 6.2 DataSet 对象模型

6.2.4 数据库操作过程

对于 Insert、Update、Delete 等单向操作，其过程如图 6.3 所示。

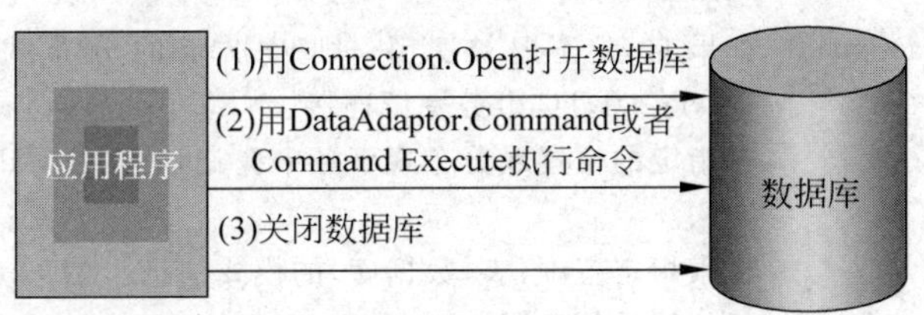

图 6.3 数据库操作模型(1)

对于 Select 的双向操作，其过程如图 6.4 所示。

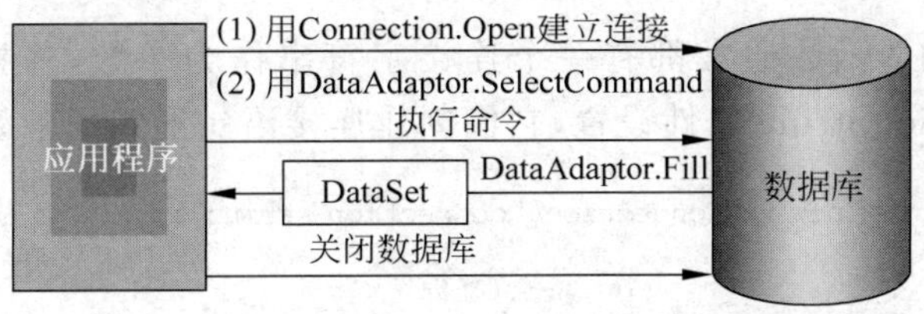

图 6.4 数据库操作模型(2)

6.3 Connection 对象

使用 Connection 对象连接数据库需要访问数据源的数据，首先要通过 Connection 对象，连接到指定的数据源，FCL(Framework Class Library)数据提供程序的 Connection 类是一个通用接口 System. Data. IDBConnection 的实现。

Connection 对象常用的属性如表 6-1 所示，常用方法如表 6-2 所示。

表 6-1　Connection 对象的常用属性

属　性	说　明
ConnectionString	执行 Open 方法连接数据源的字符串
ConnectionTimeout	尝试建立连接的时间，超过时间则产生异常
Database	将要打开数据库的名称
DataSource	包含数据库的位置和文件
Provider	数据提供程序的名称
ServerVersion	数据提供程序提供的服务器版本
State	显示当前 Connection 对象的状态

表 6-2　Connection 类的常用方法

方　法	说　明
BeginTransaction	开始一个数据库事务。允许指定事务的名称和隔离级
ChangeDatabase	改变当前连接的数据库。需要一个有效的数据库名称
Close	关闭数据库连接。使用该方法关闭一个打开的连接
CreateCommand	创建并返回一个与该连接关联的 SqlCommand 对象
Dispose	调用 Close
EnlistDistributedTransaction	如果自动登记被禁用，则以指定的分布式企业服务(Enterprise Services)DTC 事务登记连接。.NET Framework 1.0 版本不支持该方法
EnlistTransaction	在指定的位置或分布式事务中登记该连接。ADO.NET 1.x 不支持该方法
GetSchema	检索指定范围(表、数据库)的模式信息。ADO.NET 1.x 不支持该方法
ResetStatistics	复位统计信息服务。ADO.NET 1.x 不支持该方法
RetrieveStatistics	获得一个用关于连接的信息(诸如传输的数据、用户详情、事务)进行填充的散列表。ADO.NET 1.x 不支持该方法
Open	打开一个数据库连接

Connection 的构造函数通常都有一个连接字符串作为参数，连接字符串也可以使用 Connection. ConnectionString 属性设置，它们创建连接语句形式通常如下：

```
IDBConnection conn = new xxxConnection("connection string");
conn.Open();
```

完成数据库的连接之后，可以调用 Connection 对象的 Close()方法关闭数据库连接。

例如：

```
conn.Close();
```

6.3.1 连接字符串的差异

对于不同的数据提供程序，连接字符串存在着差异。

SqlConnection 的数据库连接字符串通常如下：

```
"Server = mySQLServer;Database = myDatabase;User ID = sa;Password = mypwd;"
```

OleDbConnection 的数据库连接字符串如下：

```
"Provider = SQLOLEDB; Data Source = mySqlServer; Initial Catalog =  myDatabase; User ID = sa;
Password = mypwd;"
```

OdbcConnection 的数据库连接字符串如下：

```
"Driver = {SQL Server};Server = localhost;Database =  myDatabase "或者"DSN = dsnname"
```

OracleConnection 的数据库连接字符串如下：

```
"Data Source = Oracle8i;User ID = sa;pwd = mypwd"
```

6.3.2 数据库连接方式

可以使用如下两种方式连接数据库，即采用集成的 Windows 验证和使用 SQL Server 身份验证进行数据库的登录。

1. 采用集成的 Windows 验证

使用集成的 Windows 验证方式时，不需要输入用户名和口令，而是把登录 Windows 时输入的用户名和口令传递到 SQL Server。然后 SQL Server 检查用户清单，检查其是否具有访问数据库的权限。数据库连接字符串是不区分大小写的。集成的 Windows 身份验证语法如下：

```
Data Source 或 Server 或 Address 或 Addr 或 Network Address(要连接的 SQL Server 实例的名称或网
络地址) = 服务器名; Initial Catalog 或 Database  = 数据库名;integrated security = SSPI";
```

【例 6-1】 编制一个打开数据库程序，提示打开成功与否。执行步骤如下。

(1) 新建一个网页 Default. aspx。

(2) 在上述网页中添加 1 个 Label 控件和 1 个 Button 控件，设计结果如图 6.5 所示。

(3) 添加按钮事件如下。

```
//注意：要添加引用 using System.Data.SqlClient;
protected void btnOpen_Click(object sender, EventArgs e)
{
    String strConn  =  "Data Source = .; Initial Catalog = myDatabase; integrated security =
SSPI";
    SqlConnection conn  =  new SqlConnection(strConn);
```

```
        try
        {
            conn.Open();
            lblMessage.Text = "打开数据库成功!";
            conn.Close();
        }
        catch
        {
            lblMessage.Text = "打开数据库失败!";
        }

}
```

其中 Data Source 表示运行 SQL Server 的计算机名，由于在本书中，程序和数据库系统是位于同一台计算机，所以可以用 localhost 或“.”取代当前的计算机名。database 表示所使用的数据库名，这里设置为 SQL Server 自带的一个示例数据库——myDatabase。由于希望采用集成的 Windows 验证方式，所以设置 integrated security 为 SSPI 即可，SSPI 即 Security Support Provider Interface(安全支持提供者接口)，是一组用于微软 Windows 平台接入安全服务的应用程序接口(APIs)。

(4) 执行结果如图 6.6 所示。

图 6.5　打开数据库界面

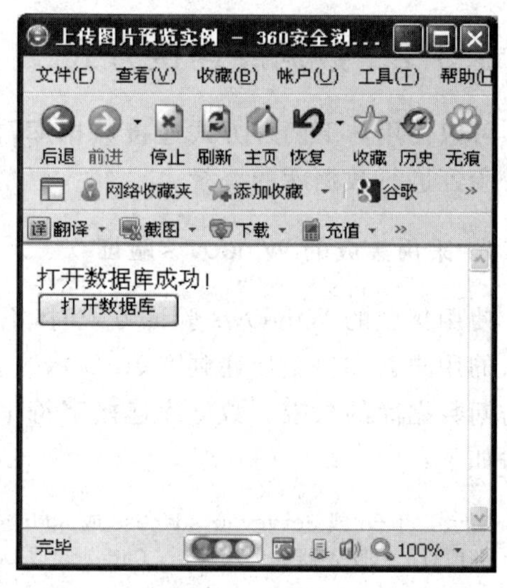

图 6.6　打开数据库

2. 采用 SQL Server 身份验证

采用 SQL Server 身份验证的语法如下：

```
Data Source 或 Server 或 Address 或 Addr 或 Network Address(要连接的 SQL Server 实例的名称或网络地) = 服务器名; Initial Catalog 或 Database = 数据库名;User ID = 用户名; Password 或 Pwd = 密码";
```

【例 6-2】 采用 SQL Server 身份验证方式实现例 6-1 的功能。

本例中所有步骤同例 6-1，程序如下：

```
protected void btnOpen_Click(object sender, EventArgs e)
{
    String strConn = "Data Source = wwh; Initial Catalog = myDatabase;uid = sa;pwd = sa";
    SqlConnection conn = new SqlConnection(strConn);
    try
    {
        conn.Open();
        lblMessage.Text = "打开数据库成功!";
        conn.Close();
    }
    catch
    {
        lblMessage.Text = "打开数据库失败!";
    }
}
```

uid 为指定的数据库用户名，pwd 为指定的用户口令。为了安全起见，一般不要在代码中包括用户名和口令，可以采用前面的集成的 Windows 验证方式或者对文件中的连接字符串加密的方式提高程序的安全性。

6.3.3 应用程序中连接字符串的存储

为了方便管理数据连接，通常数据连接字符串不写为硬码，而存储在应用程序之外。连接字符串的存储可以采用下面 5 种方式：

- 应用程序配置文件。例如用于 ASP.NET Web 应用程序的 Web.config 文件；
- 通用数据链接文件(UDL)(只被 OLE DB .NET 数据供应器所支持)；
- Windows 注册表；
- 定制文件；
- COM+目录，通过使用构造字符串(只用于服务组件)。

6.3.4 连接池

连接池(Connection Pooling)能让数据库中使用同一个账号的不同会话共享连接，避免频繁地打开和关闭连接。连接池可以大幅度提高程序的性能和效率，因为不必等待建立全新的数据库连接过程，而是直接利用现成的数据库连接。注意，利用 Close()方法关闭连接时，并不是实际关闭连接，而是将连接标为未用，放在连接池中，准备下一次复用。

使用 SQL Server 数据提供程序的连接池需要注意，每当应用打开一个连接，.NET Framework 将创建池，每个连接池都和一个不同的连接字符串相关联。也就是说，如果新创建的一个连接使用的连接字符串和现有的池中连接相匹配，将创建新的池。注意：池化机制对名称-值对间的空格敏感。

下面的 3 个连接创建了 3 个不同的池：

```
SqlConnection conn = new SqlConnection("Integrated Security = SSPI;Initial Catalog = pubs");
conn.Open(); //创建池 A
SqlConnection conn = new SqlConnection ( " Integrated Security = SSPI; Initial Catalog =
```

```
myDatabase");
conn.Open(); //创建池 B,和前面的连接字符串不一样
SqlConnection conn  =  new SqlConnection ( " Integrated Security = SSPI ; Initial Catalog =
myDatabase");
conn.Open(); //创建池 C,SSPI 后多了一个空格
```

使用 SqlConnection 对象时，可以在连接字符串中指定 max pool size，表示连接池允许的最大连接数(默认为 100)，也可以指定 min pool size 表示连接池允许的最小连接数(默认为 0)。下面的代码指定了 SqlConnection 对象的 max pool size 为 10，min pool size 为 5。

```
SqlConnection mySqlConnection = new SqlConnection("server = localhost;database = myDatab ase;
integrated security = SSPI;" + "max pool size = 10;min pool size = 5");
```

6.4 Command 对象

数据提供程序的 Command 类是 IDBCommand 接口的实现，通过 Command 来执行数据库命令，数据库数据的查询、更新、插入都通过 Command 来实现。Command 对象常用的属性如表 6-3 所示，常用方法如表 6-4 所示。

表 6-3 Command 对象常用的属性

属　性	说　明
CommandType	获取或设置 Command 对象要执行命令的类型
CommandText	获取或设置对数据源执行的 SQL 语句或存储过程名或表名
CommandTimeOut	获取或设置在终止对执行命令的尝试并生成错误之前的等待时间
Connection	获取或设置此 Command 对象使用的 Connection 对象的名称

表 6-4 Command 对象常用的方法

方　法	说　明
ExecuteNonQuery	执行 SQL 语句并返回受影响的行数
ExecuteScalar	执行查询，并返回查询所返回的结果集中第一行的第一列。忽略其他列或行
ExecuteReader	执行返回数据集的 SELECT 语句
Connection	获取或设置此 Command 对象使用的 Connection 对象的名称

Command 的构造函数通常都有下面 3 种形式：

```
public xxxCommand();
public xxxCommand(string);
public xxxCommand(string,xxxConnection);
```

一般创建 Command 对象都通过类似于下面的语句来实现：

```
xxxConnection conn  =  new xxxConnection("myString");
xxxCommand myCmd  =  new xxxCommand("select * from orders",conn);
```

构造函数的两个参数是 SQL 语句和 Connection 对象，创建了 Command 对象。

下面说明 Command 对象的执行，程序范例将采用 SqlClient 数据提供程序来访问一个

SQL Server 的数据库 myDatabase。

6.4.1 设置连接和 SQL 命令

Command 类的属性 CommandText 用来设置命令语句,Connection 属性用来设置连接对象。

连接对象和命令语句的设置既可以在创建 Connection 对象和 Command 对象时通过相应的构造函数设置,如下面例子的前 3 行,也可以通过这两个对象的相应属性进行设置和修改,如下面例子的后 4 行。

```
SqlConnection conn = new SqlConnection("Server = localhost;Database = MyDatabase;uid = sa; pwd = sa");
conn.Open();
SqlCommand cmd = new SqlCommand("Select * from BaseInfrom",conn);
//或者执行以下语句
SqlConnection conn = new SqlConnection("Server = localhost;Database = MyDatabase;uid = sa; pwd = sa");
SqlCommand cmd = new SqlCommand();
cmd.Connection = conn;
cmd.CommandText = "delete from BaseInfrom where No = 2";
```

6.4.2 执行命令

建立了数据源的连接和设置了命令之后,Command 对象执行 SQL 命令有 3 种方法:ExecuteNonQuery、ExecuteReader 和 ExecuteScalar。

1. ExecuteNonQuery

使用 ExecuteNonQuery 执行命令不会返回结果集,只会返回语句影响的记录行数,它适合执行插入、更新、删除之类不返回结果集的命令。如果是 SELECT 语句,那么返回的结果是一1,如果发生回滚这个结果也是一1。

【例 6-3】 查询与更新 BaseInform 表。设计步骤如下。

(1) 新建网页 Default.aspx。

(2) 添加 1 个 Label 控件和 1 个按钮控件。

(3) 项目中添加一个按钮事件程序如下。

```
private void btnDatabaseTest_Click(object sender, EventArgs e)
{
    String strConn = "Data Source = wwh; Initial Catalog = myDatabase;uid = sa;pwd = sa";
//integrated security = ture 也可以
    SqlConnection conn = new SqlConnection(strConn);
    try
    {
        int i1, i2;
        conn.Open();
        SqlCommand cmd = new SqlCommand();
        cmd.Connection = conn;
        cmd.CommandText = "update BaseInform set [Name] = 'myName' where [No] = 3";//更新数据
        i1 = cmd.ExecuteNonQuery();
```

```
            cmd.CommandText = "delete from BaseInform where No = 2";        //删除一行数据
            i2 = cmd.ExecuteNonQuery();
            //MessageBox.Show("1");
            lblMessage.Text = "更新后有:" + i2.ToString() + "行数据受到影响!" + "删除后有:" +
    i2.ToString() + "行数据受到影响!";      //返回结果是影响的记录的行数
            conn.Close();
        }
        catch (Exception ex)
        {
            lblMessage.Text = ex.Message.ToString() + "打开数据库失败!";
        }
    }
```

执行结果如图 6.7 所示。

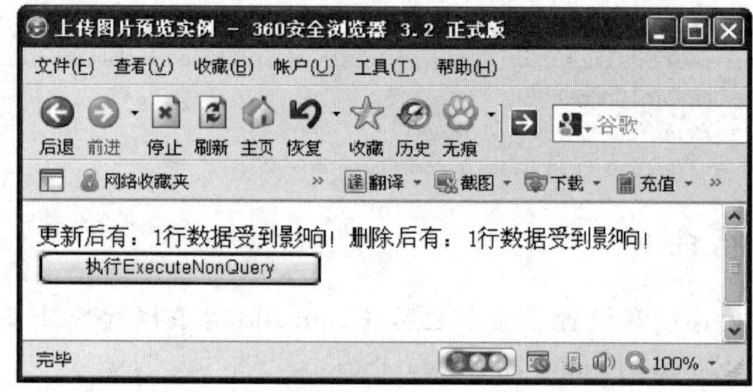

图 6.7　命令 ExecuteNonQuery 执行结果

2. ExecuteReader

使用 ExecuteReader 方法执行的命令，可以返回一个类型化的 DataReader 实例或者 IDataReader 接口的结果集。通过 DataReader 对象就能够获得数据的行集合，下面是关于 ExecuteReader 与 DataReader 的使用例子。

【例 6-4】 利用 ExecuteReader 读取数据库数据。界面设计同例 6-2，按钮事件程序如下。

```
private void btnDatabaseTest_Click(object sender, EventArgs e)
{
    String strConn = "Data Source = wwh; Initial Catalog = myDatabase;uid = sa;pwd = sa";
                                                    //integrated security = ture 也可以
    SqlConnection conn = new SqlConnection(strConn);
    try
    {
        String strReult = "";
        conn.Open();
        SqlCommand cmd = new SqlCommand();
        cmd.Connection = conn;
        SqlDataReader reader; //或者 IDataReader reader;
        cmd.Connection = conn;
        cmd.CommandText = "select * from BaseInform";
```

```
        reader = cmd.ExecuteReader();
        while (reader.Read())
        {
            strReult = strReult + reader[0].ToString() + reader[1].ToString() +
            reader[2].ToString() + "<br>";
        }
        lblMessage.Text = strReult;
        reader.Close();
        conn.Close();
    }
    catch (Exception ex)
    {
        lblMessage.Text = ex.Message.ToString() + "打开数据库失败!";
    }
}
```

执行结果如图 6.8 所示。

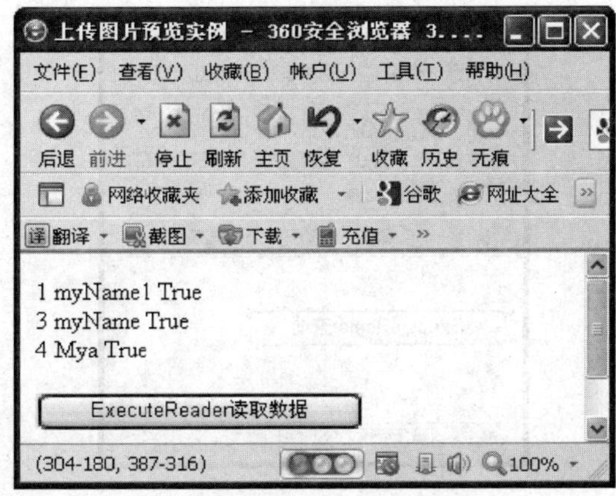

图 6.8 ExecuteReader 读取数据

3. ExecuteScalar

ExecuteScalar 方法执行查询,并返回查询所返回的结果集中第一行的第一列,忽略其他行或列,返回 object 类型。如果只想检索数据库信息中的一个值,而不需要返回表或数据流形式的数据库信息,例如,只需要返回 COUNT(*)、SUM(Price) 或 AVG(Quantity) 等聚合函数的结果,那么 Command 对象的 ExecuteScalar 方法就很有用。如果在一个常规查询语句当中调用该方法,则只读取第一行第一列的值,而丢弃所有其他值。

【例 6-5】 使用 SqlCommand 对象的 ExecuteScalar 方法来返回表中记录的数目(SELECT 语句使用 Transact-SQL COUNT 聚合函数返回指定表中的行数的单个值),代码如下。

```
private void btnDatabaseTest_Click(object sender, EventArgs e)
{
    String strConn = "Data Source=.; Initial Catalog= myDatabase;uid=sa;pwd=sa";
                                                    //integrated security=ture 也可以
    SqlConnection conn = new SqlConnection(strConn);
```

```
    try
    {
        conn.Open();
        string sqlstr = "SELECT Count( * ) From BaseInform";
        SqlCommand myCmd = new SqlCommand(sqlstr, conn);//将返回的记录数目强制转换成整型
        Int32 count = (Int32)myCmd.ExecuteScalar();
        conn.Close();
        lblMessage.Text = count.ToString();
        conn.Close();
    }
    catch (Exception ex)
    {
        lblMessage.Text = ex.Message.ToString() + "打开数据库失败!";
    }
}
```

执行结果如图 6.9 所示。

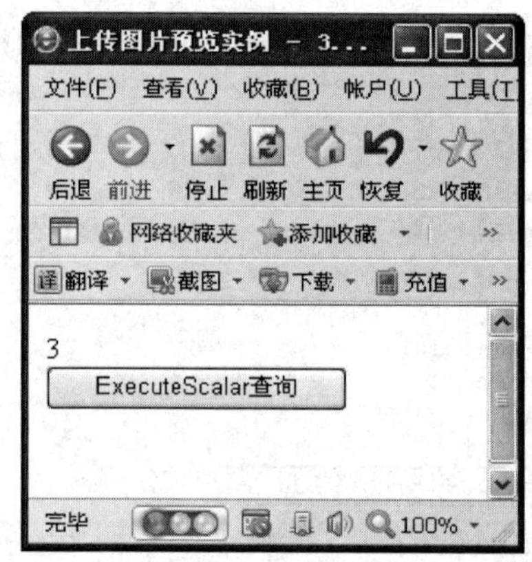

图 6.9　ExecuteScalar 查询结果

ExecuteScalar 方法从数据库中检索单个值(例如一个聚合值)。与使用 ExecuteReader 方法,再使用 SqlDataReader 返回的数据执行生成单个值的操作相比,此操作需要的代码较少。

6.5　DataReader 对象

6.5.1　DataReader 对象概述

DataReader 对象只能对查询获得的数据集进行自上而下的访问,但效率很高。如果仅仅是访问数据的话,可以使用 DataReader。但 DataReader 要求一直连接,所以将结果的一小部分先放在内存中,读完后再从数据库中读取一部分,相当于一个缓存机制。这对于查询结果百万级的情况来说,带来的好处是显而易见的。

DataReader 对象有如下几个特点:

- 快速访问数据。由于 DataReader 对象是只进和只读的,所以开销相对较小,速度比

DataSet 快。

- 只进和只读。不能处理数据，只能显示数据。
- 自己管理连接。DataAdapter 对象可以自动地打开和关闭连接，DataReader 对象必须显式地打开和关闭连接。
- 使用较少的服务器资源。

DataReader 对象常用属性如表 6-5 所示，常见的方法如表 6-6 所示。

表 6-5　DataReader 对象常用属性

属　性	说　明
Depth	设置阅读器浓度。对于 SqlDataReader 类，它总是返回 0
FieldCount	获取当前行的列数
Item	索引器属性，以原始格式获得一列的值
IsClose	获得一个表明数据阅读器有没有关闭的一个值
RecordsAffected	获取执行 SQL 语句所更改、添加或删除的行数

表 6-6　DataReader 对象常用方法

方　法	说　明
Read	使 DataReader 对象前进到下一条记录(如果有)
Close	关闭 DataReader 对象。注意，关闭阅读器对象并不会自动关闭底层连接
Get	用来读取数据集的当前行的某一列的数据数据
NextResult	当读取批处理 SQL 语句的结果时，使数据读取器前进到下一个结果

注意：IsClose 和 RecordsAffected 是在一个已经关闭的数据阅读器上可以调用的唯一属性。

6.5.2　从 DataReader 读取数据

可以调用 Read 方法来访问 DataReader 对象中的一个记录，因为 DataReader 对象中的默认位置是在第一个记录的前面，所以必须在访问任何数据之前调用 Read 方法。当不再有可用记录时，Read 方法就返回一个空值。

调用 Read 方法示例如下：

```
while (dr.Read())
{
    lbName.Text + = dr["au_name"];
}
```

其中 dr 为 DataReader 对象。

可以通过顺序位置、名字或者调用适当的 Get 方法来访问一个字段，Get 方法包括 GetDateTime、GetDouble、GetInt32 或 GetString 等。

调用 Get 方法来访问数据示例如下：

```
dr.Read();
lbName.Text = dr.GetString(1) + "," + dr.GetString(2);
```

通过名字引用当前记录的数据字段示例如下：

```
dr["au_fname"];
```

6.5.3 DataReader 对象的使用

DataReader 对象使用具体步骤如下：

(1) 创建和打开数据库连接。

(2) 创建一个 Command 对象。

(3) 从 Command 对象中创建 DataReader。

(4) 执行 ExecuteReader 对象。

(5) 使用 DataReader 对象。

(6) 关闭 DataReader 对象。

(7) 关闭 Connection 对象。

DataReader 对象使用示例参见 6.5.2 节，以下是 DataReader 对象的另一个使用实例。

【例 6-6】 利用 DataReader 对象并读取数据，程序代码如下。

```
protected void btnRead_Click(object sender, EventArgs e)
{
    //打开 Connection 并创建 Command
    SqlConnection conn = new SqlConnection("Data Source = .; Initial Catalog = myDatabase;uid = sa;
pwd = sa");
    conn.Open();
    SqlCommand cmdAuthors = new SqlCommand("select * from BaseInform", conn);
    //创建 DataReader 对象并读取数据
    SqlDataReader dr;
    dr = cmdAuthors.ExecuteReader();
    while (dr.Read())
    {
        lblMessage.Text = dr["Name"] + "," + dr["Sex"] + "<br>";
    }
    //关闭 DataReader 和 Connection
    dr.Close();
    conn.Close();
}
```

执行结果如图 6.10 所示。

图 6.10 DataReader 读取数据

当使用 DataReader 对象进行连接时，需要使用 Try…Catch…Finally 语句，这样可以确保若在某方面失败，连接将会关闭。否则，连接会无限期保持打开状态。如下所示：

```
try
{
    conn.Open();
    dr = cmdAuthors.ExecuteReader();
    //使用 DataReader 中返回的数据
```

```
}
catch
{
    //错误处理
}
finally
{
    dr.Close();
    conn.Close();
}
```

6.6 DataAdapter 对象与 DataSet 对象

6.6.1 ADO.NET 数据集工作原理

ADO.NET 数据集 DataSet 的工作原理参见图 6.11。

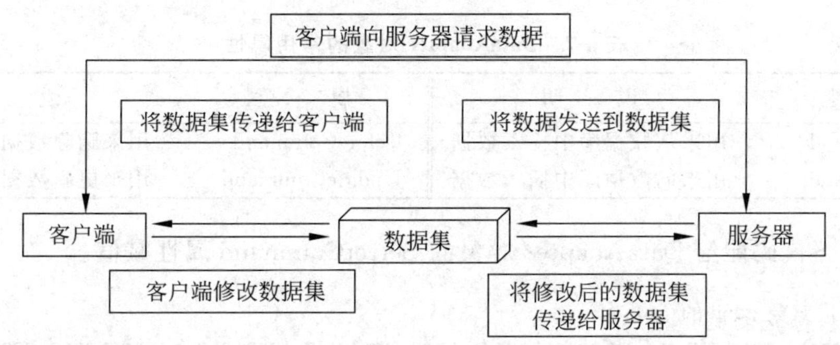

图 6.11　数据集工作原理

图 6.11 所示的过程就是 ADO.NET 数据集 DataSet 的工作原理。首先，客户端与数据库服务器端建立连接。然后，由客户端应用程序向数据库服务器发送数据请求。数据库服务器接到数据请求后，经检索选择出符合条件的数据，发送给客户端的数据集，这时连接可以断开。接下来，数据集以数据绑定控件或直接引用等形式将数据传递给客户端应用程序。如果客户端应用程序在运行过程中有数据发生变化，它会修改数据集里的数据。当应用程序运行到某一阶段时，比如应用程序需要保存数据，就可以再次建立客户端到数据库服务器端的连接，将数据集里的被修改数据提交给服务器，最后再次断开连接。

把这种不需要实时连接数据库的工作过程叫作面向非连接的数据访问。在 DataSet 对象中处理数据时，客户端应用程序仅仅是在本地机器上的内存中使用数据的副本。这缓解了数据库服务器和网络的压力，因为只有在首次获取数据和编辑完数据并将其回传到数据库时，才能连接到数据库服务器。

虽然这种面向非连接的数据结构有优点，但还是存在问题。当处于断开环境时，客户端应用程序并不知道其他客户端应用程序对数据库中原数据所做的改动，很有可能得到的是过时的信息。

6.6.2 DataAdapter 对象

DataAdapter 对象主要用来承接 Connection 和 DataSet 对象。DataSet 对象只关心访问操作数据，而不关心自身包含的数据信息来自哪个 Connection 连接到的数据源，而 Connection 对象只负责数据库连接而不关心结果集的表示。所以，在 ASP.NET 的架构中使用 DataAdapter 对象来连接 Connection 和 DataSet 对象。另外，DataAdapter 对象能根据数据库里的表的字段结构，动态地塑造 DataSet 对象的数据结构。

DataAdapter 对象的工作方式一般有两种：一种是通过 Command 对象执行 SQL 语句，将获得的结果集填充到 DataSet 对象中；另一种是将 DataSet 里更新数据的结果返回到数据库中。

DataAdapter 对象的常用属性形式为 XXXCommand，用于描述和设置操作数据库。使用 DataAdapter 对象，可以读取、添加、更新和删除数据源中的记录。对于每种操作的执行方式，适配器支持 4 个属性，如表 6-7 所示，类型都是 Command，分别用来管理数据操作的"增"、"删"、"改"、"查"动作。

表 6-7 DataAdapter 对象的常用属性

属　性	说　明	属　性	说　明
SelectCommand	用来从数据库中检索数据	DeleteCommand	用来删除数据库里的数据
InsertCommand	用来向数据库中插入数据	UpdateCommand	用来更新数据库里的数据

例如，以下代码能给 DataAdapter 对象的 SelectCommand 属性赋值。

```
//创建连接对象 conn 的语句
SqlConnection conn = new SqlConnection("data source = localhost;integrated security = true;
initial catalog = pubs;");
// 创建 DataAdapter 对象
SqlDataAdapter da = new SqlDataAdapter;
//给 DataAdapter 对象的 SelectCommand 属性赋值
Da.SelectCommand = new SqlCommand("select * from user", conn);
//后继代码
```

同样，可以使用上述方式给其他的 InsertCommand、DeleteCommand 和 UpdateCommand 属性赋值。

也可以直接通过构造函数创建并初始化 DataAdapter 对象，例如：

```
//创建连接对象 conn 的语句
SqlConnection conn = new SqlConnection("data source = localhost;integrated security = true;
initial catalog = pubs;");
//查询数据字符串
String strSql = "select * from user";
// 创建 DataAdapter 对象
SqlDataAdapter da = new SqlDataAdapter(strSql,conn);
//后继代码
```

SqlDataAdapter 的构造函数有：

- SqlDataAdapter da=new SqlDataAdapter(strSql,strConn);
- SqlDataAdapter da=new SqlDataAdapter(strSql,cn);
- SqlDataAdapter da=new SqlDataAdapter(cmd);

其中,strSql 是查询数据符串;strConn 是数据库连接字符串;cmd 是 SqlCommand 对象;cn 是 SqlConnection 对象。

当在代码里使用 DataAdapter 对象的 SelectCommand 属性获得数据表的连接数据时,如果表中数据有主键,就可以使用 CommandBuilder 对象来自动为这个 DataAdapter 对象隐形地生成 InsertCommand、DeleteCommand 和 UpdateCommand 属性。这样,在修改数据后,就可以直接调用 Update 方法将修改后的数据更新到数据库中,而不必再使用 InsertCommand、DeleteCommand 和 UpdateCommand 这 3 个属性来执行更新操作。

6.6.3 DataSet 对象

DataSet 其实就是数据集,就是把数据库中的数据映射到内存缓存中所构成的数据容器,对于任何数据源,它都提供一致的关系编程模型。DataSet 类的常用方法见表 6-8,DataSet 类的常用属性见表 6-9。

表 6-8　DataSet 对象常用方法及说明

方法名	返回类型	说明
AcceptChanges	void	提交自从上次调用 AcceptChanges 或加载 DataSet 以来,对 DataSet 所做的改动
Clear	void	清除 DataSet 的所有数据
GetChanges	DataSet	返回 DataSet 的一个副本,它包含所有的加载之后或 AcceptChanges 被调用之后的修改
GetXML	string	返回 DataSet 数据的 XML 表示
GetXMLSchema	string	返回 DataSet 数据的 XML 表示的 XSD schema
Merge	void	将当前 DataSet 的数据和另一个 DataSet 合并。有重载
ReadXML	XmlReadMode	读取 XML schema 和数据到 dataset 中。有重载
ReadXMLSchema	void	读取 XML schema 到 DataSet 中
RejectChanges	void	撤销自从创建 DataSet 以来或自从上次调用 AcceptChanges 以来对 DataSet 进行的改动
WriteXML	void	从 DataSet 读出 XML schema 和数据。有重载
WriteXMLSchema	void	以 XML schema 保存 DataSet 的结构。有重载
Clone		复制 DataSet 的结构(即 DataTable 模式、关系和约束条件),但是不复制任何数据
Copy		复制 DataSet 的结构和数据
Dispose		释放 MarshalByValueComponent 使用的资源(从 MarshalByValueComponent 继承而来)
Equals		判断一个 Object 实例是否等同于另一个(从 Object 继承而来)
Finalize		在垃圾收集器回收 Object 之前,使用这个方法去释放资源和清除操作。通常使用析构函数的语法表达这个方法
GetHashCode		特定类型的散列函数,用于散列与散列表相似的算法和数据结构(从 Object 继承而来)
GetService		返回 IServiceProvider 实现者(从 MarshalByValueComponent 继承而来)

表 6-9　DataSet 对象常用属性及说明

方法名	返回类型	说明
DefaultViewManager	DefaultViewManager	返回 DataSet 中的数据视图，该 DataSet 允许过滤、搜索和导航
HasErrors	Boolean	如果任何一张表的任何移动行有错误就返回 True
Relations	DataRelationCollection	允许通过返回链接表的关系的集合，从父表导航到子表
Tables	DataTableCollection	返回 DataTable 对象集合
CaseSensitive	Boolean	获取或设置一个值，那个值指出 DataTable 对象的字符串比较是否区分大小写
Container	IContainer	获取组建的容器（这个属性从 MarshalByValueComponent 继承而来）
DataSetName	String	获取或设置当前 DataSet 的名称
DesignMode	Boolean	返回一个值，那个值说明组件当前是否处于设计模式（这个属性从 MarshalByValueComponent 继承而来）
EnforceConstraints	Boolean	获取或设置一个值，在进行更新操作时，那个值将指出是否应该遵循约束规则
Events	EventHandlerList	获取与组件相关的事件处理程序列表（这个属性从 MarshalByValueComponent 继承而来）
ExtendedProperties	PropertyCollection	返回一个由自定义用户信息所组成的集合
Locale	CultureInfo	获取或设置关于现场的信息，那些信息用于比较表中的字符串
Namespace	String	获取或设置 DataSet 的命名空间
Prefix	String	获取或设置 XML 前缀，那个前缀将担当 DataSet 的命名空间的别名
Site	ISite	获取或设置 DataSet 的 System. ComponentModel. ISite

在 DataSet 中既定义了数据表的约束关系以及数据表之间的关系，还可以对数据表中的数据进行排序等。DataSet 对象创建方法如下：

```
DataSet 数据集对象 = new DataSet("数据集的名称字符串");
```

方法中的数据集的名称字符串可以有，也可以没有，如果没有写参数，创建的数据集的名称默认为 NewDataSet。例如：

```
DataSet myDataset = new DataSet();
DataSet myDataset = new DataSet("myDataBase");
```

DataSet 使用方法一般有 3 种：

- 把数据库中的数据通过 DataAdapter 对象填充 DataSet。
- 通过 DataAdapter 对象操作 DataSet 实现更新数据库。
- 把 XML 数据流或文本加载到 DataSet。

下面详细探讨前面两种 DataSet 使用方法的具体实现。

1. 通过 DataAdapter 对象填充 DataSet

DataAdapter 填充 DataSet 的过程分为两步。

(1) 通过 DataAdapter 的 SelectCommand 属性从数据库中检索出需要的数据。SelectCommand 其实是一个 Command 对象。

(2) 通过 DataAdapter 的 Fill 方法把检索来的数据填充 DataSet。

示例代码如下：

```
SqlDataAdapter da = new SqlDataAdapter(strSql, strConn);
DataSet ds  = new DataSet();
da.Fill(ds);
```

执行以上代码后，DataSet 的实例对象 ds 中会创建一个新的 DataTable，这个 DataTable 拥有 strSql 查询语句中所包括的字段，但 DataTable 对象的名称为默认的 Table，而不是查询语句中所查询的表的名称。

可以使用重载的 Fill 方法指定 DataTable。例如：

```
da.Fill(DataSet,"MyTableName");// SqlDataAdapter 填充指定 DataSet 的特定表
da.Fill(DataTable);             // SqlDataAdapter 填充已经创建的 DataTable 对象
```

Fill 方法可以很轻松地实现分页显示，但操作效率很低。例如：

```
da.Fill(DataSet, intStartRecord, intNumRecord, "TableName");
```

SqlDataAdapter 的 Fill 方法调用前不需要有活动的 SqlConnection 对象，SqlDataAdapter 会自己打开 strConn 语句中的数据库，获取查询结果后，关闭与数据库的连接。如果已经存在 SqlConnection 对象，无论是否已经打开，SqlDataAdapter 执行完 Fill 方法后，均会将 SqlConnection 对象返回到原始状态。

如果 DataSet 中的数据需要更新，在调用 Fill 方法之前应该先清除 DataSet 或 DataTable 中的数据，这样可以确保 DataTable 中不会出现重复的数据行，也不会出现数据库中已经不存在的数据行。

【例 6-7】 以 Microsoft SQL Server 中的 myDatabase 数据库为对象，使用 SqlDataAdapter 填充 DataSet。程序代码如下。

```
private void btnDatabaseTest_Click(object sender, EventArgs e)
{
    //创建数据连接
    String strConn = "Data Source = .; Initial Catalog = myDatabase;uid = sa;pwd = sa";
    SqlConnection conn = new SqlConnection(strConn);
    try
    {
        conn.Open();
        //创建并初始化 SqlCommand 对象
        SqlCommand selectCmd = new SqlCommand("SELECT No , Name FROM BaseInform", conn);
        //创建 SqlDataAdapter 对象，并根据 SelectCommand 属性检索数据
        SqlDataAdapter da1 = new SqlDataAdapter();
        da1.SelectCommand = selectCmd;
        DataSet ds1 = new DataSet();
        //使用 SqlDataAdapter 的 Fill 方法填充 DataSet
        da1.Fill(ds1, "BaseInform");
        String strResult = "编号        姓名<br>";
```

```
            foreach (DataRow row in ds1.Tables["BaseInform"].Rows)
            {
                strResult = strResult + row["No"].ToString() + "     " + row["Name"].ToString
() + "<br>";
            }
            lblMessage.Text = strResult;
            //关闭数据连接
            conn.Close();
        }
        catch (Exception ex)
        {
            lblMessage.Text = ex.Message.ToString() + "打开数据库失败!";
        }
    }
```

执行结果如图 6.12 所示。

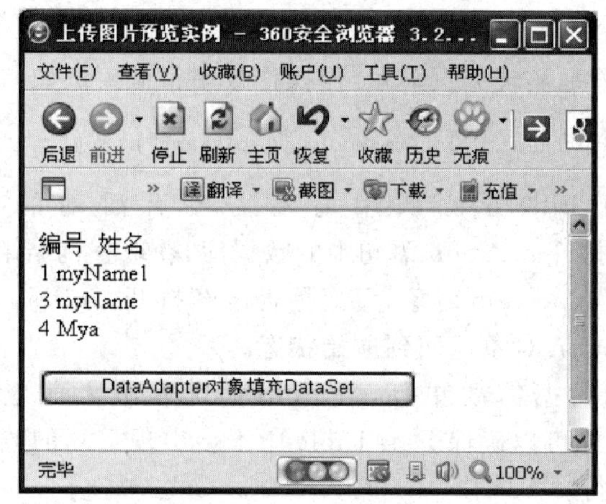

图 6.12 DataAdapter 对象填充 DataSet

对于其他数据提供者的 DataAdapter，具体的实现检索数据库中的数据并填充 DataSet 的方法类似于以上方法。

2. 通过 DataAdapter、DataSet 更新数据库

DataAdapter 是通过其 Update 方法实现以 DataSet 中数据来更新数据库的。当 DataSet 实例中包含数据发生更改后，此时调用 Update 方法，DataAdapter 将分析已作出的更改并执行相应的命令(INSERT、UPDATE 或 DELETE)，并以此命令来更新数据库中的数据。如果 DataSet 中的 DataTable 是映射到单个数据库表或从单个数据库表生成，则可以利用 CommandBuilder 对象自动生成 DataAdapter 的 DeleteCommand、InsertCommand 和 UpdateCommand。

【例 6-8】 通过 DataAdapter、DataSet 更新数据库，程序代码如下。

```
private void btnDatabaseTest_Click(object sender, EventArgs e)
{
    //创建数据连接
```

```
    String strConn = "Data Source = .; Initial Catalog = myDatabase;uid = sa;pwd = sa";
    SqlConnection conn = new SqlConnection(strConn);
    try
    {
        conn.Open();
        //创建并初始化 SqlCommand 对象
        SqlCommand selectCmd = new SqlCommand("SELECT No , Name FROM BaseInform", conn);
        //创建 SqlDataAdapter 对象,并根据 SelectCommand 属性检索数据
        SqlDataAdapter da1 = new SqlDataAdapter();
        da1.SelectCommand = selectCmd;
        DataSet ds1 = new DataSet();
        //使用 SqlDataAdapter 的 Fill 方法填充 DataSet
        da1.Fill(ds1, "BaseInform");
        //以 da1 为参数来初始化 SqlCommandBuilder 实例
        SqlCommandBuilder sqlCb1 = new SqlCommandBuilder(da1);
        //删除 DataSet 中数据表 BaseInform 中第一行数据
        ds1.Tables["BaseInform"].Rows[0].Delete();
        //调用 Update 方法,以 DataSet 中的数据更新从数据库
        da1.Update(ds1, "BaseInform");
        ds1.Tables["BaseInform"].AcceptChanges();
        String strResult = "编号        姓名<br>";
        foreach (DataRow row in ds1.Tables["BaseInform"].Rows)
        {
            strResult = strResult + row["No"].ToString() + "      " + row["Name"].ToString() +
"<br>";
        }
        lblMessage.Text = strResult;
        //关闭数据连接
        conn.Close();
    }
    catch (Exception ex)
    {
        lblMessage.Text = ex.Message.ToString() + "打开数据库失败!";
    }
}
```

执行结果如图 6.13 所示。

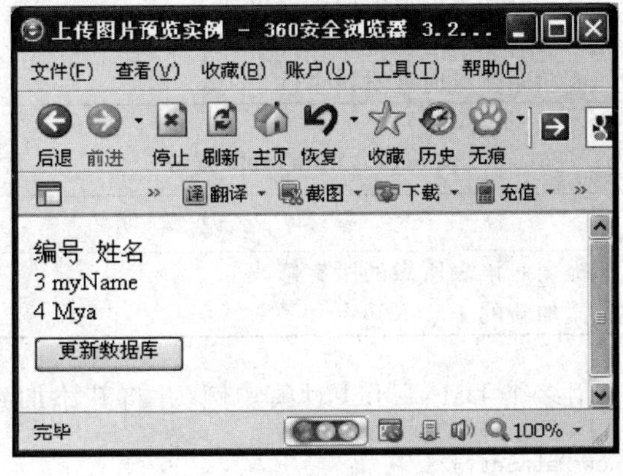

图 6.13　更新数据库

以下代码显示如何在 DataSet 中增加一行数据并更新数据库的值。

```
//以 da1 为参数来初始化 SqlCommandBuilder 实例
SqlCommandBuilder sqlCb1 = new SqlCommandBuilder(da1);
//在 DataSet 数据表 BaseInform 中插入一行数据
DataRow newRow = ds1.Tables["BaseInform"].NewRow();
newRow["No"] = "1";
newRow["Name"] = "myName1";
//newRow["Sex"] = "true";
ds1.Tables["BaseInform"].Rows.Add(newRow);
//调用 Update 方法,以 DataSet 中的数据更新从数据库
da1.Update(ds1, "BaseInform");
ds1.Tables["BaseInform"].AcceptChanges();
```

由于不了解 DataSet 结构和数据库的关系，很多初学者往往只是更新了 DataSet 中的数据，就认为数据库中的数据也随之更新，所以当打开数据库浏览时发现并没有更新数据。

6.6.4 DataTable 对象

数据集中的数据以 DataTable 对象的形式存储，DataTable 类属于 System.Data 命名空间。DataTable 的常用属性、事件和方法分别如表 6-10～表 6-12 所示。

表 6-10　DataTable 属性

属　性	说　明
Columns	表示列的集合或 DataTable 包含的 DataColumn
Constraints	表示特定 DataTable 的约束集合
DataSet	表示 DataTable 所属的数据集
PrimaryKey	表示作为 DataTable 主键的字段或 DataColumn
Rows	表示行的集合或 DataTable 包含的 DataRow
HasChanges	返回一个布尔值，指示数据集是否更改了

表 6-11　DataTable 事件

事　件	说　明
ColumnChanged	修改该列中的值时激发该事件
RowChanged	成功编辑行后激发该事件
RowDeleted	成功删除行时激发该事件

表 6-12　DataTable 方法

方　法	说　明
AcceptChanges	提交对该表所做的所有修改
NewRow	添加新的 DataRow

以下代码演示如何使用多个 DataTabel 对象实例，并将其添加到 Tables 集合中。

```
DataSet studentDS = new DataSet();
DataTable objStudentTable = studentDS.Tables.Add("Students");
```

6.6.5 DataColumn 对象

DataColumn：定义 DataTable 的列，其属性如表 6-13 所示。

表 6-13 DataColumn 属性

属　性	说　明
AllowDBNull	表示一个值，指示对于该表中的行，此列是否允许 null 值
ColumnName	表示指定 DataColumn 的名称
DataType	表示指定 DataColumn 对象中存储的数据类型
DefaultValue	&, amp;, lt;, SPAN style="FONT-FAMILY：宋体；mso-ascii-font-family：'Times New Roman'；mso-hansi-font-family：'Times New Roman'">表示新建行时该列的默认值
Table	表示 DataColumn 所属的 DataTable 的名称
Unique	表示 DataColumn 的值是否必须是唯一的

以下代码演示如何使用多个 DataColumn 对象创建 DataTabel。

```
DataTable objStudentTable = new DataTable("Students");
DataColumn bjStuNumber = objStudentTable.Columns.Add (" StudentNo ",typeof(Int32));
objStuNumber.AllowDBNull = false;
objStuNumber.DefaultValue = 25;
objStudentTable. .Columns.Add(objStuNumber);
objStudentTable.Columns.Add("StudentName",typeof(Int32));
objStudentTable.Columns.Add("StudentMarks",typeof(Double));
```

6.6.6 DataRow 对象

DataRow 对象用于定义 DataTable 的行，其属性和方法分别如表 6-14、表 6-15 所示。

表 6-14 DataRow 属性

属　性	说　明
Item	表示 DataRow 的指定列中存储的值
RowState	表示行的当前状态
Table	表示用于创建 DataRow 的 DataTable 的名称

表 6-15 DataRow 方法

方　法	说　明
AcceptChanges	用于提交自上次调用了 AcceptChanges 之后对该行所做的所有修改
Delete	用于删除 DataRow
RejectChanges	用于拒绝自上次调用了 AcceptChanges 之后对 DataRow 所做的所有修改

以下代码演示如何使用 DataTabel 对象创建新的 DataRow。

```
//定义表结构，为 Students 表添加学号、姓名、分数 3 列
DataTable objStudentTable = new DataTable("Students");
DataColumn objStudentNumber = new DataColumn();
```

```
objStudentNumber.DataType = objStudentTable.Columns.Add (" StudentNo ",typeof (string));
objStudentNumber.AllowDBNull = false;
objStudentNumber.DefaultValue = 25;
objStudentTable.Columns.Add("StudentName",typeof(string));
objStudentTable.Columns.Add("StudentMarks",typeof(Double));
//向表中填充数据
DataRow objStudentRow;
objStudentRow = objStudentTable.NewRow();
objStudentRow["StudentNo"] = 101;
objStudentRow["StudentName"] = "张三";
objStudentRow["StudentMarks"] = 55;
objStudentTable.Rows.Add(objStudentRow);
```

表中的主键用于对记录进行唯一标识，DataTable 的 PrimaryKey 属性接受含有一个或多个 DataColumn 对象的数组。

6.6.7 多表操作

数据集不但可以保存数据，还可以保存表间关系。换句话说，它在客户机的内存里创建一个简化的关系型数据库。从图 6.2 中的 DataSet 图可以看出，数据集包含两个集合：一个是表集合(DataTableCollection)，另一个是关系集合(DataRelationCollection)。另外，表集合又包含行集合(DataRowCollection)、列集合(DataColumnCollection)和约束集合(ConstraintCollection)。下面的代码在数据集中建立了 myDatabase 数据库的 3 个表及表间关系。

```
private void btnDatabaseTest_Click(object sender, EventArgs e)
{
    //创建数据连接
    String strConn = "Data Source = .; Initial Catalog = myDatabase;uid = sa;pwd = sa";
    SqlConnection conn = new SqlConnection(strConn);
    try
    {
        //打开数据库
        conn.Open();
        //创建数据集 dsMyDataBase
        DataSet dsMyDataBase = new DataSet();
        //将 myDatabase 数据库中的 BaseInform 表数据填充到数据集
        //dsMyDataBase 中的一个 DataTable 中,该 DataTable 命名为 BaseInform
        SqlDataAdapter daBaseInform = new SqlDataAdapter("Select * From BaseInform", conn);
        SqlCommandBuilder bdBaseInform = new SqlCommandBuilder(daBaseInform);
        daBaseInform.Fill(dsMyDataBase, "BaseInform");
        //将 myDatabase 数据库中的 Grade 表数据填充到数据集
        //dsMyDataBase 中的一个 DataTable 中,该 DataTable 命名为 Grade
        SqlDataAdapter daGrade = new SqlDataAdapter("Select * From Grade", conn);
        SqlCommandBuilder bdGrade = new SqlCommandBuilder(daGrade);
        daGrade.Fill(dsMyDataBase, "Grade");
        //将 myDatabase 数据库中的 Course 表数据填充到数据集
        //dsMyDataBase 中的一个 DataTable 中,该 DataTable 命名为 Course
        SqlDataAdapter daCourse = new SqlDataAdapter("Select * From Course", conn);
```

```
            SqlCommandBuilder bdCourse = new SqlCommandBuilder(daCourse);
            daCourse.Fill(dsMyDataBase, "Course");
            //创建一个 DataRelation 对象,并将其添加到 dsMyDataBase 对象的 Relations
            //集合中
             dsMyDataBase.Relations.Add(dsMyDataBase.Tables["BaseInform"].Columns["No"],
dsMyDataBase.Tables["Grade"].Columns["No"]);
             dsMyDataBase.Relations.Add(dsMyDataBase.Tables["Course"].Columns["CNo"],
dsMyDataBase.Tables["Grade"].Columns["CNo"]);
            lblMessage.Text = "关系创建成功!";
            //关闭数据连接
            conn.Close();
        }
        catch (Exception ex)
        {
            lblMessage.Text = ex.Message.ToString() + "打开数据库失败!";
        }
    }
```

程序创建一个 DataRelation 对象,并将其添加到 dsMyDataBase 对象的 Relations 集合中。其中,Add 方法的第一个参数指定父列(即主表的主键列),第二个参数指定子列(即从表的外键列)。上述代码在数据集中建立了 MyDataBase 数据库的内存映像,要想看到实际效果是什么样,可通过数据绑定机制在 DataGrid 控件上显示出来。

6.7 数据绑定

ASP.NET 具有强大的数据绑定功能。所谓数据绑定是指数据与控件如何互相结合的方式。在 ASP.NET 中,开发人员可以选择性地绑定到简单的属性、集合、表达式或者是方法。

数据绑定允许开发人员将一个数据源和一个服务器端控件进行关联,免除了手工编写代码进行数据显示的痛苦。在 ASP.NET 中,开发人员可以使用声明式的语法对控件进行数据绑定,而且大多数服务器控件都提供了对数据绑定的支持。根据所绑定的控件的不同或者所需要绑定的属性的不同,ASP.NET 中的数据绑定又可以分为单值数据绑定与重复值数据绑定。

6.7.1 单值数据绑定

单值数据绑定允许为控件的某个属性指定一个绑定表达式,可以在声明代码中直接使用绑定表达式进行绑定。单值数据绑定通常使用如下的语法来指定数据绑定表达式:

```
<%# 数据绑定表达式 %>
```

说明:

- <%# %> 内联标记用于指示将把特定数据源中的信息放在 .aspx 页中的什么位置。
- 为 .aspx 页上的对象确定并设置了特定数据源后,必须将数据绑定到这些数据源。

可以使用 Page. DataBind 或 Control. DataBind 方法将数据绑定到数据源。这两种方法的使用方式很相似。主要差别在于：调用 Page. DataBind 方法后，所有数据源都将绑定到它们的服务器控件。在显式调用 Web 服务器控件的 DataBind 方法或在调用页面级的 Page. DataBind 方法之前，不会有任何数据呈现给控件。通常，可以从 Page_Load 事件调用 Page. DataBind(或 DataBind)。

- 使用数据绑定并不只限于绑定到数据库中的数据，可以是一个变量、一个表达式或者是一个函数，都是在表达式中进行指定。但是必须注意，如果绑定类级别的变量或者是函数，必须指定其访问级别为 public 或是 protected 类型。

【例 6-9】 将当前日期绑定到网页的 Label 控件。步骤如下。

(1) 新建网页 Default2. aspx。

(2) 从左边“工具箱”的“Web 窗体”中向页面上添加 1 个 Label 控件 Label1，选择页面下面的 HTML 选项卡切换到代码视图，找到 Label1 控件的标记，在其中添加以下内容：

```
<asp:Label runat = "server" Text = <% # aa %> ID = "Label1"/>
```

(3) 绑定数据：

```
protected void Page_Load(object sender, EventArgs e)
{
    Page.DataBind();
}
```

注意：<% # %>作用是在前台显示代码中嵌入访问后台数据的表达式来完成数据绑定。

(4) 浏览页面，如图 6.14 所示。

图 6.14 绑定当前日期

【例 6-10】 将变量值绑定到网页的 Label 控件。步骤如下。

(1) 新建网页 Default2. aspx。

(2) 在页面的后台代码中定义公有变量，如下：

```
public string gongYou = "声明的公有成员";
```

(3) 从左边“工具箱”的“Web 窗体”中向页面上添加 1 个 Label 控件 Label1，选择页面下面的 HTML 选项卡切换到代码视图，找到 Label1 控件的标记，在其中添加以下内容：

```
<asp:Label ID = "lblMgs" runat = "server" Text = "<% # gongYou >"></asp:Label>
```

(4) 绑定数据:

```
protected void Page_Load(object sender, EventArgs e)
{
    Page.DataBind();
}
```

(5) 浏览页面,如图 6.15 所示。

图 6.15 绑定变量

6.7.2 重复值数据绑定

重复值数据绑定用于数据源包含多个值的情况,例如要把列表、集合或行集合绑定到一个可以显示多个值的控件上。专门为服务器短数据绑定设计的 8 个控件是 HTML<select>、ASP:ListBox、ASP:DropDownList、ASP:CheckBoxList、ASP:RadioButtonList、ASP:Repeater、ASP:DataList、ASP:DataGrid。

多值绑定的语法比较简单的一个就是:

```
<% #?Container.DataItem("field_name") %>
```

【例 6-11】 将 HashTabe 集合绑定到 Repeater 控件。步骤如下。

(1) 新建网页 Default2.aspx。

(2) 在后台代码文件中创建一个 HashTable 的实例并对其初始化,将其赋给 Repeater 的数据源对象。代码如下:

```
private HashTable  hs = new HashTable();
protected void Page_Load(object sender, EventArgs e)
{
    for (int i = 0; i < 10; i++)
    {
        hs.Add(i, "张挚" + i + "号");
    }
    this.Repeater1.DataSource = hs;
    this.Repeater1.DataBind();
}
```

注意:要添加引用“using System.Collections;”。

(3) 从左边“工具箱”的“Web 窗体”中向页面上添加 1 个 Label 控件 Label1，选择 HTML 选项卡切换到代码视图，找到 Label1 控件的标记，在其中添加以下内容：

```
<asp:Repeater ID = "Repeater1" runat = "server">
    <HeaderTemplate>
        <table>
            <tr>
                <td>
                    编号
                </td>
                <td>
                    姓名
                </td>
            </tr>
    </HeaderTemplate>
    <ItemTemplate>
        <tr>
            <td>
                <%#((DictionaryEntry)Container.DataItem).Key %>
            </td>
            <td>
                <%#((DictionaryEntry)Container.DataItem).Value %>
            </td>
        </tr>
    </ItemTemplate>
    <FooterTemplate>
        </table>
    </FooterTemplate>
</asp:Repeater>
```

(4) 浏览页面，结果如图 6.16 所示。

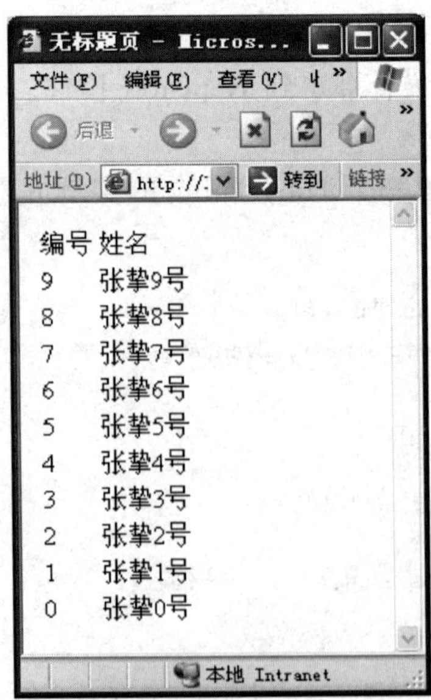

图 6.16 页面浏览

6.8 数据控件访问数据库

在开发 ASP.NET 应用程序时，可以直接使用 ADO.NET 访问数据库，获取数据源并绑定到 ASP.NET 服务器控件，在这个过程需要开发人员编写大量的程序代码，在 ASP .NET 2.0 以后新增了双向的数据绑定方式，主要用在 GridView、DetailsView、FormView 等数据容器控件中，结合数据源控件(采用声明式编程的方式制定数据源)就可以非常轻松地完成数据的更新和提交工作，而不需要手工去遍历输入控件的值。

6.8.1 数据源控件

从根本上说，数据源控件就是包装了特定数据源(如 SQL Server、Microsoft Access 或 XML 文档)的一些基本函数的服务器控件。这些基本函数包括查询、插入、更新和删除。数据源控件不具有 UI 并且不呈现任何标记(注意，有许多控件都不具有 UI，然而却呈现标记)。可以用声明方式或编程方式将其绑定到数据控件。通过数据源组件的服务，数据绑定控件除了可以从特定数据源获取数据以外，还可以插入新记录或者更新和删除现有记录。控件的接口总是相同的，无论使用哪种特定的数据源(即无论是 SQL Server 数据库、XML 文档、Microsoft Excel 工作表还是站点图描述)。

数据源对象是自描述性的，并且能够让绑定控件了解基础数据源中受支持的功能。这样，控件就可以方便地基于它所连接的数据源的功能来调整它自己的用户界面。例如，网格组件可以仅在基础数据源可编辑时才显示 Edit 列。

ASP.NET 3.5 提供 6 种数据源控件。

- SqlDataSource 控件：存取关系型数据库的数据源。可以是 SQL Server、Access 和 Oracle 等，如果使用 SQL Server，控件自动使用 SqlClient 类来最佳化存取数据库。
- AccessDataSource 控件：存取 Microsoft Access 数据库，属于 SqlDataSource 控件的特别版本。AccessDataSource 是微软公司提供的小型数据库产品，这种数据库的特点是功能简单，操作简便，适用于中小应用环境。
- ObjectDataSource 控件：存取商业对象的数据源，可以在多层结构中存取中间层的数据源。当应用程序较复杂，需要使用三层架构时，可以将中间层的逻辑功能封装到这个控件中，以便在应用程序中共享。通过 ObjectDataSource 控件可以连接和处理数据库、数据集、DataReader 或其他任意对象。
- XmlDataSource 控件：存取 XML 文件的数据源，通过 XmlDataSource 数据源可以将一个 XML 文档绑定到一个用于显示层次结构的 TreeView 控件上，使用户可以方便、明了地访问 XML 文件中的数据。
- SiteMapDataSource 控件：建立网站地图的只读数据源。
- LinqDataSource 控件：提供语言集成查询(LINQ To SQL)数据源。

Visual Web Developer 的“工具箱”窗格中提供了上述数据源控件，可以在“设计”模式下添加这些控件，如图 6.17 所示。

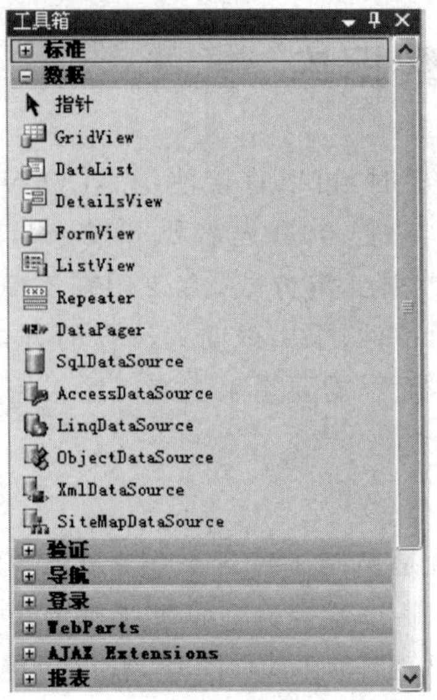

图 6.17　数据控件

【例 6-12】 使用 SqlDataSource 数据源结合 DataGridView 控件，查看给定数据库表中的信息。步骤如下。

(1) 创建网页 Default.aspx，放入 1 个 SqlDataSource 数据源控件，结果如图 6.18 所示。

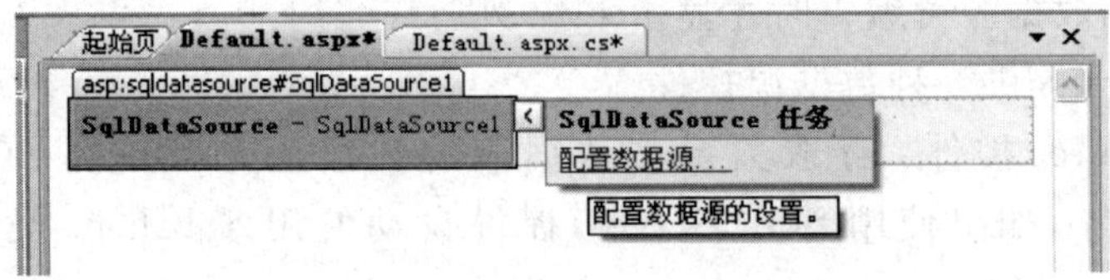

图 6.18　数据源的放置

(2) 单击图 6.18 中的数据源“配置数据源的设置”，设置数据源，如图 6.19 所示。

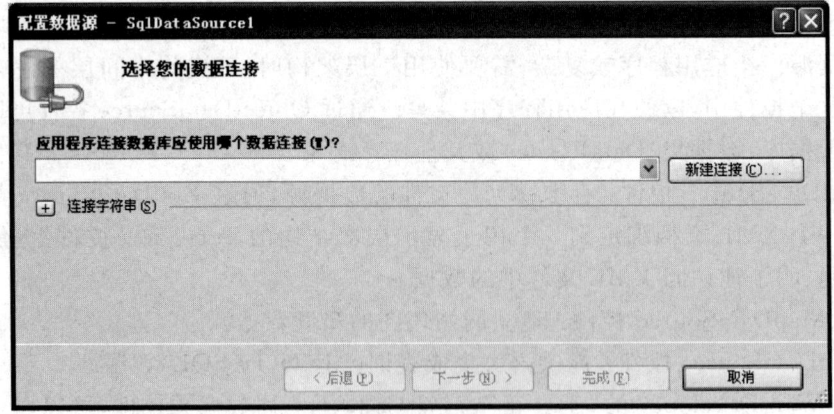

图 6.19　选择数据连接

(3) 单击“新建连接”按钮，选择数据源，如图 6.20 所示。

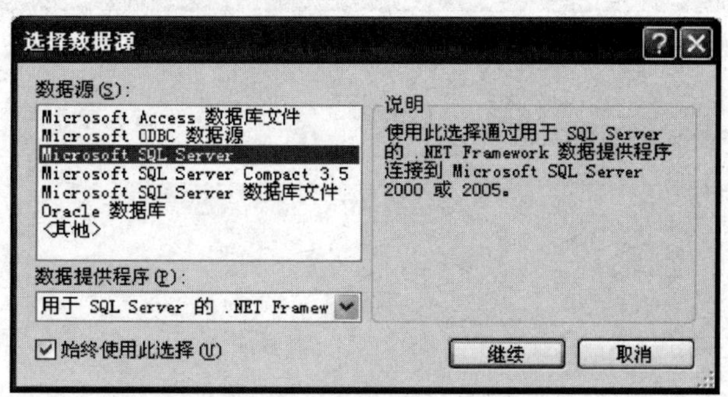

图 6.20　选择数据源

(4) 单击“继续”按钮，建立连接，输入图 6.21 中所示内容(不同的机器内容不一样)。

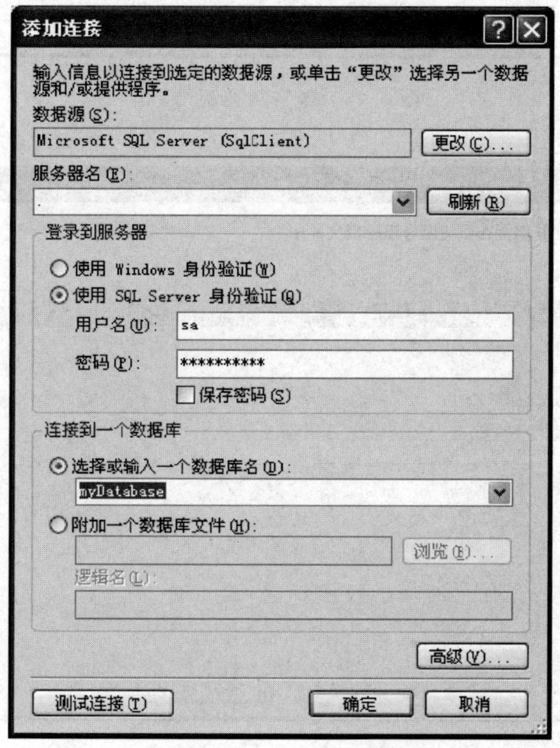

图 6.21　添加连接

(5) 单击“测试连接”，如果成功连接，则弹出如图 6.22 所示的对话框。单击“确定”按钮，结果如图 6.23 所示。

(6) 单击“下一步”按钮，配置数据源，如图 6.24 所示。

(7) 按照提示继续设置，设计好数据源。

(8) 在页面中拖放 1 个 GridView 控件，并选择上述数据源，结果如图 6.25 所示。运行结果如图 6.26 所示。

图 6.22　测试结果

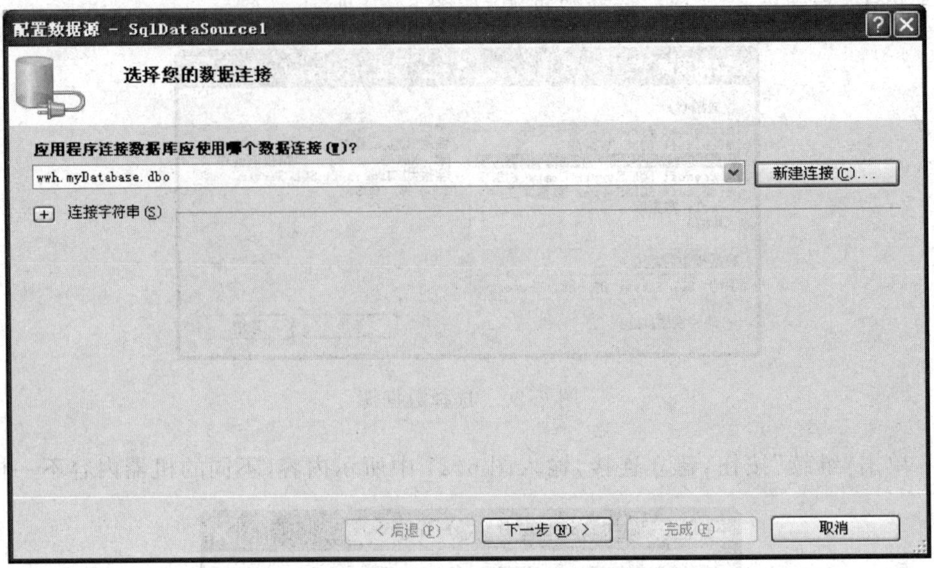

图 6.23　选择数据源结果

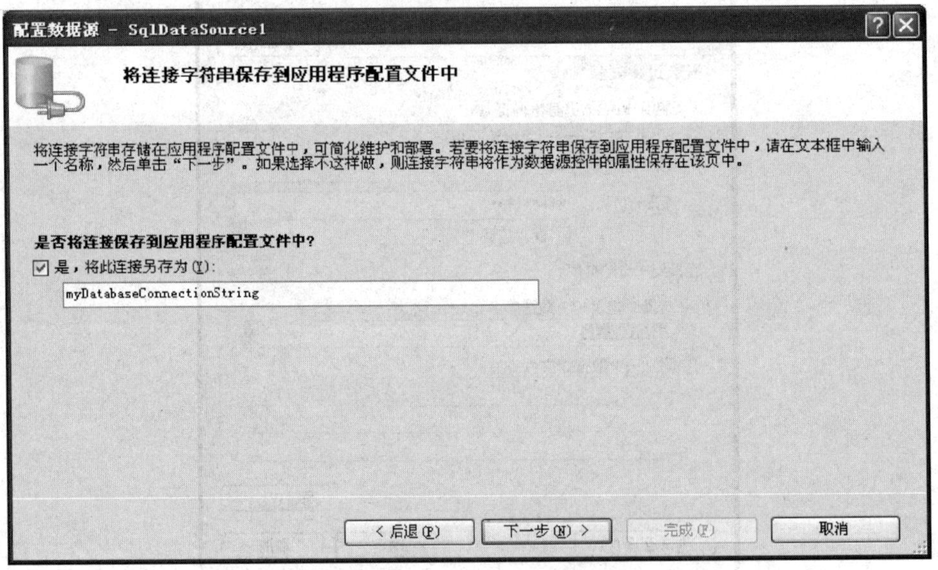

图 6.24　配置数据源

6.8.2　数据展示

数据源控件并不能显示数据，将数据显示出来需要绑定控件，ASP.NET 1.x 中，正确地标识和讨论了 3 个类型的数据绑定控件。

- 标准控件：只是提供 DataBind 方法和 DataSource 属性的非空实现的控件。
- 列表控件：下列两者的有趣结合，即高级布局属性（例如 RepeatColumns 和 RepeatLayout），以及为绑定的每个数据元素重复的固定的嵌入式项模板。

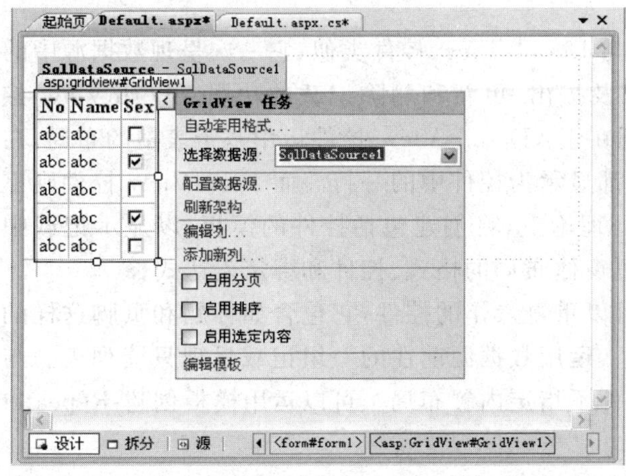

图 6.25 设计 GridView 控件

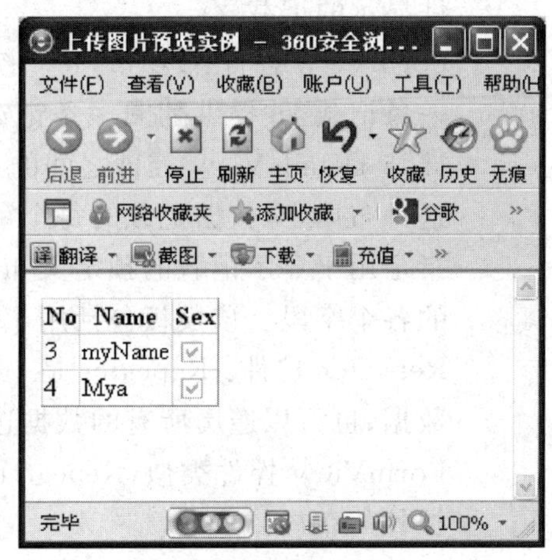

图 6.26 数据显示

- 复合控件：通过组合一个或多个现有控件来设计最终的用户界面。

文档准确地阐述了与创建上述类型的控件相关的任何问题；然而，ASP.NET 框架却并未提供很多基类来简化开发人员的任务。图 6.27 显示了 ASP.NET 2.0 中的新的数据绑定控件层次结构。注意显示为浅灰色的基类以及它们在整个类树中的分布。

以下几个开发 ASP.NET 应用程序的数据绑定控件功能强大，使用灵活，在应用系统开发中的使用频率也相当高。

- GridView 控件：表的方式显示数据，并提供对列排序、分页、翻阅数据以及编辑或删除单个记载的功用。GridView 控件是 ASP.NET 的晚期版本中提供的 DataGrid 控件的后继控件。除了添加运用数据源控件功用的新功用，GridView 控件还完成了某些改进，例如，定义多个主键字段的、运用绑定字段和模板的改进用户界面自定义以及用于处置或取消事情的新模型。
- DetailsView 控件：DetailsView 控件一次呈现一条表格方式的记载，并提供翻阅多条记载以及拔出、更新和删除记载的功用。DetailsView 控件通常用在主/详细信息方案中，在这种方案中，主控件（如 GridView 控件）中的所选记载决定了 DetailsView 控

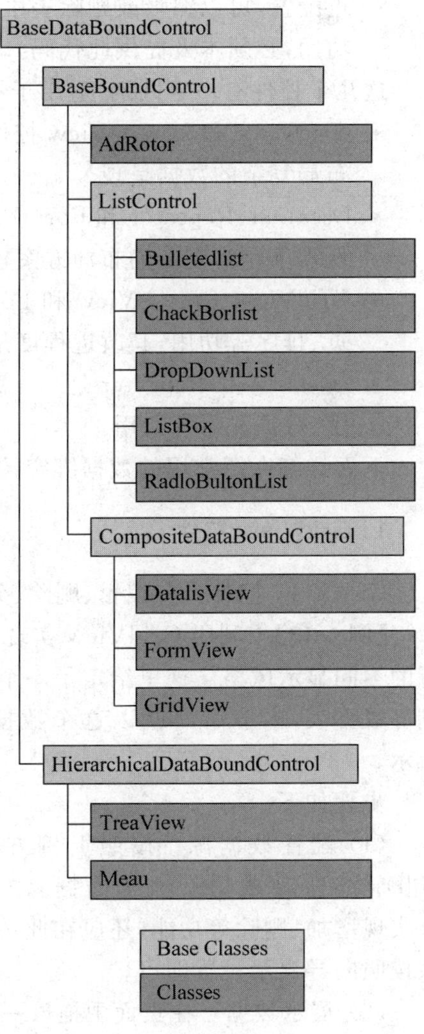

图 6.27 数据绑定控件层次结构

件显示的记载。

- FormView 控件：FormView 控件与 DetailsView 控件类似，它一次呈现数据源中的一条记载，并提供翻阅多条记载以及拔出、更新和删除记载的功用。FormView 控件与 DetailsView 控件之间的差别在于：DetailsView 控件运用基于表格的布局，在这种布局中，数据记载的每个字段都显示为控件中的一行。而 FormView 控件则不指定用于显示记载的预定义布局。理论上，将创建包括控件的模板，以显示记载中的各个字段。该模板包括用于设置窗体布局的格式、控件和绑定表达式。
- Repeater 控件：Repeater 是一个可以重复操作的控件，它包含如标题和页脚这样的数据，也可以遍历所有的数据选项。运用数据源前往的一组记载呈现只读列表。与 FormView 控件类似，Repeater 控件不指定内置布局。可以运用模板创建 Repeater 控件的布局。
- DataList 控件：DataList 控件以表的方式呈现数据，经过该控件，可以运用不同的布局来显示数据记载，例如，将数据记载排成列或行的方式。可以对 DataList 控件中止配置，可以编辑或删除表中的记载(DataList 控件不运用数据源控件的数据修正功用，必须本人提供此代码)。

这几个控件有一定区别，适用于不同的场合。

- GridView 和 DetailsView 控件的布局固定，自定义数据显示的布局功用无限，适合布局复杂的数据呈现。
- DataList、Repeater 和 FormView 数据控件都有很强的自定义布局能力，假定数据呈现需求较为复杂的布局方案，这 3 个控件是首选。
- GridView、DetailsView 和 FormView 这 3 个都是.NET 2.0 新增的控件，内置了分页、排序等功用，其改进程度是 1.1 所提供控件无法比的。
- DataList 和 Repeater 是 1.1 版就提供的控件，内置功用较弱，需要用户完成分页、排序、数据显示等功用。

下面详细介绍常用的数据绑定控件。

1. GridView 控件

GridView 控件具有编辑、删除、分页、排序等功能，具体使用方法参见例 6-13。

【例 6-13】 利用 GridView 实现数据的查询、编辑、删除、分页、排序等功能，实现奇偶行的不同显示风格。这里给定了一个数据库 MyBookShop，里边包含订单、角色、书、书的类别等数据表，本节后面就以这个数据库的 Books 表为例进行讲解。执行结果如图 6.28 所示。

步骤如下。

(1) 配置数据源。按照上例方式创建一个网页 Default.aspx，在页面中拖放 1 个 SqlDataSource 数据源，配置数据源。配置数据源是选择 Books 表，如图 6.29 所示。为了能够实现增加、删除等功能，还应在此选择高级设置，如图 6.30 所示进行更新数据源设置。其余按照向导提示设置即可。

(2) 展示数据。在页面中拖放一个 GridView 控件，并选择上述数据源，结果如图 6.31 所示。

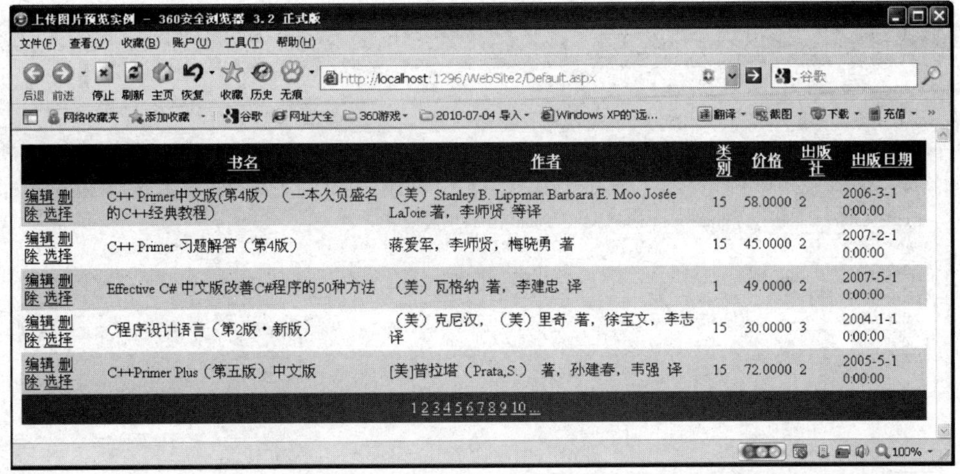

图 6.28 GridView 数据显示示例

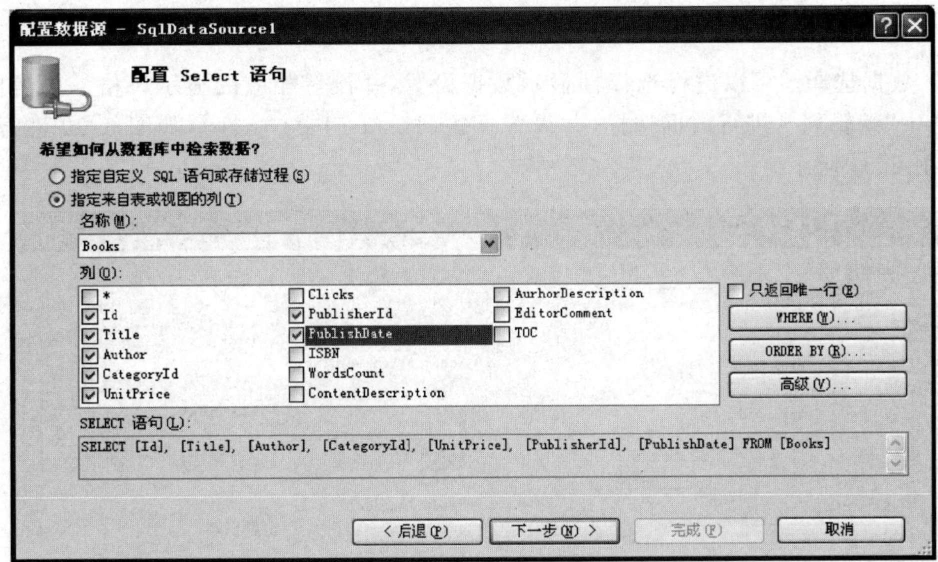

图 6.29 选择表 Books

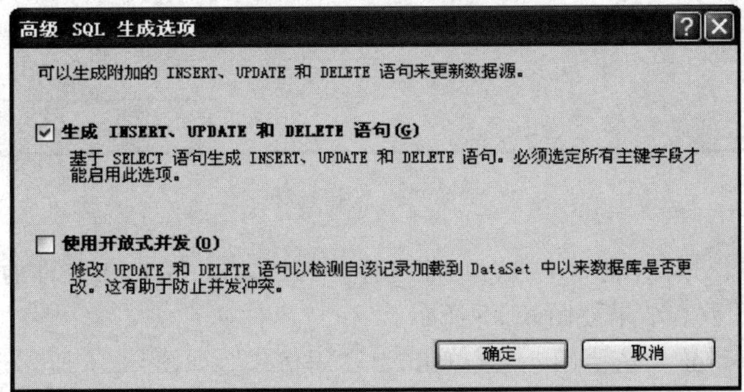

图 6.30 更新数据源设置

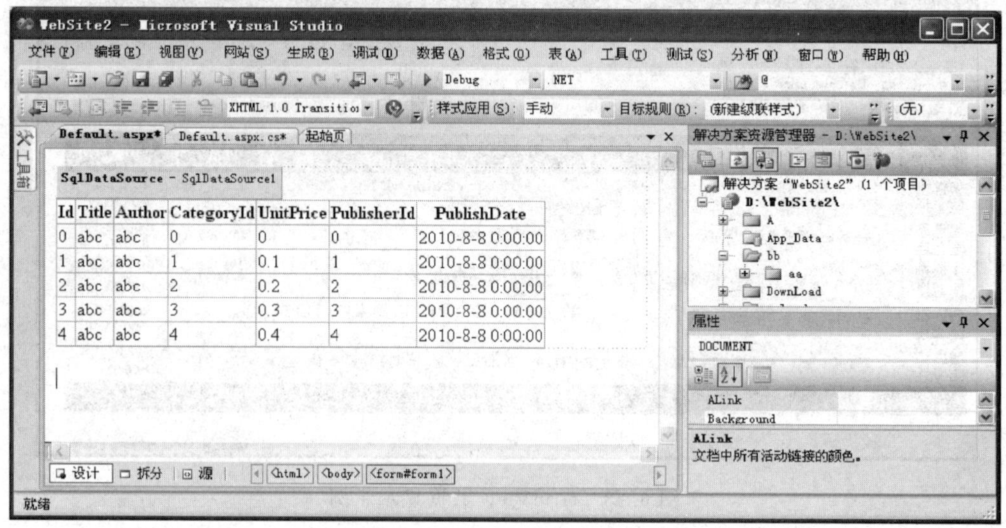

图 6.31　数据展示

（3）数据选择。可以进行选择性显示数据设置，并设置相应的显示风格。单击控件右上角，选中“编辑列”，进行数据选择，并设置标题（HeaderText 属性），如图 6.32 进行设置。结果如图 6.33 所示。

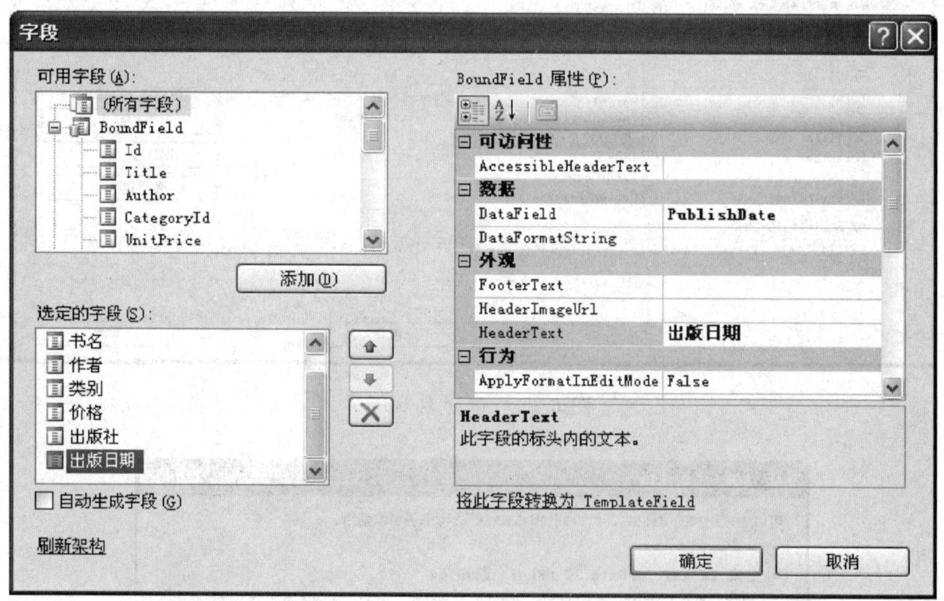

图 6.32　数据选择

（4）功能设置。按照图 6.34 进行功能选择，同时将 GridView1 控件的 PageSize 设置为 5（每页显示的记录数），结果如图 6.35 所示。

（5）展示风格设置。按照图 6.34 单击“自套用格式”，如图 6.36 所示选择喜欢的格式，此处选择“简明型”。执行结果如图 6.36 所示。

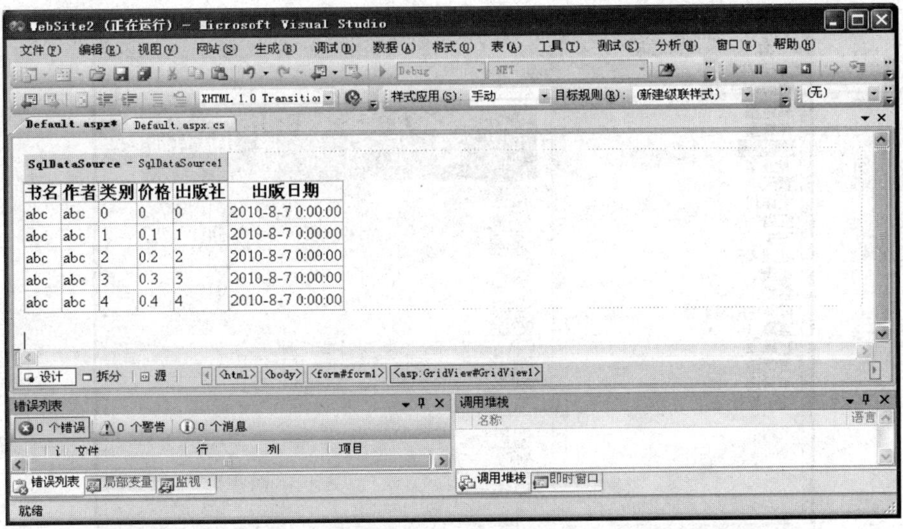

图 6.33 选择数据展示

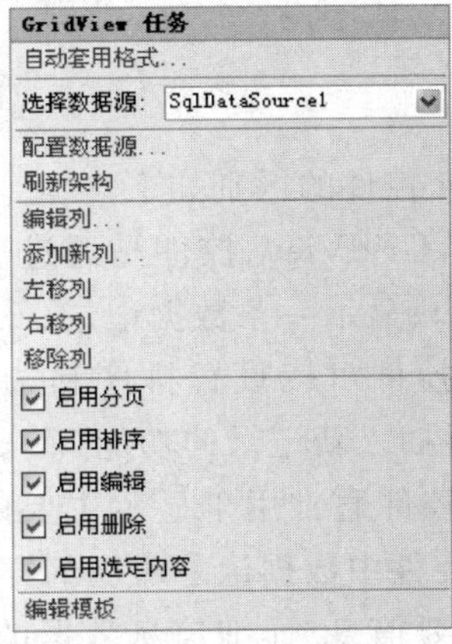

图 6.34 功能选择(1)

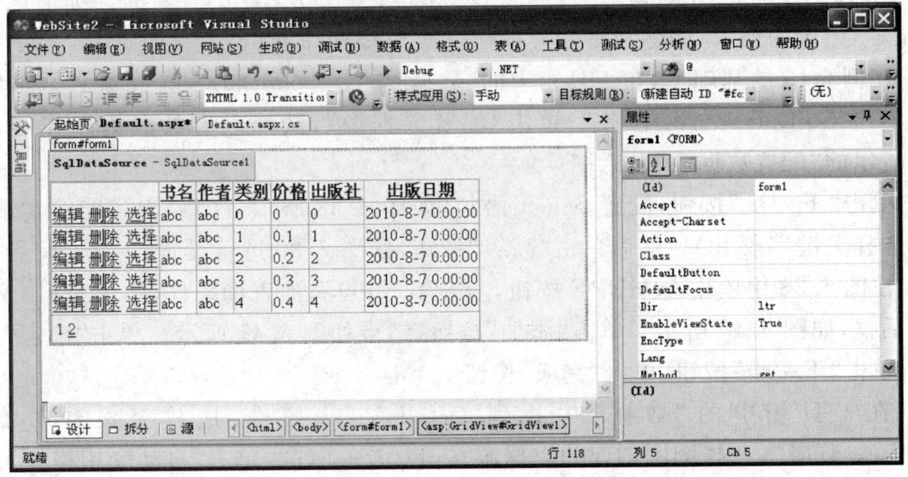

图 6.35 功能增加结果

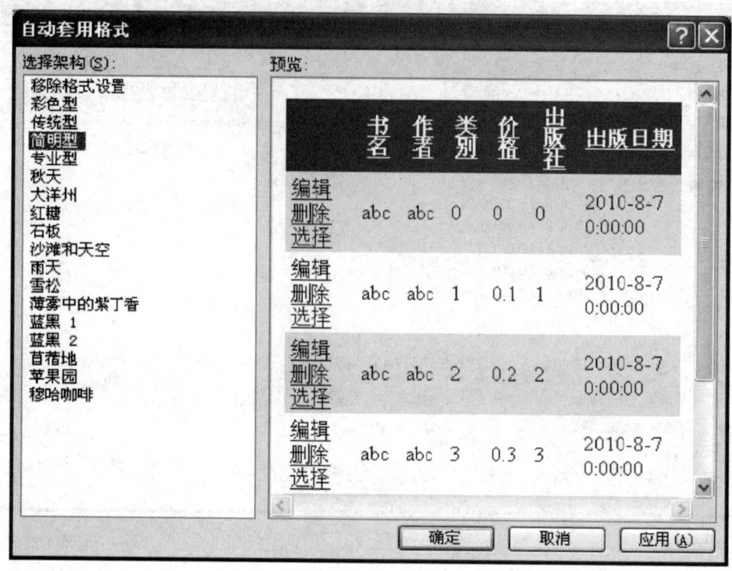

图 6.36　显示风格

2. DetailsView 控件

DetailsView 控件与 GridView 控件的区别如下。

- 从数据的显示方式上区分，GridView 控件是通过表格的形式显示所有查到的数据记录，而 DetailsView 控件只显示一条数据记录。
- 从功能上区别，GridView 控件可以设置排序和选择的功能，而 DetailsView 不能；DetailsView 控件可以设置插入新记录的功能，而 GridView 不能。
- 从使用上来说，GridView 控件通常用于显示主要的数据信息，而 DetailsView 控件常用于显示与 GridView 控件中数据记录对应的详细信息。

DetailsView 控件通常用在主要信息/详细信息数据的显示方案中。在该种方案中，在主控件(如 GridView 控件)中选定的记录，决定了 DetailsView 控件中显示的记录内容。

【例 6-14】 在例 6-13 的基础上，实现 DetailsView 显示 GridView 的详细信息，其中包括分页显示，记录的插入、删除和更新等操作。实现步骤如下。

(1) 在例 6-13 的基础上，在工具箱中的“数据”中找到 SqlDataSource 控件，将其拖放到页面中，单击“SqlDataSource 任务”，单击“配置数据源”，选择已有的数据库连接，弹出如图 6.37 所示的“配置数据源”对话框。

(2) 单击“下一步”按钮，配置 Select 语句，如图 6.38 所示(注意，为了能够实现高级设置，必须选择关键字段 Id)。然后单击“高级”按钮，按图 6.39 进行设置。

(3) 在图 6.38 中单击 WHERE 按钮，为 SQL 语句添加查询条件，弹出“添加 WHERE 子句”对话框，如图 6.40 所示。单击“添加”按钮，结果如图 6.41 所示。单击“确定”按钮。

(4) 单击“下一步”按钮，单击“完成”按钮。

(5) 在工具箱中的“数据”中找到 DetailsView 控件，拖放至设计界面，展开“DetailsView 任务”，选择刚刚创建的数据源 SqlDataSource2，单击“自动套用格式”按钮，选择“沙滩和天空”，效果如图 6.42 所示。单击“确定”按钮。

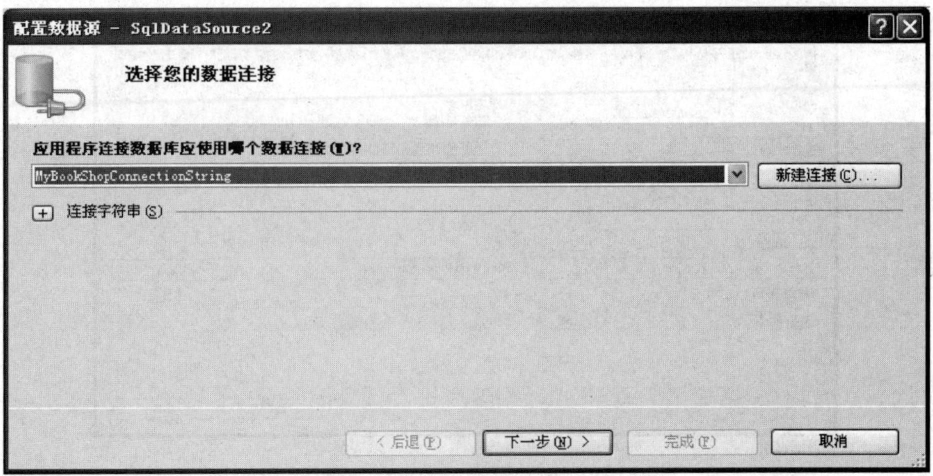

图 6.37　选择数据连接

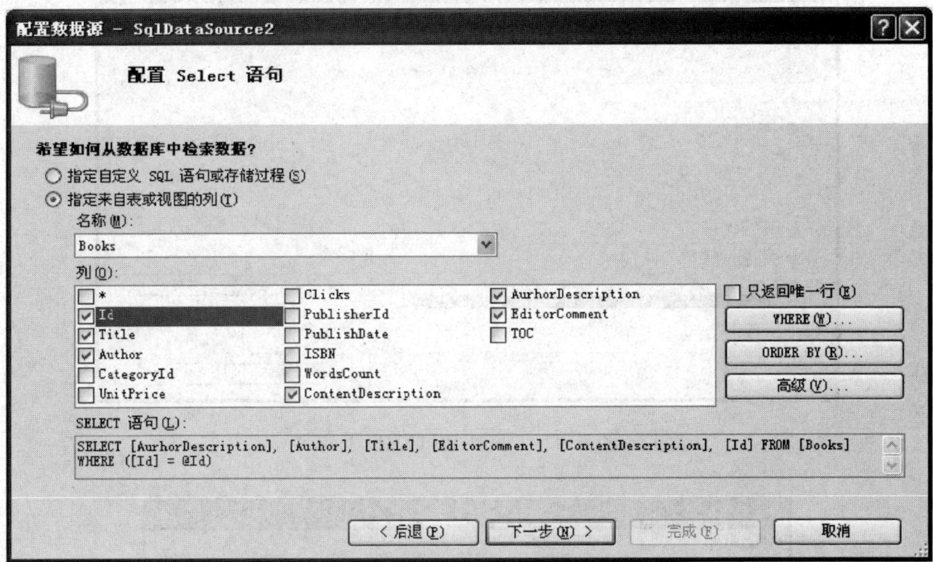

图 6.38　配置 Select 语句

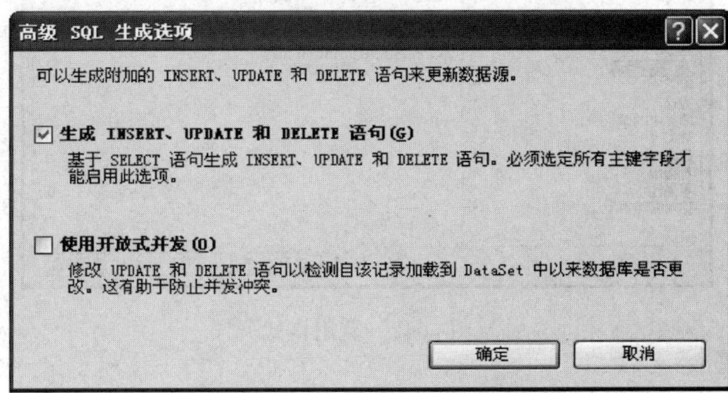

图 6.39　更新数据源设置

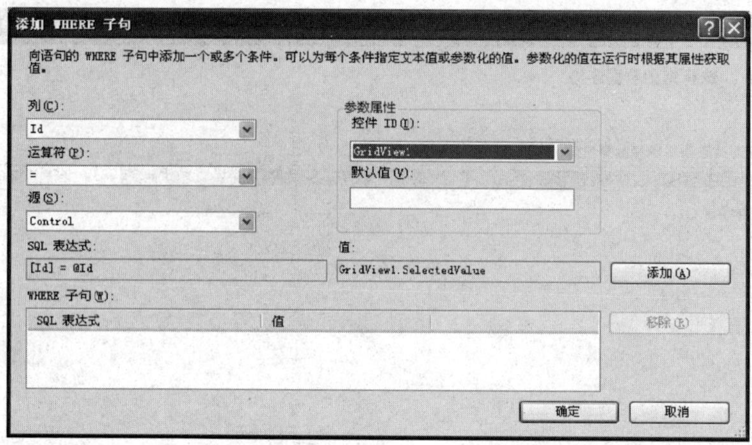

图 6.40　设置 WHERE 子句

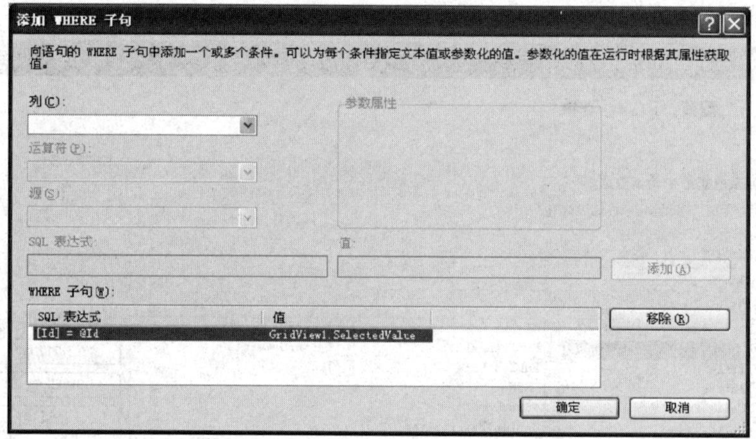

图 6.41　添加 WHERE 子句

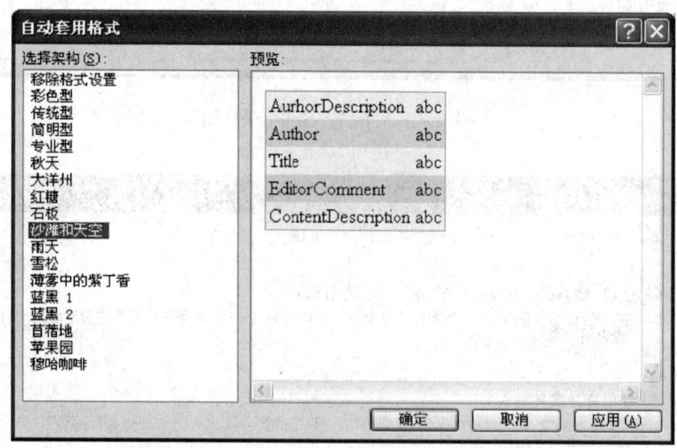

图 6.42　套用格式

(6) 展开“DetailsView 任务”，单击“编辑字段”，按照图 6.43 进行设置。单击“确定”按钮。

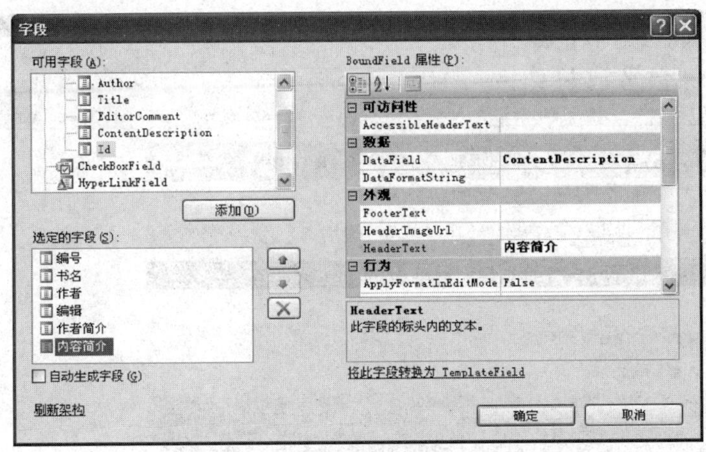

图 6.43　编辑字段

(7) 展开"DetailsView 任务",按图 6.44 进行设置,并调整 GridView 控件与 DatailsView 控件的宽度,结果如图 6.45 所示。

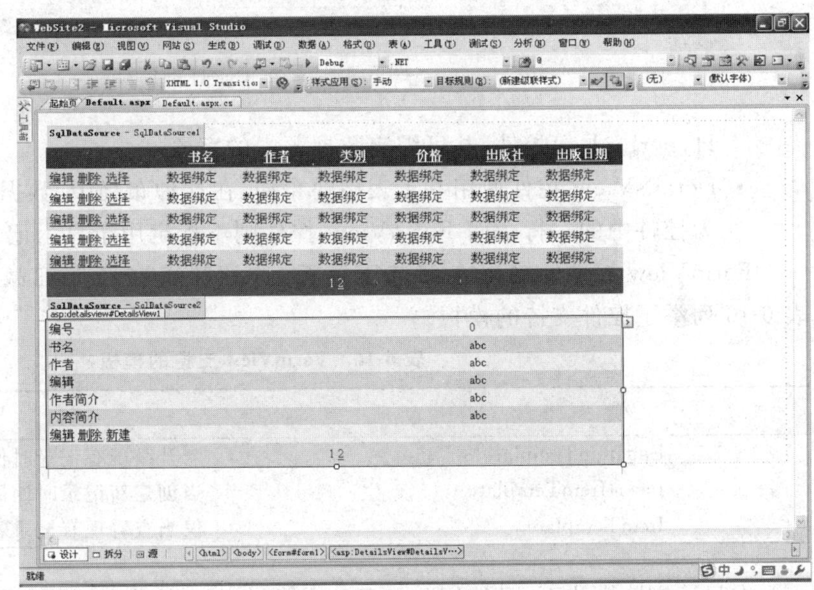

DetailsView 任务
自动套用格式...
选择数据源: SqlDataSource2
配置数据源...
刷新架构
编辑字段...
添加新字段...
启用分页
启用插入
启用编辑
启用删除
编辑模板

图 6.44　功能选择(2)　　　　图 6.45　设计结果

(8) 浏览页面,任意选择一条记录,结果如图 6.46 所示。

3. FormView 控件

FormView 控件与 DetailsView 控件的区别是:

- FormView 控件在数据显示方式上类似于 DetailsView 控件,但 FormView 控件要求用户使用模板定义每项的显示,而不是使用数据控件字段。
- DetailsView 控件通过内置的表格来显示数据记录,而 FormView 控件需要用户定义的模板来显示数据记录,而且在 FormView 控件的模板中可以添加 Image、

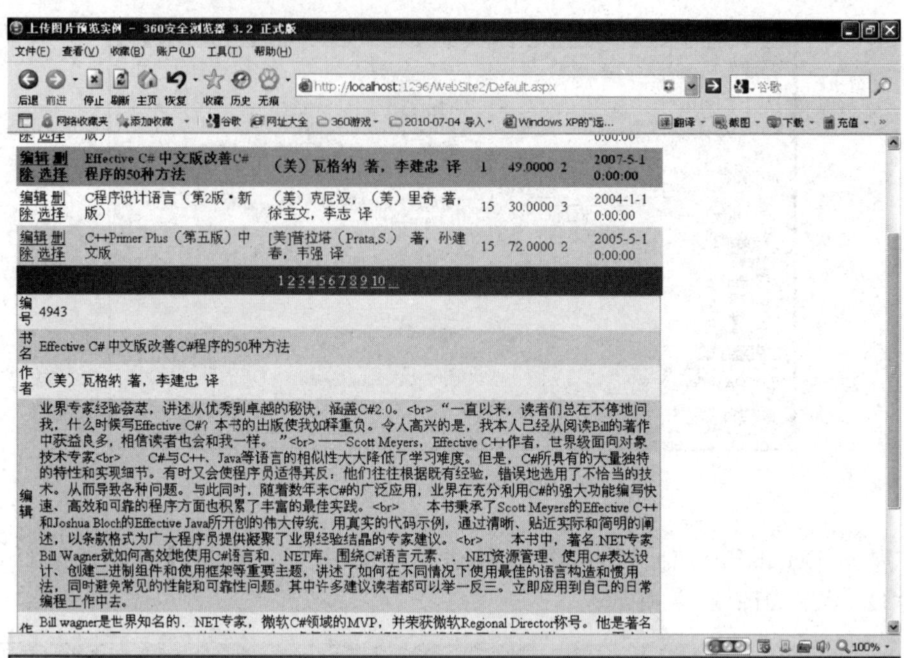

图 6.46　显示记录详细信息

HyperLink 等控件，并可绑定数据源中的字段。

- DetailsView 控件使用基于表格的布局，在这种布局中，数据记录的每个字段都显示为控件中的一行。而 FormView 控件则不指定用于显示记录的预定义布局。

FormView 控件的输出全部基于模板，这意味着在任何细微之处都需要设置模板。表 6-16 列举了控件支持的模板。

表 6-16　FormView 支持的模板

模　板	说　明
EditItemTemplate	当升级现有记录时使用该模板
InsertItemTemplate	当创建新记录时使用该模板
ItemTemplate	仅当查看现有记录时使用该模板

在只读浏览模式下，可使用 ItemTemplate 来定义控件的布局。可使用 EditItemTemplate 来编辑当前记录的内容，使用 InsertItemTemplate 来添加新记录。除了这些模板之外，FormView 控件的模板与 DetailsView 提供的模板设置相同，也就是 HeaderTemplate、FooterTemplate 和其他模板。

【例 6-15】 在例 6-13 的基础上，实现 FormView 显示 GridView 的详细信息，其中包括分页显示，记录的插入、删除和更新等操作。实现步骤如下。

(1) 在例 6-13 的基础上，按照例 6-14 的第(1)～(4)步设计数据源 SqlDataSource2。

(2) 在工具箱中的"数据"中找到 FormView 控件，拖放至设计界面，展开"FormView 任务"，选择刚刚创建的数据源 SqlDataSource2，单击"自动套用格式"按钮，选择"沙滩和天空"，效果如图 6.47 所示。单击"确定"按钮。

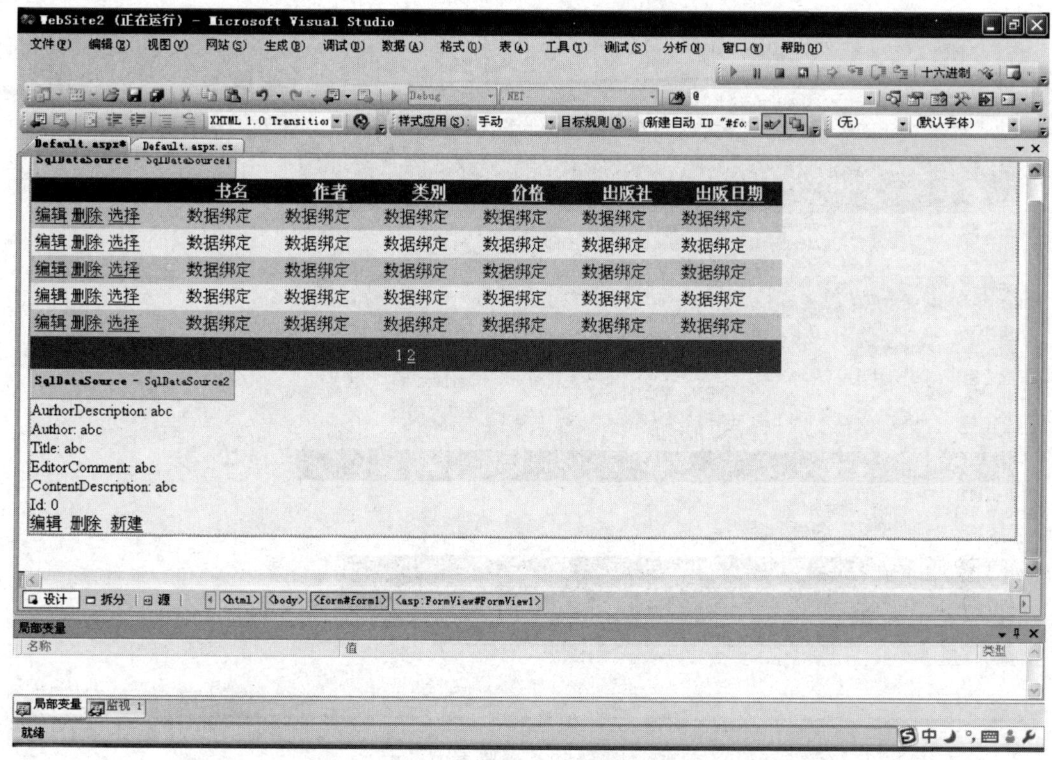

图 6.47　设计 FormView

(3) 展开“DetailsView 任务”，单击“编辑”，显示 ItemTemplate，结果如图 6.48 所示。

(4) 按照图 6.49 编辑 ItemTemplate 模板。

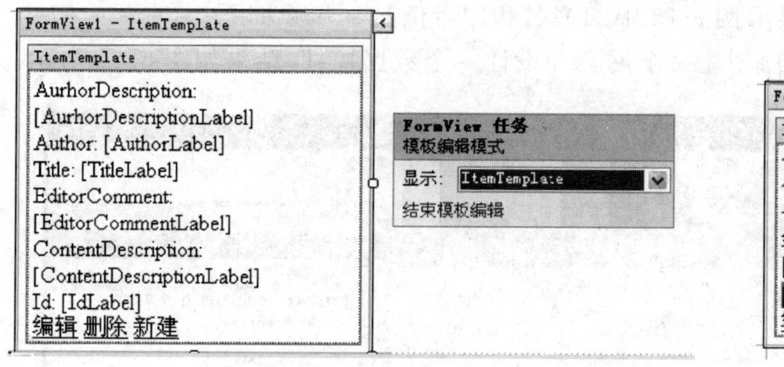

图 6.48　编辑模板

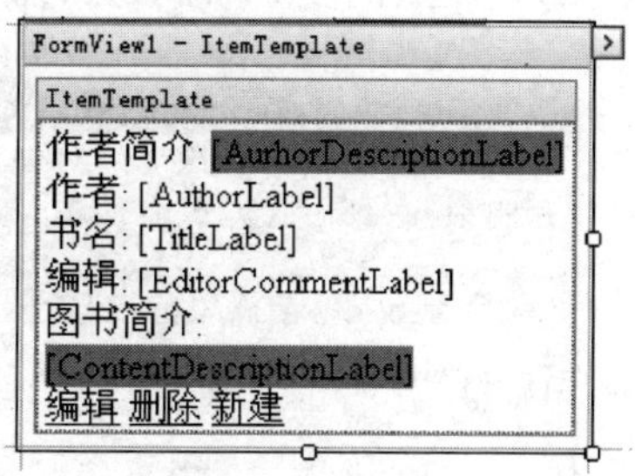

图 6.49　ItemTemplate 模板

(5) 浏览页面，任意选择一条记录，结果如图 6.50 所示。

(6) 同样，可以设置 EditItemTemplate 和 InsertItemTemplate 模板。

4. Repeater 控件

Repeater 控件使用数据源返回的一组记录呈现只读列表。与 FormView 控件类似，Repeater 控件不指定内置布局。可以使用模板创建 Repeater 控件的布局。

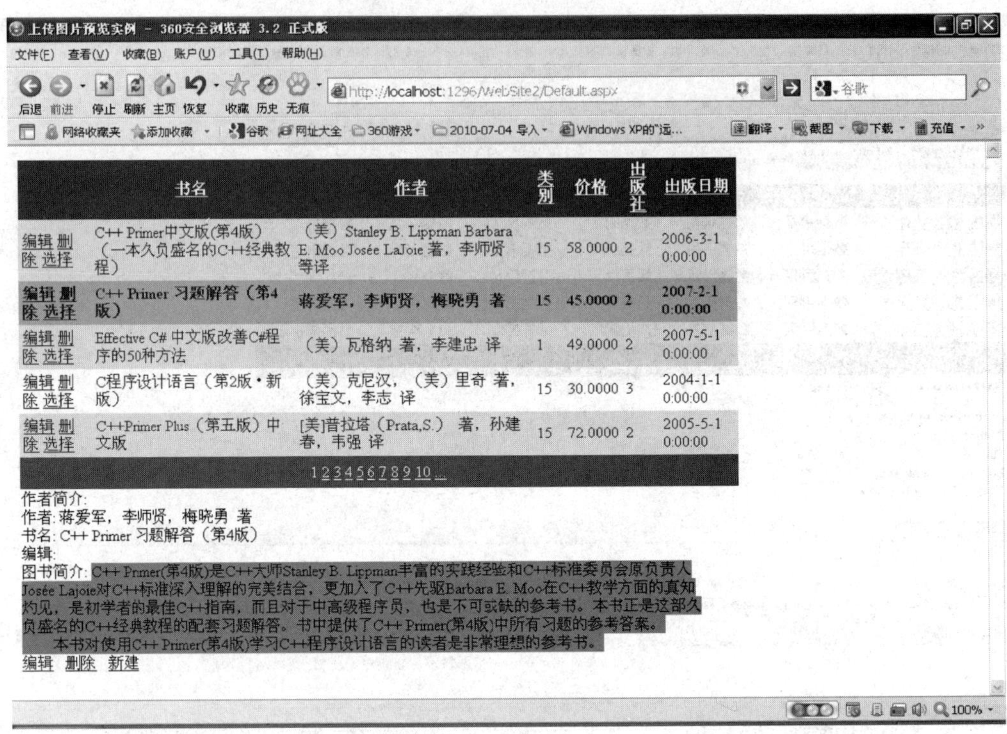

图 6.50　浏览页面

Repeater 必须通过创建模板来定义其输出。最简单的模板只要添加 ItemTemplate 项就可以了，但为了达到更复杂的效果，实际应用的时候经常会把这几个模板标记结合在一起使用，本例中就是这样使用的。

【例 6-16】 以间隔颜色显示例 6-13 中的书名和作者信息。步骤如下。

(1) 按照例 6-13 的步骤(1)创建一个网页并设计一个数据控件，结果如图 6.51 所示。

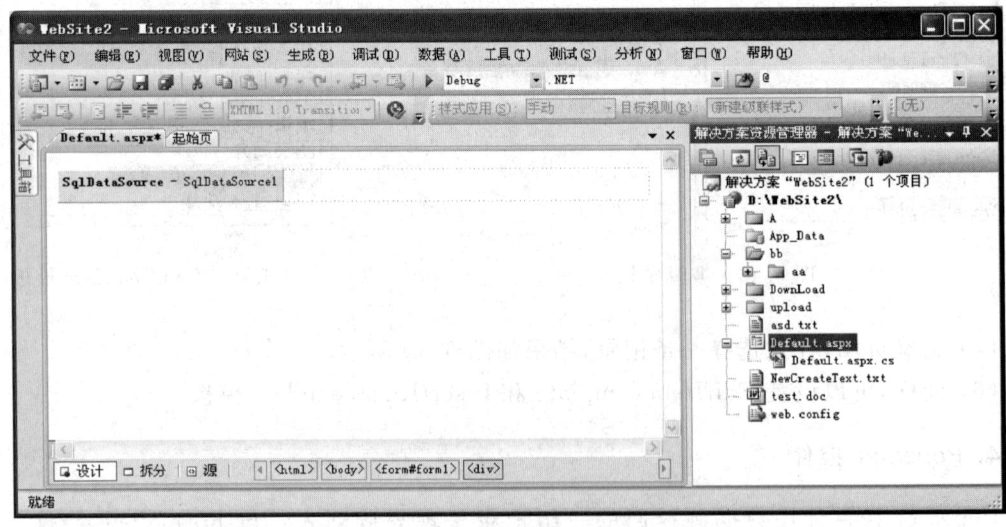

图 6.51　设计数据源

(2) 从工具箱的"Web 窗体"中向页面上添加 1 个 Repeater 控件，如图 6.52 所示。选择 HTML 选项卡切换到代码视图，找到 Repeater 控件的标记，在其中添加以下内容(其中 Title 与 Author 为数据源字段)。

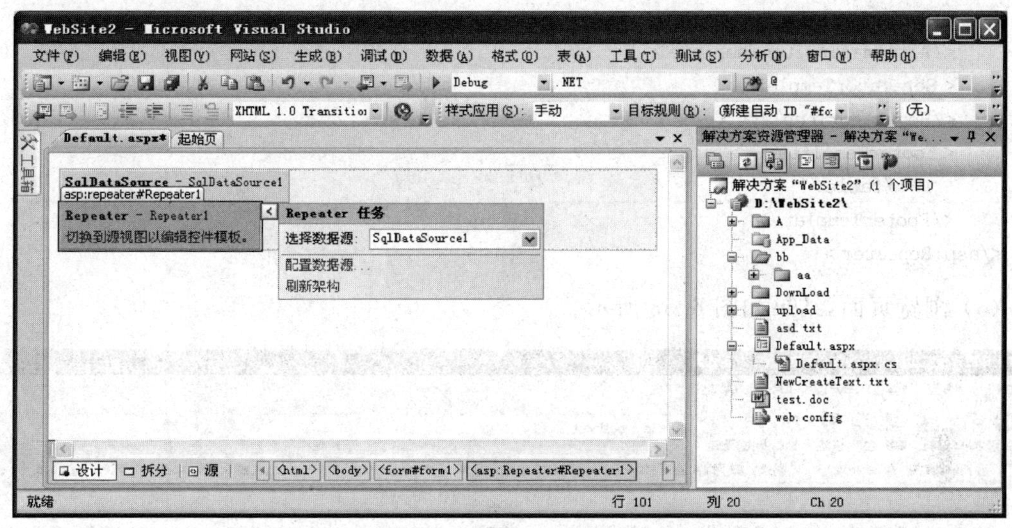

图 6.52　添加 Repeater 控件

```
<asp:Repeater ID = "Repeater1" runat = "server" DataSourceID = "SqlDataSource1">
    <HeaderTemplate>
        <table>
            <tr>
                <td>
                    书名
                </td>
                <td>
                    作者
                </td>
            </tr>
    </HeaderTemplate>
    <ItemTemplate>
        <tr>
            <td>
                <%# DataBinder.Eval(Container.DataItem, "Title") %>
            </td>
            <td>
                <%# DataBinder.Eval(Container.DataItem, "Author") %>
            </td>
        </tr>
    </ItemTemplate>
    <AlternatingItemTemplate>
        <tr bgcolor = "orange">
            <td>
                <%# DataBinder.Eval(Container.DataItem, "Title") %>
```

```
                </td>
                <td>
                    <%# DataBinder.Eval(Container.DataItem, "Author") %>
                </td>
            </tr>
        </AlternatingItemTemplate>
        <SeparatorTemplate>
        </SeparatorTemplate>
        <FooterTemplate>
            </table>
        </FooterTemplate>
    </asp:Repeater>
```

（3）浏览页面，结果如图 6.53 所示。

图 6.53　浏览页面

5. DataList 控件

DataList 控件以表的形式呈现数据，通过该控件，可以使用不同的布局来显示数据记录，例如，将数据记录排成列或行的形式。可以对 DataList 控件进行配置，使用户能够编辑或删除表中的记录（DataList 控件不使用数据源控件的数据修改功能，必须自己提供此代码）。DataList 控件与 Repeater 控件的不同之处在于：DataList 控件将数据项显式放在 HTML 表中，而 Repeater 控件则不然。

习题 6

1. 简述 ADO.NET 有哪几部分，并简述各部分功能。

2. .NET Framework 提供了哪些数据提供程序？数据提供程序有哪些核心对象？

3. 给定一个数据库 myDatabase，用户名与密码均为 sa 的 SQL 数据库，编程实现数据库的连接、打开与关闭。

4. 给定数据库 myDatabase，用户名与密码均为 sa 的 SQL 数据库，数据库中有 3 个表，其内容分别如表 6-17～表 6-19 所示。

表 6-17 BaseInfo 表

No	Name	Sex
1	myName1	True
2	myName2	False
3	myName3	True

表 6-18 Course 表

CNo	CName
1	数据结构
2	计算机组成原理
3	计算机网络

表 6-19 Grade 表

No	CNo	Grade
1	1	78
2	1	67
3	2	98

根据这个数据库内容，完成以下程序：

(1) 在 Course 表中插入一门新的课程“英语”及其课程编号；

(2) 删除 Grade 表中第二条记录；

(3) 将 Grade 表中凡是成绩小于 70 分的每个人成绩增加 5 分；

(4) 将学生 myName1 的所有课程的成绩显示在 DataGrid 控件中。

第7章 文件操作

本章主要介绍文件和目录的基本操作知识，包括文件和流基本概念、文件和文件夹操作及相应的类、文件的读写类对象、文件的上传与下载等内容，使读者能够灵活地进行文件的增加、删除、移动、上传与下载等操作。主要实现以下目标：

- 掌握文件和流的概念；
- 掌握文件及目录相关类对象的基本使用；
- 掌握文件信息的基本读写方法；
- 掌握文件上传控件 Upload 的基本使用；
- 掌握文件下载的基本方法。

7.1 概述

7.1.1 文件和流

文件是外存数据的组织单位。一个文件对应一批存放在外存(如硬盘、软盘、U 盘)的数据，计算机以及计算机的使用者通过文件名实现对文件的操作(如复制、删除、内容修改)。一般将文件分为两种类型：文本文件(ASCII 码文件)和二进制文件。文本文件中每个字节的内容是 ASCII 码(0～127)，便于阅读和编辑，文件名通常以.txt 为后缀；二进制文件中每个字节的内容不限(8 个二进制位的任意 0/1 组合)，无法阅读和编辑，文件名通常以.dat 为后缀。

流是对文件中字节流向及顺序的描述。一个流对应一个正在工作的文件(指文件被打开后，被关闭前)，实质上是计算机操作系统为文件建立的一个保存文件部分内容的缓冲区及有关控制信息。

文件(FileStream)是流(Stream)的一种，或者说是流的派生，主要指存放于硬存储器的二进制序列。其他类型的流有：

- 内存流(MemoryStream)，指存放于内存中的二进制序列；
- 网络流(NetworkStream)，指用于网络交互的文本序列；
- 声卡缓冲(SecondaryBuffer)，指音频数据；
- 显卡缓冲(VertexBuffer)，指三维顶点数据。

7.1.2　流相关类介绍

有关文件操作的系统功能主要集中在 System.IO 命名空间，其中包含允许文件对数据流和文件进行同步、异步读写操作，可以实现文件和目录的创建、复制、删除、移动和打开，完成各种格式数据的加载和卸载，正确处理运行过程中出现的各类异常情况。C#中流类要处理两个实体：文件和流类型。

文件按信息在外部存储器上编码方式可以分为文本文件和二进制文件。文本文件中字节单元的内容为字符的代码，在二进制文件中文件内容是数据的内部表示，是从内存中直接复制过来的。对于字符信息无差别，对于数值信息，数据的内部表示和字符代码截然不同。二进制文件中的数据不需要进行转换，文本文件中的数据需要进行转换。

C#中 System.IO 命名空间基本包含了与所有 I/O 操作有关的 30 个类，其中常用的涉及文件读写操作的主要类见表 7-1。

表 7-1　文件读写操作的主要类

类　名	说　明
MarshalByRefObject	允许在支持远程处理的应用程序中跨应用程序域边界访问对象
BinaryReader	用特定的编码将基元数据类型读作二进制值
BinaryWriter	以二进制形式将基元类型写入流，并支持用特定的编码写入字符串
Stream	提供字节序列的一般视图
FileStream	公开以文件为主的 Stream，既支持同步读写操作，也支持异步读写操作
MemoryStream	创建其支持存储区为内存的流
BufferedStream	给另一流上的读写操作添加一个缓冲层
TextReader	表示可读取连续字符系列的阅读器
TextWriter	表示可以编写一个有序字符系列的编写器
StreamReader	实现一个 TextReader，使其以一种特定的编码从字节流中读取字符
StreamWriter	实现一个 TextWriter，使其以一种特定的编码向流中写入字符
StringReader	实现从字符串进行读取的 TextReader
StringWriter	实现一个用于将信息写入字符串的 TextWriter。该信息存储在基础 String-Builder 中

在使用它们之前最好能了解它们的继承关系，有助于作出最合适的选择。下面详细介绍常用的文件及目录操作类。

7.2　文件与文件夹基本操作

System.IO 命名空间几乎包含了与所有 I/O 有关的操作，其中常用的类包括以下几种。

- File 类：File 类是对文件的典型操作，提供文本创建、打开、复制、删除、移动等静态方法。也可以用于获取文件和设置文件的基本信息。
- FileInfo 类：FileInfo 类是对文件的典型操作，提供文本创建、打开、复制、删除、移动等实例方法。当文件需要多次重用时，使用 FileInfo 类提供的实例方法，不能使用 File 提供的静态方法。

- Directory 类：Directory 类实现对文件目录的典型操作，例如对文件目录的创建、重命名、删除、移动等静态方法。也可以设置和获取文件的基本信息，如目录的创建时间、最近访问时间等。
- DirectoryInfo 类：DirectoryInfo 类实现对文件目录的典型操作，例如对文件目录的创建、重命名。

下面通过程序实例来介绍其主要属性和方法。

7.2.1 Directory

Directory 类用于创建、移动和枚举通过目录和子目录的静态方法。Directory 的常用方法如表 7-2 所示。

表 7-2 Directory 常用方法

名　称	说　明
CreateDirectory(String)	按 path 的指定创建所有目录和子目录
CreateDirectory(String,DirectorySecurity)	创建指定路径中的所有目录，并应用指定的 Windows 安全性
Delete(String)	从指定路径删除空目录
Delete(String, Boolean)	删除指定的目录并(如果指示)删除该目录中的所有子目录和文件
Exists	确定给定路径是否引用磁盘上的现有目录
GetCreationTime	获取目录的创建日期和时间
GetCreationTimeUtc	获取目录创建的日期和时间，其格式为协调世界时（UTC）
GetCurrentDirectory	获取应用程序的当前工作目录
GetDirectories(String)	获取指定目录中子目录的名称
GetDirectories(String, String)	从当前目录获取与指定搜索模式匹配的目录的数组
GetDirectories(String, String, SearchOption)	获取当前目录中与指定搜索模式匹配并使用某个值确定是否在子目录中搜索的目录的数组
GetFiles(String)	返回指定目录中文件的名称(包括其路径)
GetFiles(String, String)	返回指定目录中与指定的搜索模式匹配的文件的名称(包含它们的路径)
GetFiles(String, String, SearchOption)	返回指定目录中与指定的搜索模式匹配的文件的名称(包含它们的路径)，并使用一个值以确定是否搜索子目录
GetParent	检索指定路径的父目录，包括绝对路径和相对路径
Move	将文件或目录及其内容移到新位置

1. 创建文件夹

可以使用 Directory . CreateDirectory ()方法以编程方式扩展目录结构。下列程序是在当前网站中创建一个 aa 目录：

```
using System.IO;
string name = "aa";
string path = Server.MapPath("") + "\\" + name;
if (Directory.Exists(path))
```

```
{
    Response.Write("<script>alert('文件夹已存在了!');history.go(-1);</script>");
}
else
{
    DirectoryInfo folder = Directory.CreateDirectory(path);
    string time = Convert.ToString(Directory.GetCreationTime(path));
    string foldername = name.Substring(name.LastIndexOf("\\") + 1);
    Response.Write("添加成功!");
    Response.Write("添加时间:" + time);
    Response.Write("文件夹名:" + foldername);
}
```

实现步骤如下：

(1) 创建一个网站 WebSite2；

(2) 拖放一个按钮；

(3) 执行结果如图 7.1 和图 7.2 所示。

图 7.1 创建目录成功

图 7.2 文件中添加了目录 aa

2. 删除文件夹

下列程序是在当前网站中删除 aa 目录：

```
using System.IO;
string name = "aa";
string path = Server.MapPath("") + "\\" + name;
if (Directory.Exists(path))
{
    Directory.Delete(path);
    Response.Write("删除成功!");
}
else
{
    Response.Write("<script>alert('文件夹不存在!');history.go(-1);</script>");
}
```

3. 文件夹的移动

下列程序是将当前网站中文件夹 A 中的目录 Movie 移动到文件夹 B 中：

```
string name1 = "Movie";
string name2 = "A\\Movie";
//把 Movie 移动到文件夹 A 中
string path1 = Server.MapPath("") + "\\" + name1;
string path2 = Server.MapPath("") + "\\" + name2;
if (!Directory.Exists(path1))
{
    Response.Write("<script>alert('文件夹" + name1 + "不存在!');history.go(-1);</script>");
    return;
}
if (Directory.Exists(path2))
{
    Response.Write("<script>alert('文件夹" + name2 + "已存在!');history.go(-1);</script>");
    return;
}
try
{
    Directory.Move(path1, path2);
    Response.Write("文件夹移动成功!");
}
catch
{
    Response.Write("<script>alert('必须在同一目录下操作!');history.go(-1);</script>");
}
```

4. 获取文件夹中文件

获取一个文件夹中所有文件的操作步骤如下。

（1）在网站中添加 1 个 ListBox 控件，ID 属性为 list。

（2）添加一个按钮，按钮事件代码如下。

```
string name = "upload";
string path = Server.MapPath("") + "\\" + name;
if (!Directory.Exists(path))
{
    list.Visible = false;
    Response.Write("<script>alert('文件夹" + name + "不存在!');history.go(-1);</script>");
    return;
}
else
{
    DirectoryInfo foldinfo = new DirectoryInfo(path);
    FileSystemInfo[] dirs = foldinfo.GetFileSystemInfos();
if (dirs.Length < 1)
{
    Response.Write("<script>alert('文件夹中没数据!');history.go(-1);</script>");
    return;
}
list.Visible = true;
list.DataSource = dirs;
```

```
list.DataBind();
```

执行结果如图 7.3 所示。

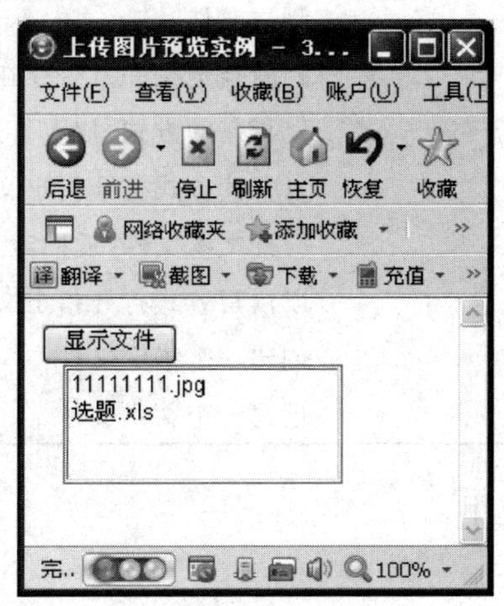

图 7.3 列举文件

7.2.2 DirectoryInfo

DirectoryInfo 类包含一组用来创建、移动、删除和枚举所有目录/子目录的成员。表 7-3 列举了除了它的基类(FileSystemInfo)提供的功能外的一些成员。下面详细介绍 DirectoryInfo 类的有关使用。

表 7-3 DirectoryInfo 类的主要成员

成员	作用
Create()	按照路径名建立一个目录(或者一组子目录)
CreateSubdirectory()	在指定路径中创建一个或多个子目录
Delete()	删除一个目录和它的所有内容
GetDirectories()	返回一个表示当前目录中所有子目录的字符串数组
GetFiles()	返回 FileInfo 类型的数组,表示指定目录下的一组文件
MoveTo()	将一个目录及其内容移动到一个新的路径
Parent	获取指定路径的父目录
Root	获取路径的根部分

7.2.3 File

File 类常用的方法如表 7-4 所示。

表 7-4 File 类常用的方法

名称	说明
AppendText	创建一个 StreamWriter 对象,用于在指定文件的末尾添加新的内容
Copy	复制指定文件
Move	移动文件

续表

名　称	说　明
Delete	删除文件
Exit	判断指定文件是否存在
Open	以指定的方式、权限打开指定文件
OpenRead	以只读方式打开指定文件
OpenText	打开文本文件，返回流
OpenWrite	以读写方式打开指定文件
Create	创建一个指定文件
CreateText	创建一个文本文件

下面介绍 File 类的基本应用。

1. 读写文件

【例 7-1】 创建一个名为 CreateText. txt 的文本文件，写入字符串，并且读出该文件内容放入到页面中。

```
using System.IO;
using System.Text;
private void btnReadWrite_Click(object sender, EventArgs e)
{
   //建立 StreamWriter 为写做准备
   StreamWriter rw = File.CreateText(Server.MapPath(".") + "\\CreateText.txt");
   //使用 WriteLine 写入内容
   rw.WriteLine("使用 File.CreateText 方法");
   rw.WriteLine("返回 StreamWriter 流,利用这个流进行写入.");
   //将缓冲区的内容写入文件
   rw.Flush();
   //关闭 rw 对象
   rw.Close();
   //打开文本文件
   StreamReader sr = File.OpenText(Server.MapPath(".") + "\\CreateText.txt");
   StringBuilder output = new StringBuilder();
   string rl;
   //读出文件内容并写到页面中
   while((rl = sr.ReadLine())!= null)
   {
    output.Append(rl + "<br>");
   }
   lblFile.Text = output.ToString();//通过 Label 控件显示读出结果
   sr.Close();
}
```

执行结果如图 7.4 所示。

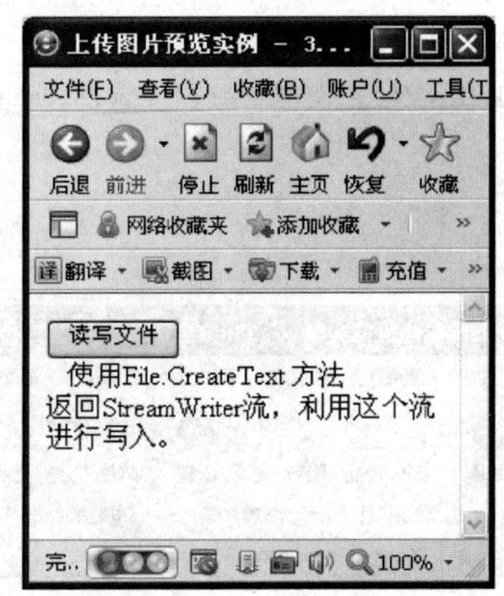

图 7.4 文件读写

2. 文件复制

【例 7-2】 将文件 CreateText.txt 复制成文件 NewCreateText.txt。执行步骤如下。

(1) 在页面中放入 3 个 Label 控件，分别命名为 lblEFromFile、lblEToFile、lblError。

(2) 拖放 1 个按钮控件，取名 btnCopy，编写以下按钮单击事件程序。

```
private void btnCopy_Click(object sender, System.EventArgs e)
{
    string OrignFile = Server.MapPath(".") + "\\CreateText.txt";
    string NewFile = Server.MapPath(".") + "\\NewCreateText.txt";
    //复制文件
    try
    {
      File.Copy(OrignFile,NewFile);
      if(File.Exists(OrignFile))
      {
       lblEFromFile.Text = OrignFile + "存在<br>";
      }
      else
      {
       lblEFromFile.Text = OrignFile + "不存在<br>";
      }
      if(File.Exists(NewFile))
      {
       FileInfo fi = new FileInfo(NewFile);
       DateTime Ctime = fi.CreationTime;
       lblEToFile.Text = NewFile + "已经存在<br>创建时间：" + Ctime.ToString() + "<br>";
      }
      else
      {
       lblEToFile.Text = NewFile + "不存在<br>";
      }
    }
```

```
    catch(Exception ee)
    {
      lblError.Text = "不能复制文件,错误信息为: " + ee.Message;
    }
}
```

执行结果如图 7.5 所示。

图 7.5　文件复制

3. 移动文件

【例 7-3】 将文件 CreateText. txt 移动为 NewCreateText. txt 文件。

```
private void btnMove_Click(object sender, System.EventArgs e)
{
    string OrignFile,NewFile;
    OrignFile = Server.MapPath(".") + "\\CreateText.txt";
    NewFile = Server.MapPath(".") + "\\..\\NewCreateText.txt";
    //移动文件
    try
    {
      File.Move(OrignFile,NewFile);
      if(File.Exists(OrignFile))
      {
       lblEFromFile.Text = OrignFile + "存在<br>";
      }
      else
      {
       lblEFromFile.Text = OrignFile + "不存在<br>";
      }
      if(File.Exists(NewFile))
      {
      FileInfo fi = new FileInfo(NewFile);
      DateTime Ctime = fi.CreationTime;
      lblEToFile.Text = NewFile + "已经存在了<br>创建时间: " + Ctime.ToString() + "<br>";
```

```
    }
    else
    {
     lblEToFile.Text = NewFile + "不存在<br>";
    }
   }
   catch(Exception ee)
   {
    lblError.Text = "不能移动文件";
   }
}
```

4. 删除文件

【例 7-4】 删除一个文件。

```
private void btnDelete_Click(object sender, System.EventArgs e)
{
   //首先判断文件是否存在
   string delFile = Server.MapPath(".") + "\\NewCreateText.txt";
   if(File.Exists(delFile))
   {
    //建立 FileInfo 对象,取得指定的文件信息
    FileInfo fi = new FileInfo(delFile);
    DateTime CreateTime = fi.CreationTime;
    Label lblOne = new Label();
    lblOne.Text = delFile + "存在<br>创建时间为: " + CreateTime.ToString() + "<p>";
    plShow.Controls.Add(lblOne);
    try
    {
     //删除文件
     File.Delete(delFile);
     Label lblOk = new Label();
     lblOk.Text = "删除文件" + delFile + "成功";
     plShow.Controls.Add(lblOk);
    }
    catch(Exception ee)
    {
     //捕捉异常
     Label lblFileExists = new Label();
     lblFileExists.Text = "不能删除文件" + delFile + "<br>";
     plShow.Controls.Add(lblFileExists);
    }
   }
   else
   {
    Label lblError = new Label();
    lblError.Text = delFile + "根本就不存在";
    plShow.Controls.Add(lblError);
   }
}
```

7.2.4 FileInfo

FileInfo 类可获取文件的详细信息（创建时间、大小、文件特性等），并创建、复制、移动和删除文件。除了从 FileSystemInfo 继承的一些功能外，表 7-5 列出了一些 FileInfo 类的核心成员。

表 7-5 FileInfo 核心成员

成员	作用
AppendText()	创建一个 StreamWriter 类型（后面会讨论），它用来向文件追加文本
CopyTo()	将现有文件复制到新文件
Create()	创建一个新的文件并且返回一个 FileStream 类型（后面会讨论），通过它来和新创建的文件进行交互
CreateText()	创建一个写入新文本文件的 StreamWriter 类型
Delete()	删除 FileInfo 实例绑定的文件
Directory	获取父目录的实例
DirectoryName	获取父目录的完整路径
Length	获取当前文件或目录的大小
MoveTo()	将指定文件移到新位置，并提供指定新文件名的选项
Name	获取文件名
Open()	用各种读/写访问权限和共享特权打开文件
OpenRead()	创建只读 FileStream 类型
OpenText()	创建从现有文本文件中读取数据的 StreamReader（后面会讨论）
OpenWrite()	创建只写 FileStream 类型

7.3 读写文件

7.3.1 StreamReader

StreamReader 是专门用来读取文本文件的类，StreamReader 可以从底层 Stream 对象创建 StreamReader 对象的实例，而且也能指定编码规范参数。创建 StreamReader 对象后，它提供了许多用于读取和浏览字符数据的方法。

下面对 StreamReader 类中比较重要的方法进行详细介绍。

(1) Close()方法。关闭 StreamReader 对象和基础流，并释放与读取器关联的所有系统资源。在创建和使用完一个 StreamReader 后一定要将其及时关闭。

(2) Read()方法。从文件中读取数据，再把数据写入一个字节数组。它有 3 个参数：第一个参数是传输进来的字节数组，用以接收 StreamReader 对象中的数据。第二个参数是字节数组中开始写入数据的位置。它通常是 0，表示从数组开始端向文件中写入数据。最后一个参数指定从文件中读出多少字节。例如：

```
protected void Button1_Click(object sender, EventArgs e)
{
```

```
        //得到一个 StreamReader 对象
        FileInfo f = new FileInfo(@"D:\Test\boot.ini");
        StreamReader sReader = f.OpenText();
        //读取数据
        char[] s = new char[20];
        sReader.Read(s, 0, 5);
        Label1.Text = "";
        for (int i = 0; i < 5; i++)
        {
            Label1.Text = Label1.Text + s[i].ToString();
        }
        sReader.Close();

    }
```

注意：此处要添加引用“using System.IO;”。

执行结果如图 7.6 所示。

(3) ReadLine ()方法。从当前流中读取一行字符并将数据作为字符串返回。语法如下：

```
public override string ReadLine ()
```

返回值：输入流中的下一行；如果到达了输入流的末尾，则为空引用。

StreamReader 类对象在使用完毕后同样需要及时调用 Close()方法将其关闭。使用 using()语句可以使对象在使用完毕后自动释放。

图 7.6　Read ()读取文件

7.3.2　StreamWriter

StreamWriter 专门用于向文件中写数据，它和 StreamReader 类似，只是一个负责向文件中写数据，一个负责向文件中读数据而已。创建 StreamWriter 有很多方法：

```
FileStream aFile = new FileStream("Log.txt",FileMode.CreatcNew);
StreamWriter sw = new StreamWriter(aFile);
```

也可直接从文件中创建 StreamWriter 对象：

```
StreamWriter sw = new StreamWriter("Log.txt",true);
```

后面这个 Boolean 值规定是打开文件还是创建新文件，如果此值为 false，就创建一个新文件，或者截取现有文件并打开它；如果此值设置为 true，则打开文件，保留原来的数据，如果找不到文件，则创建一个新文件。例如：

```
protected void Button1_Click(object sender, EventArgs e)
{
    try
    {
        //建立一个 fileStream 对象
```

```
            FileStream aFile = new FileStream(@"D:\Test\Test.txt", FileMode.OpenOrCreate);
            //用 FileStream 对象实例一个 StreamWriter 对象
            StreamWriter sw = new StreamWriter(aFile);
            sw.Write("first.");
            //写入字符串,方法 WriteLine 写入时后面跟一个换行符
            sw.WriteLine("hello world!!!");
            sw.Write("This is a");//写入字符串,方法 Write 写入时没有换行符
            sw.Write("string of characters.");
            sw.Close();            //用完后必须关闭对象
            aFile.Close();
            Label1.Text = "写入成功!";
        }
        catch (IOException ex)
        {
            Label1.Text = ex.ToString();
        }
    }
```

执行结果如图 7.7 所示，文本 test.txt 内容如图 7.8 所示。

图 7.7　执行结果

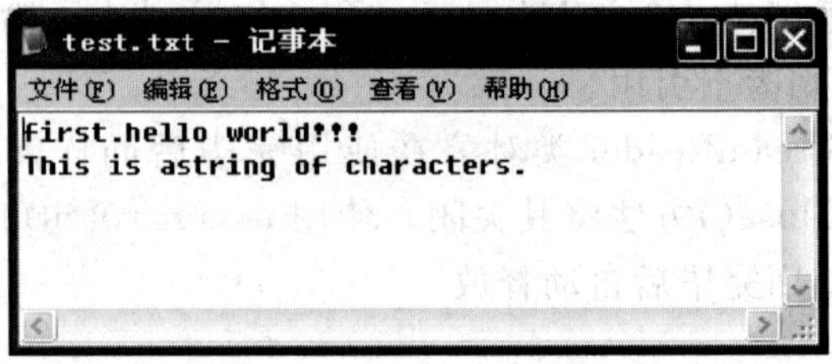

图 7.8　写入文件数据

7.3.3　FileStream

FileStream 对象表示在磁盘或网络路径上指向文件的流，使用 FileStream 类读取数据不像使用本章前面介绍的 StreamReader 类读取数据那样容易。这是因为 FileStream 类只能处理原始字节。处理原始字节的功能使 FileStream 类可以用于任何数据文件，而不仅仅是文本文件。通过读取字节数据，FileStream 对象可以用于读取图像和声音的文件。这种灵活性的代价是，不能使用 FileStream 类将数据直接读入字符串，而使用 StreamReader 类却可以这样处理。但是有几种转换类可以很容易地将字节数组转换为字符数组，或者进行相反的操作，稍后对此进行介绍。

1. 创建 FileStream 对象

有几种方法可以创建 FileStream 对象。构造函数具有许多不同的重载版本，最简单的构造函数仅仅带有两个参数，即文件名和 FileMode 枚举值。

```
FileStream aFile = new FileStream(filename, FileMode.Member);
```

另一个常用的构造函数如下：

```
FileStream aFile = new FileStream(filename, FileMode.Member, FileAccess.Member);
```

FileMode 枚举有几个成员，规定了如何打开或创建文件。FileMode 枚举成员如表 7-6 所示。使用每个值会发生什么，取决于指定的文件名是否表示已有的文件。注意这个表中的项表示创建流时该流指向文件中的位置，下一节将详细讨论这个主题。除非特别说明，否则流就指向文件的开头。

表 7-6　FileMode 成员

成　　员	文 件 存 在	文件不存在
Append	打开文件，流指向文件的末尾，只能与枚举 FileAccess.Write 联合使用	创建一个新文件。只能与枚举 FileAccess.Write 联合使用
Create	删除该文件，然后创建新文件	创建新文件
CreateNew	抛出异常	创建新文件
Open	打开现有的文件，流指向文件的开头	抛出异常
OpenOrCreate	打开文件，流指向文件的开头	创建新文件
Truncate	打开现有文件，清除其内容。流指向文件的开头，保留文件的初始创建日期	产生异常

第三个参数是 FileAccess 枚举的一个成员，它指定了流的作用。FileAccess 枚举的成员如表 7-7 所示。

表 7-7　FileAccess 成员

成　　员	说　　明
Read	打开文件，用于只读
Write	打开文件，用于只写
ReadWrite	打开文件，用于读写

在 FileStream 构造函数不使用 FileAccess 枚举参数的版本中，使用默认值 FileAccess. ReadWrite。还可以使用 File/FileInfo 的 OpenRead() 或 OpenWrite()方法来创建 FileStream 对象。如：

```
FileStream aFile = File.OpenRead(@"D:\Test\boot.ini");
```

或者：

```
FileInfo aFileInfo = new FileInfo(@"D:\Test\boot.ini");
FileStream aFile = aFileInfo.OpenRead();
```

2. 文件定位

FileStream 访问文件指定位置用 Seek()方法，有两个参数：第一个参数是偏移量；第二个参数是起始位置，用 SeekOrigin 枚举表示，即 Begin、Current、End。例如：

```
aFile.Seek(8, SeekOrigin.Begin);     //指向文件的第 8 个字节
aFile.Seek(2, SeekOrigin.Current);   //从当前位置向后移动两个字节,即指向文件的第 20 个字节
aFile.Seek(-5, SeekOrigin.End);      //指向文件的倒数第 5 个字节
```

注意：StreamReader 和 StreamWriter 只能连续地访问文件，不能这样随机访问。

FileStream 读取文件，由于 FileStream 读取的是原始字节，因此可用于任何文件，而不仅是文本文件。而 StreamReader 可以直接读取字符串。当然有一些转换类可以实现字节数组与字符数组之间的转换。

3. FileStream 读取文件

FileStream 读取文件用 FileStream.Read()方法，该方法有 3 个参数：第一个参数是目标字节数组，第二个参数是目标字节数组的起始写入位置（通常是 0），第三个参数是从文件中读取多少字节。例如：

```
protected void Button1_Click(object sender, EventArgs e)
{
    byte[] byData = new byte[100];                //字节数组
    char[] charData = new Char[100];              //字符数组
    try
    {
        FileStream aFile = new FileStream(@"D:\Test\boot.ini", FileMode.Open);
        aFile.Seek(2, SeekOrigin.Begin);          //定位到第 2 个字节
        aFile.Read(byData, 0, 3);                 //读取 3 个字节
        //解码器，位于 System.Text 命名空间
        System.Text.Decoder d = Encoding.UTF8.GetDecoder();
        //通过 GetChars 方法来解码，第一个参数表示源字节数组
        //第二个参数表示起始位置，第三个参数表示解码的数量
        //第四个参数表示目标字符数组，第五个参数表示起始位置
        d.GetChars(byData, 0, byData.Length, charData, 0);
        //显示读出的字符
        Label1.Text = "";
        for (int i = 0; i < byData.Length ; i++)
        {
          Label1.Text = Label1.Text + charData[i];
        }
    }
    catch (IOException ex)
    {
        Label1.Text = ex.ToString();
    }
}
```

执行结果如图 7.9 所示。

图 7.9 读取结果

4. FileStream 写入文件

写文件与读取文件非常类似，见示例：

```
protected void Button1_Click(object sender, EventArgs e)
{
    byte[] byData;                                //字节数组
    char[] charData;                              //字符数组
    try
    {
        FileStream aFile = new FileStream(@"D:\Test\test.txt", FileMode.Create);
        //在一个字符串常量上，也能调用 String 类的静态方法
        charData = "Hello world from FileStream.".ToCharArray();
        byData = new byte[charData.Length];
```

```
        Encoder d = Encoding.UTF8.GetEncoder();
        d.GetBytes(charData, 0, charData.Length, byData, 0, true);
        aFile.Seek(0, SeekOrigin.Begin);        //定位
        aFile.Write(byData, 0, byData.Length); //写入数据
        Label1.Text = "成功写入!";
        aFile.Close();
    }
    catch (IOException ex)
    {
        Label1.Text = ex.ToString();
    }
}
```

执行结果如图 7.10 所示,并得到如图 7.11 所示的 test.txt 文件。

图 7.10　执行结果

图 7.11　test.txt 文件

7.4　文件的上传与下载

7.4.1　上传文件

1. FileUpload 控件

FileUpload 控件是一个很重要的控件,它被 Web 服务器最终解释为形如"<input type="file"…/>"这样的普通 HTML 控件。它有如表 7-8 所示的常见属性。

表 7-8　FileUpload 的属性

属性名	数据类型	说　明
FileBytes	byte[]	上传的文件内容的字节数组表示形式
FileContent	Stream	上传文件的数据流
FileName	string	上传文件在客户端的名字
HasFile	bool	指示是否上传了文件
PostedFile	HttpPostedFile	获取文件基础的 HttpPostedFile 对象

这个 HttpPostedFile 对象能帮我们做很多工作,它也有一些有用的常见属性,如表 7-9 所示。

表 7-9 HttpPostedFile 的属性

属性名	数据类型	说明
ContentLength	int	上传的文件内容的字节长度
ContentType	string	上传文件的 MIME 内容类型
FileName	string	上传文件的在客户端的名字
InputStream	Stream	指向上传文件的 Stream 对象

FileUpload 控件还有一个 void SaveAs (string filename)的方法，这个方法用于将上传的文件保存到服务器上。一般来说，使用 FileUpload 控件上传文件一般有如下几个步骤。

(1) 利用 HasFile 属性判断是否上传了文件。

(2) 在服务器上指定一个物理路径，并检查这个物理路径是否存在，如果不存在则先创建。

(3) 指定上传文件在服务器上的上传路径，利用 SaveAs()保存上传的文件。这一步还可以做一些其他检查工作，比如检查上传的文件格式是否符合要求或文件内容大小是否符合要求。

(4) 将相对路径或者 URL 地址保存起来，以便客户访问或者下载。

这里要着重强调的是：保存上传的时候保存文件用的是物理路径，但是要保存的、日后客户端能访问得到的却是相对路径或者 URL 地址。

【例 7-5】 下面是一个简单的例子，步骤如下。

(1) 创建一个网站 Website1。

(2) 在 Default.aspx 网页中添加 1 个 FileUpload 控件和 1 个 Button 控件，并将 Button 控件的 ID 修改为 btSendFile，Text 属性修改为“上传”。

(3) 双击“上传”按钮，并添加代码：

```
protected void btSendFile_Click(object sender, EventArgs e)
{
    //判断是否上传了文件
    if (FileUpload1.HasFile)
    {
        //指定上传文件在服务器上的保存路径
        string savePath = System.Web.HttpContext.Current.Server.MapPath("~/upload/");
        //检查服务器上是否存在这个物理路径，如果不存在则创建
        if (!System.IO.Directory.Exists(savePath))
        {
            //需要注意的是，需要对这个物理路径有足够的权限，否则会报错
            //另外，这个路径应该是在网站之下，将网站部署在 C 盘却把上传文件保存在 D 盘
            System.IO.Directory.CreateDirectory(savePath);
        }
        savePath = savePath + "\\" + FileUpload1.FileName;
        FileUpload1.SaveAs(savePath);            //保存文件
        //需要注意的是，在客户端访问需要指定的是 URL 地址，而不是在服务器上的物理地址
        //literal.Text = string.Format ( "< a href = 'upload/{0}'> upload/{0}</a >",
fileUpload.FileName);
    }
}
```

2. 带图片预览功能的 FileUpload 控件

为了保证文件传送的正确性，有时在传送图片文件之前，需要预览图片，这时只需要在页面中动态生成一个图像控件，然后在图像文件中显示需要传送的图片即可，例 7-6 就是一个带有预览功能的文件上传实例。

【例 7-6】 编写一个带有图片预览效果的图像上传程序，预览时间为 5 秒。程序设计步骤如下。

（1）新创建网页 Default.aspx。

（2）切换到网页的源设计界面，将以下程序内容直接替换原有的内容即可。

```
<%@ Page Language = "C#" AutoEventWireup = "true"  CodeFile = "Default.aspx.cs" Inherits = "
_Default" %>
<!DOCTYPE html PUBLIC " - //W3C//DTD XHTML 1.0 Transitional//EN" "http://www.w3.org/TR/
xhtml1/DTD/xhtml1 - transitional.dtd">
<script runat = "server">
</script> <script runat = "server">
</script>
<html xmlns = "http://www.w3.org/1999/xhtml" >
<head runat = "server">
    <title>上传图片预览实例</title>
    <script type = "text/javascript" language = "javascript">
//如果用户选择了图片,则显示图片的预览效果
function previewImage()
{
  var x = document.getElementById("file");
  if(!x || !x.value)                              //如果没有选择上传文件
  {
    return;
  }
    var patn = /\.jpg$|\.jpeg$|\.gif$/i;
    if(patn.test(x.value))                        //如果上传文件的后缀是.jpg或.jpeg或.gif
    {
        var y = document.getElementById("img");
        if(y)
        {
            y.src = 'file://localhost/' + x.value;
            y.style.display = "block";
        }
        else
        {
            var img = document.createElement('img');
            img.setAttribute('src','file://localhost/' + x.value);
            img.setAttribute('width','120');
            img.setAttribute('height','90');
            img.setAttribute('id','img');
            document.getElementById('form1').appendChild(img);
        }
        setTimeout("hidden()",5000);              //5 秒之后执行隐藏图片的 javascript 方法
```

```
        }
        else
        {
            alert("您选择的似乎不是图像文件。");
        }
    }
    //隐藏照片
    function hidden()
    {
        var y = document.getElementById("img");
        if(y)
        {
            document.getElementById('img').style.display = "none";
        }
    }
    </script>
    </head>
    <body>
        <form id = "form1" runat = "server">
        <div>
                <asp:FileUpload ID = "file" runat = "server" onchange = "previewImage()"
onmouseover = "previewImage()" />
            <asp:Button ID = "btnUpload" runat = "server" Text = "上传" /></div>
        </form>
    </body>
    </html>
```

设计的界面如图 7.12 所示。

执行结果如图 7.13 所示。

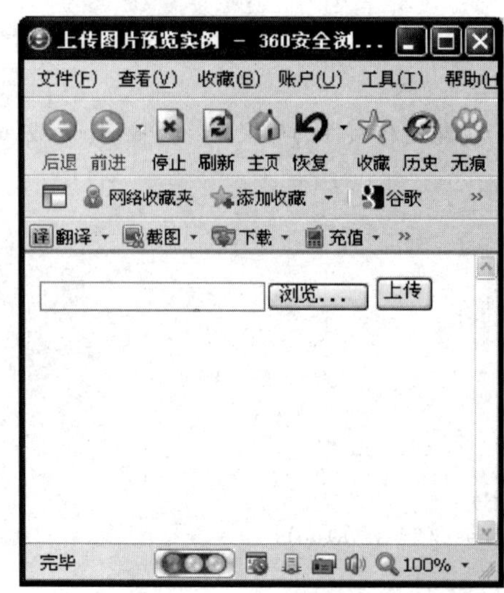

图 7.12　图片传输界面

图 7.13　带预览功能的图片传输

代码分析如下。

- 因为这里不涉及上传后如何保存，只是仅在用户选择了要上传的文件时或者用户将鼠标指针移动到上传控件上时，如果上传的文件是图片文件，就显示这个图片的预览效果 5 分钟，然后消失。

- 在这个页面里 form 表单的 id 是 form1，上传控件的 id 是 file，所以在客户端用到了 document. getElementById( ) 这个方法来获取相关的控件的属性值，并且通过 javascript 脚本动态添加了一个＜img id＝"img"＞的控件，然后操纵它的 src 属性来决定显示哪张图片，利用它的 style. display 属性来决定是否显示。

7.4.2 下载文件

当服务器要提供文件下载时，HttpResponse 有这么几种方法可以使用。

1. Response. WriteFile 方法

用 Response. WriteFile 实现文件下载的方法如下：

```
Response.ContentType = "application/octet - stream";
Response.WriteFile(@"whatever.zip");
```

【例 7-7】 用 Response. WriteFile 实现文件下载，将 DownLoad/bb. xls 下载到指定目录下的文件 asd. xls，程序如下所示。

```
protected void Button1_Click(object sender, EventArgs e)
{
    string fileName = "asd.xls";                        //客户端保存的文件名
    string filePath = Server.MapPath("DownLoad/bb.xls"); //路径
    FileInfo file = new FileInfo(filePath);
    if (file.Exists)
    {
        Response.AddHeader("Content - Disposition", "attachment;filename = " + fileName);
        Response.ContentType = "application/octet - stream";
        Response.ContentEncoding = System.Text.Encoding.GetEncoding("gb2312");
        Response.WriteFile(file.FullName);
        Response.Flush();
        Response.End();
    }
}
```

2. 文件流形式

用 Response. WriteFile 会使 Aspnet_wp. exe 缓存了太大空间而导致下载失败，这时建议采用文件流形式。

【例 7-8】 用 Response. WriteFile 实现文件下载，将 DownLoad/aaa. txt 下载到指定目录下的文件 aaa. txt，程序如下所示。

```
protected void Button2_Click(object sender, EventArgs e)
{
    string fileName = "aaa.txt";                        //客户端保存的文件名
    string filePath = Server.MapPath("DownLoad/aaa.txt");//路径
```

```
    //以字符流的形式下载文件
    FileStream fs = new FileStream(filePath, FileMode.Open);
    byte[] bytes = new byte[(int)fs.Length];
    fs.Read(bytes, 0, bytes.Length);
    fs.Close();
    Response.ContentType = "application/octet-stream";
    //通知浏览器下载文件而不是打开
    Response.AddHeader("Content-Disposition", "attachment;  filename=" + HttpUtility.
UrlEncode(fileName, System.Text.Encoding.UTF8));
    Response.BinaryWrite(bytes);
    Response.Flush();
    Response.End();
}
```

3. Response.TransmitFile 方法

Response.TransmitFile 方法将指定的文件直接写入 HTTP 响应输出流，而不在内存中缓冲该文件。如：

```
Response.ContentType = "application/x-zip-compressed";
Response.AddHeader("Content-Disposition", "attachment;filename=downloadfilename.zip");
Response.TransmitFile(@"whatever.zip");
```

（假设同文件夹下有个需要下载的文件叫 whatever.zip，而用户下载时默认名称为 downloadfilename.zip）

【例 7-9】 用 Response.TransmitFile 实现文件下载，将 DownLoad/test.doc 下载到指定目录下的文件 aaa.txt，程序代码如下所示。

```
protected void Button3_Click(object sender, EventArgs e)
{
    string strFileName = "DownLoad/ test. doc";
    Response.ContentType = "application/x-zip-compressed";
    Response.AddHeader("Content-Disposition", "attachment;filename=" + Server.UrlPath
Encode(strFileName));
    Response.TransmitFile(strFileName);
}
```

习题 7

1. C#中与文件读写有关的常用类有哪些？

2. 编程实现文件及目录的创建，并实现将文件从 D:\test 目录下移动到 E:\test 下。

3. 编程实现将上题中 E:\test 目录下的文件的文件名、文件大小、文件创建日期等属性在屏幕上显示。

4. 编程实现将“Hello! This is a test.”文本内容存放到 E:\test 目录下一个名称为 test.txt 的文件中。

5. 利用 FileUpload 控件编程实现将图片文件上传到指定目录中。

6. 常用的文件下载方法有哪些？

第8章 XML和Web服务

本章主要介绍XML和Web服务的基本概念，XML文件的读写，Web服务的创建、发布与使用等内容。主要实现以下目标：

- 了解XML和Web服务的基本含义与意义；
- 掌握XML的读写基本方法；
- 掌握Web服务的创建方法；
- 掌握Web服务的使用方法。

8.1 XML

8.1.1 XML概述

XML(Extensible Markup Language，可扩展标记语言)是Internet环境中跨平台的、依赖于内容的技术，是这个时代中处理分布式结构信息的选择工具，也是当前处理结构化文档信息的有力工具。XML是一种简单的数据存储语言，使用一系列简单的标记描述数据，这些标记可以用方便的方式建立，虽然XML占用的空间比二进制数据要占用更多的空间，但XML极其简单，易于掌握和使用。

XML文档分为两类：有效的XML文档以及简化格式的XML文档。

一个简化格式的XML文档必须遵从下面几个原则：

- 至少有一个元素；
- 遵守XML规范；
- 根元素应该不被其他元素所包含；
- 适当的元素嵌套是必需的；
- 属性值应该在问号内；
- 除了保留实体外，所有的实体都要声明。

有效XML文档指的是那些拥有一个DTD参考文件的XML文档。一个有效XML文档至少必须首先是简化格式的XML文档。跟随这个文档的DTD文件的有效性促进了XML执行程序的运行以及文档在兼容XML浏览器中的显示。

【例8-1】 一个简化格式的记录有关学生信息的XML文档：

```
<Student version = "1.0">
```

```
  <Inform>
    <Name>张三</Name>
    <Age>20</Age>
    <Hobby>唱歌</Hobby>
  </Inform>
  <Inform>
    <Name>李四</Name>
    <Age>20</Age>
    <Hobby>跳舞</Hobby>
  </Inform>
  <Inform>
    <Name>王五</Name>
    <Age>20</Age>
    <Hobby>游泳</Hobby>
  </Inform>
</Student>
```

第一行是 XML 声明，其中 version 属性指明了 XML 的版本。

XML 与 Access、Oracle 和 SQL Server 等数据库不同，数据库提供了更强有力的数据存储和分析能力，例如数据索引、排序、查找、相关一致性等，XML 仅仅是展示数据。事实上 XML 与其他数据表现形式最大的不同是：极其简单。这是一个看上去有点琐细的优点，但正是这点使 XML 与众不同。

XML 与 HTML 的设计区别是：XML 是用来存储数据的，重在数据本身；而 HTML 是用来定义数据的，重在数据的显示模式。

XML 的简单使其易于在任何应用程序中读写数据，这使 XML 很快成为数据交换的唯一公共语言，虽然不同的应用软件也支持其他的数据交换格式，但不久之后它们都将支持 XML，那就意味着程序可以更容易地与 Windows、Mac OS、Linux 以及其他平台下产生的信息结合，然后可以很容易加载 XML 数据到程序中并分析它，并以 XML 格式输出结果。

要对 XML 文件进行操作，需声明以下命名空间：using System.Xml。System.Xml 包含了一些和 XML 文档的读写操作相关的类，它们分别是 XmlReader、XmlTextReader、XmlValidatingReader、XmlNodeReader、XmlWriter、XmlTextWriter 以及 XmlNode（它的子类包括 XmlDocument、XmlDataDocument、XmlDocumentFragment）等。

8.1.2 写 XML 文档

用 XmlWriter 类实现写操作，该类包含了写 XML 文档所需的方法和属性，它是 XmlTextWriter 类和 XmlNodeWriter 类的基类。写操作的有些方法是成对出现的，比如要写入一个元素，首先调用 WriteStartElement 方法，写入实际内容，调用 WriteEndElement 方法结束。下面通过其子类 XmlTextWriter 来说明如何写 XML 文档。

（1）首先创建 XmlTextWriter 对象：

```
XmlTextWriter textWriter = New XmlTextWriter("C:\\myXmFile.xml", null);
```

（2）调用 WriterStartDocument 方法写 XML 文档，在写的过程中，可以：

① 调用 WriteComment 方法来添加说明；

② 通过调用 WriteString 方法来添加一个字符串;

③ 通过调用 WriteStartElement 和 WriteEndElement 方法对来添加一个元素;

④ 通过调用 WriteStartAttribute 和 WriteEndAttribute 方法对来添加一个属性;

⑤ 通过调用 WriteNode 方法来添加一个节点。

(3) 调用 WriteEndDocument 结束写过程,并调用 Close 方法将它关闭。

其他的写的方法还包括 WriteProcessingInstruction 和 WriteDocType 等。下面的示例介绍如何具体运用这些方法来完成 XML 文档的写工作。

【例 8-2】 创建一个名为 Test.xml 的 XML。

(1) 创建 Default3.aspx 文档,拖放 1 个 Button 控件,修改其 Text 为"创建 xml 文档"。

(2) 在 Default3.aspx.cs 中添加引用"using System.Xml;"。

(3) 编写如下按钮事件程序。

```
protected void Button1_Click(object sender, EventArgs e)
{
    try
    {
        //************写 xml 文档************
        //创建 XmlTextWriter 类的实例对象,Server.MapPath 表示在当前虚拟目录下
        XmlTextWriter textWriter = new XmlTextWriter(Server.MapPath("~/test.xml"), null);
        textWriter.Formatting = Formatting.Indented;
        //开始写过程,调用 WriteStartDocument 方法
        textWriter.WriteStartDocument();
        //写入说明
        //创建一个节点
        textWriter.WriteStartElement("Administrator");
        for (int i = 0; i < 10; i++)
        {
            textWriter.WriteElementString("No", i.ToString());
            textWriter.WriteElementString("Name", "张挚" + i.ToString() + "号");
        }
        textWriter.WriteEndElement();
        //写文档结束,调用 WriteEndDocument 方法
        textWriter.WriteEndDocument();
        //关闭 textWriter
        textWriter.Close();
    }
    catch (Exception ex)
    {
        Console.WriteLine(ex.ToString());
    }
}
```

(4) 运行并单击按钮后,创建了一个 test.xml 文档,浏览该文档的结果如图 8.1 所示。

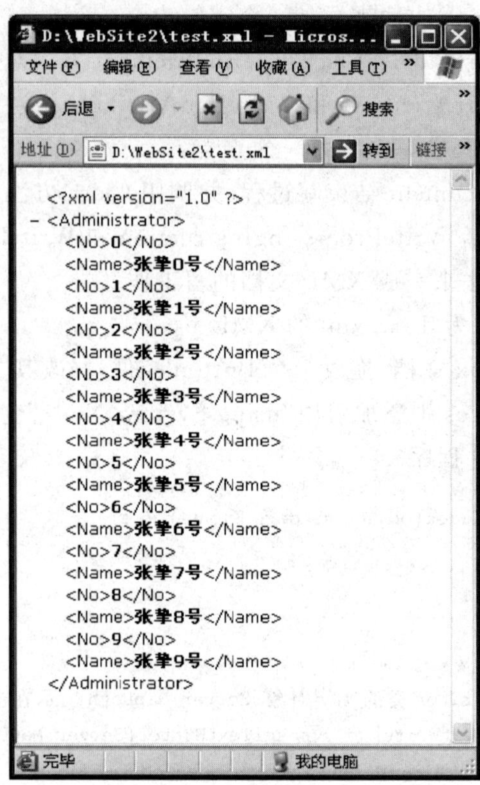

图 8.1　test. xml 文档

8.1.3　读 XML 文档

用 XmlTextReader 类的对象来读取该 XML 文档。在创建新对象的构造函数中指明 XML 文件的位置即可。

```
XmlTextReader textReader = new XmlTextReader("C:\\books.xml");
```

通过 XmlTextReader 类中的属性 NodeType 可以知道其节点的节点类型。通过与枚举类型 XmlNodeType 中的元素的比较，可以获取相应节点的节点类型并对其完成相关的操作。XmlNodeType 中包含了诸如 XmlDeclaration、Attribute、CDATA、Element、Comment、Document、DocumentType、Entity、ProcessInstruction 以及 WhiteSpace 等 XML 项的类型。

下面的示例是以读取例 8-2 创建的 test. xml 文件创建对象，通过该 xml 对象的 Name、InnerText 等属性来获取相关信息，并显示在控制台中。

【例 8-3】 读取例 8-2 创建的 test. xml 文件，并利用 Repeater 控件显示结果。步骤如下。

(1) 在例 8-2 创建的 Default3. aspx 文档中拖放 1 个 Button 控件，修改 Text 属性为“读取 XML”。

(2) 再拖放 1 个 Repeater 和 Label 控件到页面，结果如图 8.2 所示。

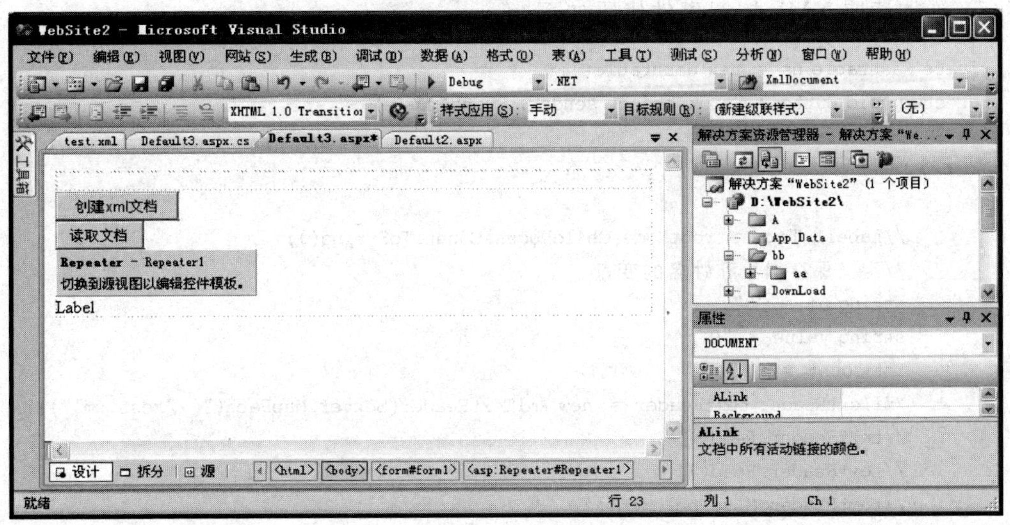

图 8.2 界面设计

(3) 转到页面的源设计界面,添加以下代码。

```
<asp:Repeater ID="Repeater1" runat="server">
    <HeaderTemplate>
        <table>
            <tr>
                <td>
                    编号
                </td>
                <td>
                    姓名
                </td>
            </tr>
    </HeaderTemplate>
    <ItemTemplate>
        <tr>
            <td>
                <%#((DictionaryEntry)Container.DataItem).Key%>
            </td>
            <td>
                <%#((DictionaryEntry)Container.DataItem).Value %>
            </td>
        </tr>
    </ItemTemplate>
    <FooterTemplate>
        </table>
    </FooterTemplate>
</asp:Repeater>
```

(4) 为了应用集合,添加引用“using System.Collections;”。

（5）添加读取 XML 按钮事件代码如下。

```
private Hashtable hs = new Hashtable();
protected void Button2_Click(object sender, EventArgs e)
{
    try
    {
        //Label1.Text = rootNode.ChildNodes.Count.ToString();
        //定义保存编号和姓名的变量
        string no = "0";
        string value = "0";
        int count = 0;
        XmlTextReader textReader = new XmlTextReader(Server.MapPath("～/test.xml"));
        //textReader.Read();
        //textReader.Read();
        //textReader.MoveToElement();
        //节点非空则执行循环体
        while (textReader.Read())
        {
          //处理一个元素节点的起始
            if (textReader.NodeType == XmlNodeType.Text)
            {
                count++;
                switch (textReader.Value)
                {
                    case "0":
                    case "1":
                    case "2":
                    case "3":
                    case "4":
                    case "5":
                    case "6":
                    case "7":
                    case "8":
                    case "9":
                        no = textReader.Value;
                        break;
                    default:
                        value = textReader.Value;
                        //value = "sss";
                        hs.Add(no, value);
                        break;
                }
            }
            Label1.Text = "总共有：" + (count / 2).ToString() + "条记录";
        }
    }
    catch (Exception ex)
    {
        Console.WriteLine(ex.ToString());
    }
    this.Repeater1.DataSource = hs;
```

```
    this.Repeater1.DataBind();
}
```

（6）浏览页面并单击“读取文档”按钮，结果如图 8.3 所示。

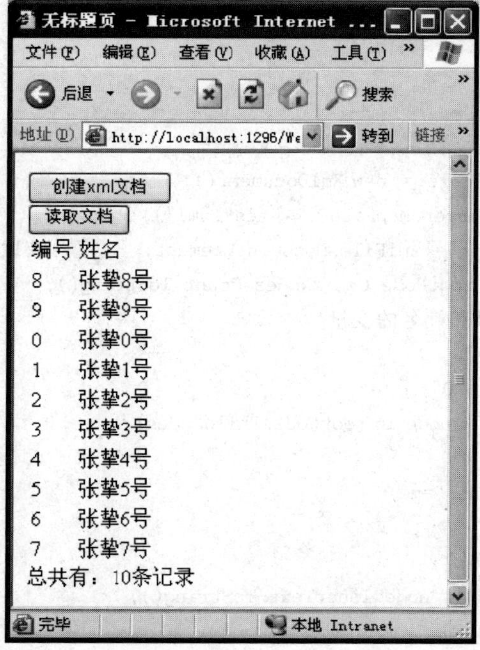

图 8.3　读取 xml 结果

8.1.4　XmlDocument 类

XmlDocument 类代表了 XML 文档，它能完成与整个 XML 文档相关的各类操作，同时和其相关的 XmlDataDocument 类也是非常重要的，值得深入研究。该类包含了 Load、LoadXml 以及 Save 等重要的方法，如表 8-1 所示。

表 8-1　XmlDocument 重要方法

方　法	说　明
Load	从一个字符串指定的 XML 文件或是一个流对象、一个 TextReader 对象、一个 XmlReader 对象导入 XML 数据
LoadXml	从一个特定的 XML 文件导入 XML 数据
Save	将 XML 数据保存到一个 XML 文件中或是一个流对象、一个 TextWriter 对象、一个 XmlWriter 对象中

例如，Save 方法的使用如下：

```
//保存到文件中
doc.Save("C:\\student.xml");
//通过改变 Save 方法中参数，将 XML 数据显示在控制台中
doc.Save(Console.Out);
```

【例 8-4】 利用 XmlDataDocument 类实现例 8-3 的功能。

只需要将例 8-3 的第(5)步中的"读取文档"按钮事件代码修改为以下代码，结果一样。

```
private Hashtable hs = new Hashtable();
protected void Button2_Click(object sender, EventArgs e)
{
    try
    {
        //*******读文档***********
        XmlDocument xmlFile = new XmlDocument();
        xmlFile.Load(Server.MapPath("~/test.xml"));
        XmlNode rootNode = xmlFile.DocumentElement;        //获取根节点
        Label1.Text = rootNode.ChildNodes.Count.ToString();
        //定义保存编号和姓名的变量
        string no = "0";
        string value = "0";
        foreach (XmlNode node in rootNode.ChildNodes)
        {
            switch (node.Name)
            {
                case "No":
                    no = node.InnerText.ToString();
                    break;
                case "Name":
                    value = node.InnerText.ToString();
                    hs.Add(no, value);
                    break;
            }
        }
    }
    catch (Exception ex)
    {
        Console.WriteLine(ex.ToString());
    }
    this.Repeater1.DataSource = hs;
    this.Repeater1.DataBind();
}
```

8.2 Web 服务

8.2.1 Web Service 简介

Web Service 也称为 XML Web Service，Web Service 是一种可以接收从 Internet 或者 Intranet 上的其他系统中传递过来的请求，轻量级的独立的通信技术。它是通过 SOAP 在 Web 上提供的软件服务，使用 WSDL 文件进行说明，并通过 UDDI 进行注册。

- XML：面向短期的临时数据处理、面向万维网络，是 SOAP 的基础。
- SOAP：简单对象访问协议(Simple Object Access Protocol)。是 XML Web Service 的通信协议。当用户通过 UDDI 找到你的 WSDL 描述文档后，它可以通过 SOAP 调用你建立的 Web 服务中的一个或多个操作。SOAP 是 XML 文档形式的调用方法的规范，它可以支持不同的底层接口，像 HTTP(s) 或者 SMTP。
- WSDL(Web Services Description Language)：WSDL 文件是一个 XML 文档，用于说明一组 SOAP 消息以及如何交换这些消息。大多数情况下由软件自动生成和使用。
- UDDI(Universal Description, Discovery and Integration)：是一种根据描述文档来引导系统查找相应服务的机制。UDDI 利用 SOAP 消息机制(标准的 XML/HTTP)来发布、编辑、浏览以及查找注册信息。它采用 XML 格式来封装各种不同类型的数据，并且发送到注册中心或者由注册中心来返回需要的数据。

8.2.2 创建 Web Service

.NET 平台内建了对 Web Service 的支持，包括 Web Service 的构建和使用。与其他开发平台不同，使用 .NET 平台，不需要其他的工具或者 SDK 就可以完成 Web Service 的开发。.NET Framework 本身就全面支持 Web Service，包括服务器端的请求处理器和对客户端发送和接收 SOAP 消息的支持。下面就一步一步地用 Microsoft Visual Studio .NET 2013 (后面简称 VS.NET 2013)创建和使用一个简单的 Web Service。

【例 8-5】 创建一个最简单的 Web Service，步骤如下。

(1) 新建一个 Web Service 工程，工程名为 WebServiceProject。操作过程为：选择“文件”→“新建”→“项目”命令，之后在“模板”中选择 Visual C# →Web→“ASP.NET Web 应用程序”命令，如图 8.4 所示。单击“确定”按钮后进入下一步。

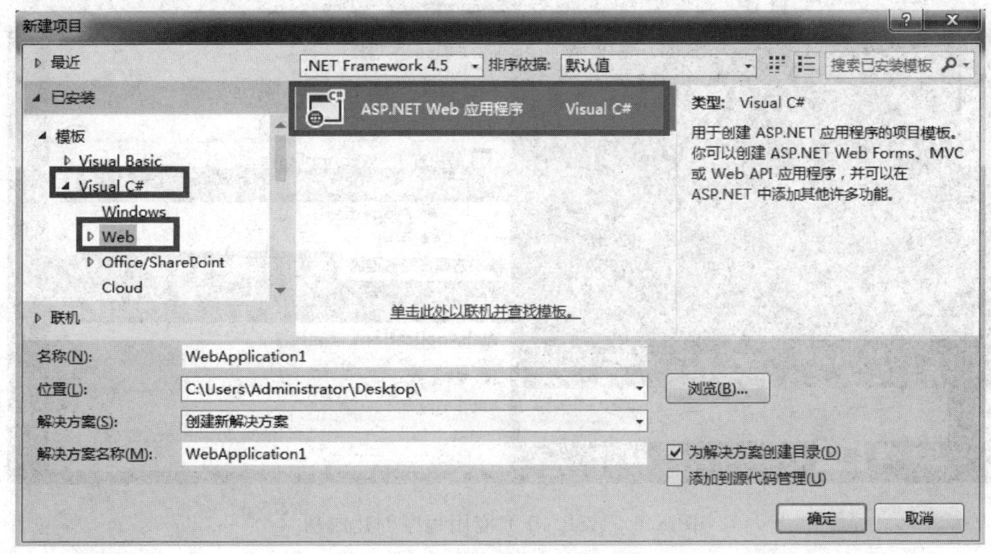

图 8.4 Web Service 新建项目对话框

（2）在图 8.5 中选择 Empty，单击“确定”按钮后进入下一步。

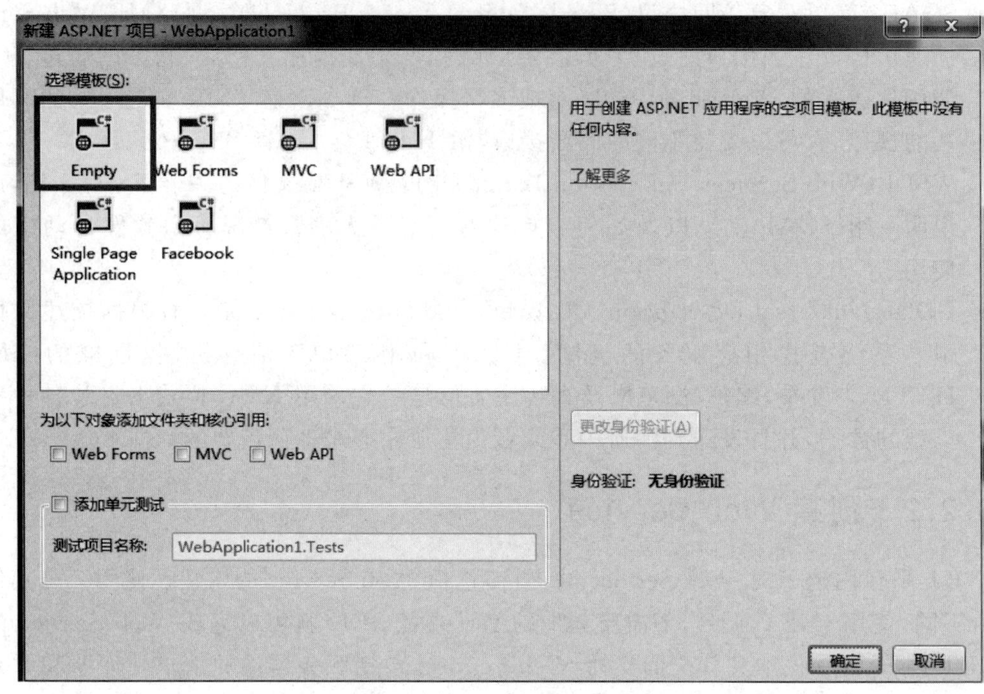

图 8.5　ASP.NET 应用程序空项目模板

（3）在图 8.6 中右击刚创建的项目，选择“添加”进入下一步。

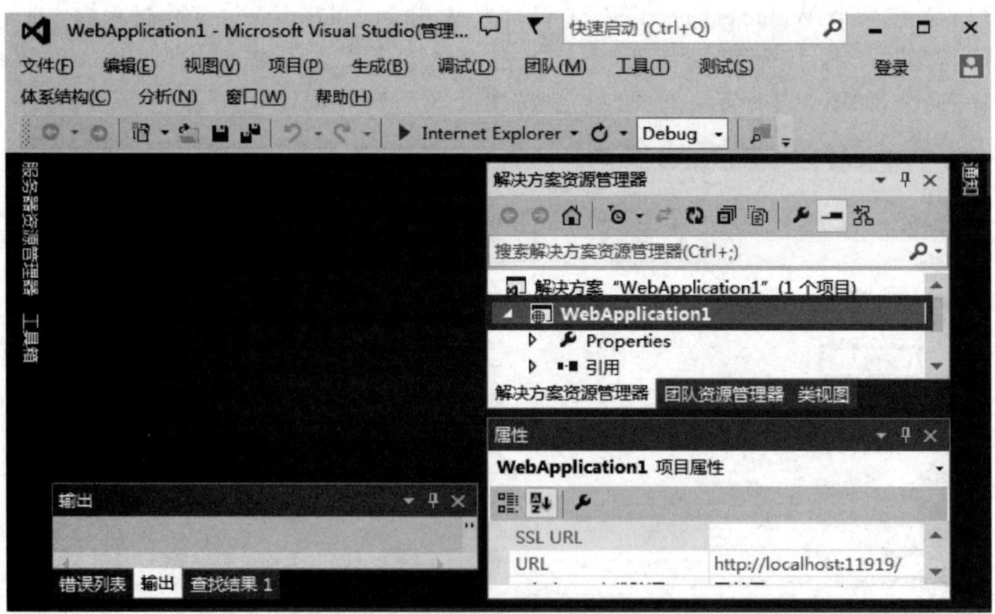

图 8.6　ASP.NET 应用程序创建成功

（4）在图 8.7 中选择 Web→“Web 服务(ASMX)”命令，单击“添加”按钮进入下一步。

图 8.7 Web 服务对话框

(5) 查看 WebService1.asmx.cs 代码，会发现 VS .NET 2013 已经为 Web Service 文件建立了默认的框架。原始代码为：

```
using System;
using System.Collections.Generic;
using System.Linq;
using System.Web;
using System.Web.Services;
namespace WebApplication1
{
    /// <summary>
    /// WebService1 的摘要说明
    /// </summary>
    [WebService(Namespace = "http://tempuri.org/")]
    [WebServiceBinding(ConformsTo = WsiProfiles.BasicProfile1_1)]
    [System.ComponentModel.ToolboxItem(false)]
    // 若要允许使用 ASP.NET AJAX 从脚本中调用此 Web 服务,请取消注释以下行
    // [System.Web.Script.Services.ScriptService]
    public class WebService1 : System.Web.Services.WebService
    {

        [WebMethod]
        public string HelloWorld()
        {
            return "Hello World";
        }
    }
}
```

(6) 默认工程里面已经有一个 Hello World 的方法了，直接运行看看，效果如图 8.8 所示。

```
public class Service1 : System.Web.Services.Web Service
    {
```

```
        [WebMethod]
        public string Hello World()
        {
            return "Hello World";
        }
    }
```

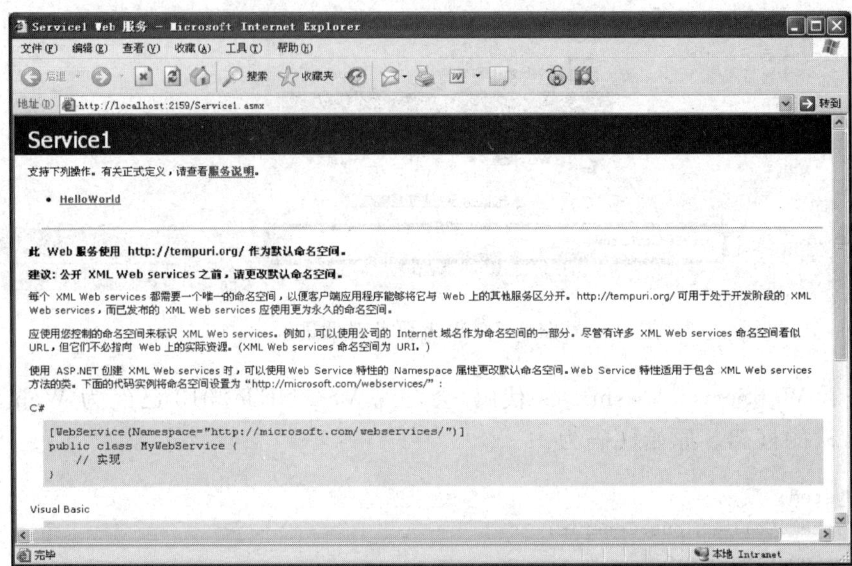

图 8.8　运行结果

（7）单击图 8.8 中的 HelloWorld 超链接，跳转到下一页面，如图 8.9 所示。

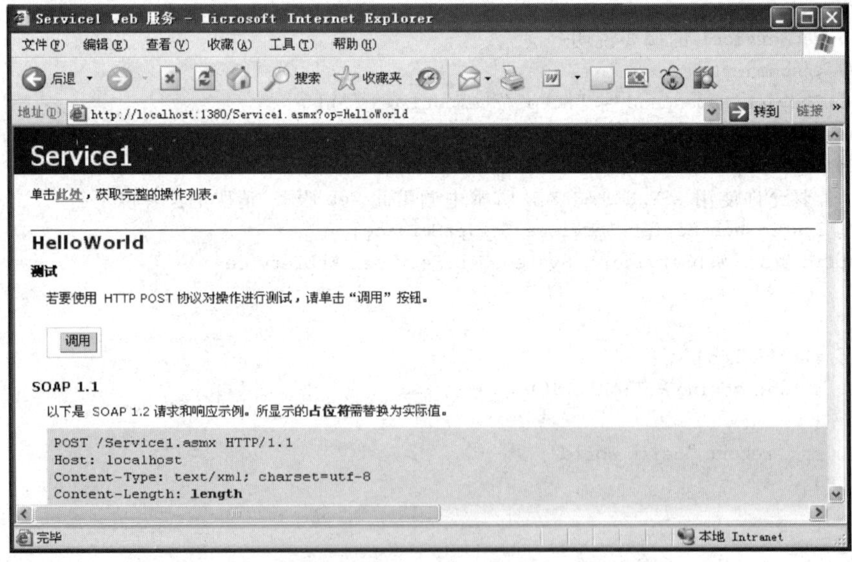

图 8.9　查看服务说明

（8）单击“调用”按钮，就可以看到用 XML 格式返回的 Web Service，如图 8.10 所示。说明 Web Service 环境没有问题，而且还初步接触了一下最简单的 Web Service。

图 8.10 调用结果

上面宏观地了解了 Web Service,其实它就是个对外的接口，里面有函数可供外部客户调用(注意：里面同样有客户不可调用的函数)。假若我们是服务端，我们写好了一个 Web Service,然后把它给了客户(同时我们给了他们调用规则),客户就可以在从服务端获取信息时处于一个相对透明的状态,即使客户不了解(也不需要)其过程，他们也可以获取数据。在代码文件里，如果写了一个函数后，希望此函数成为外部可调用的接口函数,必须在函数上面添上一行代码[WebMethod],如果函数没有这个声明，它将不能被用户引用。WebMethod 方法有几种属性需要说明。

(1) WebMethod 的 BufferResponse 属性启用对 XML Web Service 方法响应的缓冲。当设置为 true (默认设置)时,ASP.NET 在将响应向下发送到客户端之前对整个响应进行缓冲。

```
[WebMethod(BufferResponse = false)]
```

(2) WebMethod 的 CacheDuration 属性启用对 XML Web Service 方法结果的缓存。ASP.NET 将缓存每个唯一参数集的结果。

```
[WebMethod(CacheDuration = 60)]
```

(3) WebMethod 的 Description 属性提供 XML Web Service 方法的说明,该说明将显示在服务帮助页上。除非另外指定,默认值为空字符串。

```
[WebMethod(Description = " 我的方法 ")]
```

(4) WebMethod 的 EnableSession 属性启用 XML Web Service 方法的会话状态。一旦启用,XML Web Service 就可以从 HttpContext.Current.Session 中直接访问会话状态集合。或者,如果它是从 WebService 基类继承的,则可以使用 WebService.Session 属性来访问会话状态集合。除非另外指定,默认值为 false。

```
[WebMethod(EnableSession = true)]
```

(5) WebMethod 的 MessageName 属性使 XML Web Service 能够唯一确定使用别名的重载方法。除非另外指定,默认值是方法名称。当指定 MessageName 时,结果 SOAP 消息将反映该名称,而不是实际的方法名称。

```
[WebMethod(MessageName = "AddDoubles")]
```

(6) WebMethod 的 TransactionOption 属性使 XML Web Service 方法可以作为事务

的根对象参与。虽然可以将 TransactionOption 属性设置为 TransactionOption 枚举的任意值，但 XML Web Service 方法仅有两个可能的行为：它不参与事务或它创建一个新事务。

```
Using System.EnterpriseServices;
[WebMethod(TransactionOption = TransactionOption.RequiresNew)]
```

【例 8-6】 编写实现四则运算功能的 Web 服务。

(1) 按照例 8-5 的步骤(1～5)创建一个名称为 BaseWebService 的 Web 服务工程。

(2) 将默认的 HelloWorld 方法替换成如下代码,运行结果如图 8.11 所示。

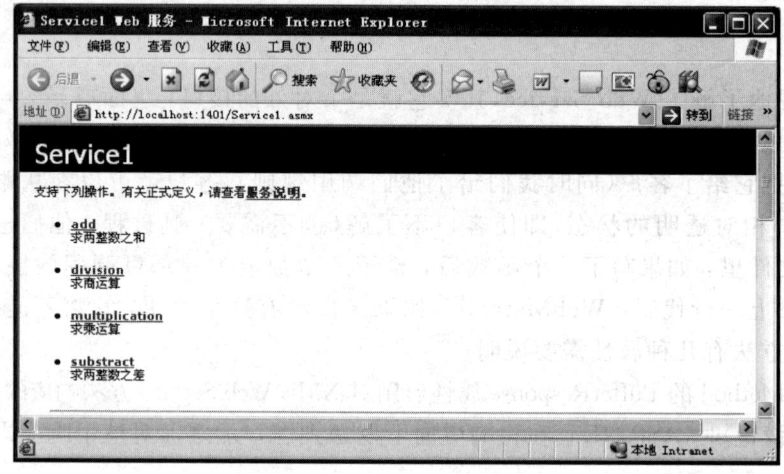

图 8.11 四则运算方法

```
[WebMethod(Description = "求两整数之和")]
public int add(int I, int j)
{
    return I + j;
}
[WebMethod(Description = "求两整数之差")]
public int substract(int I, int j)
{
    return I - j;
}
[WebMethod(Description = "求乘运算")]
public double multiplication(double I, double j)
{
    return I * j;
}
[WebMethod(Description = "求商运算")]
public double division(double i, double j)
{
    if (j != 0)
        return i / j;
    else
        return 0;
}
```

8.2.3 发布 Web Service

为了使用 Web Service,需要将所创建的 Web Service 发布到一个 Web 服务器。发布一个 Web Service 包括把. asmx 文件和任何 Web 服务使用的汇编文件,而不是 Microsoft .NET Framework 的一部分,复制到 Web 服务器上。

【例 8-7】 将例 8-6 创建的 Web Service 发布到 D:\test 目录下。

(1) 右击工程项目 BaseWebService 选择“发布”,然后选择“配置文件”,在“选择或导入发布配置文件”下拉列表框中选择“新建配置文件”,“配置文件名称”为 WebService1. asmx . cx,如图 8.12 所示,单击“确定”按钮进入下一步。

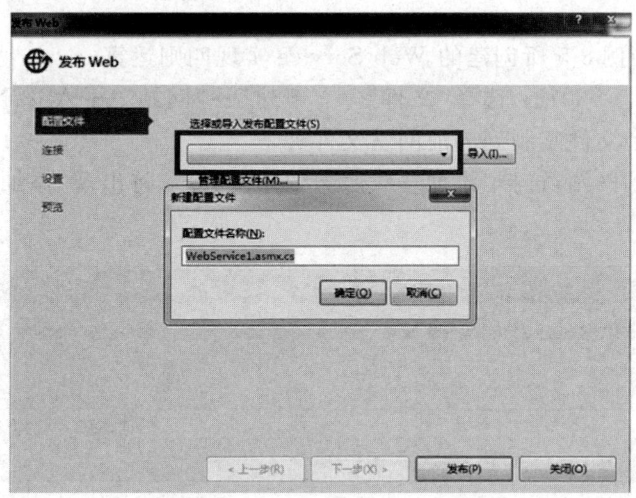

图 8.12 发布 Web

(2) 接着选择“连接”,在“发布方法”下拉列表框中选择“文件系统”,在“目标位置”中选择 D:\test,如图 8.13 所示,单击“发布”按钮进入下一步。

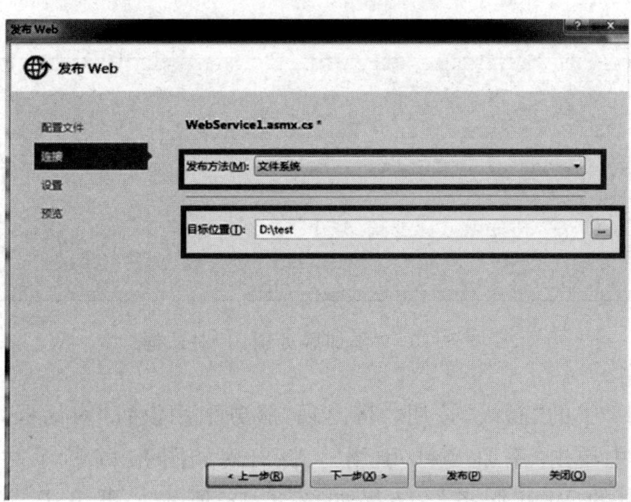

图 8.13 发布 Web 设置

（3）在发布的物理地址中会有如图 8.14 所示的几个文件。

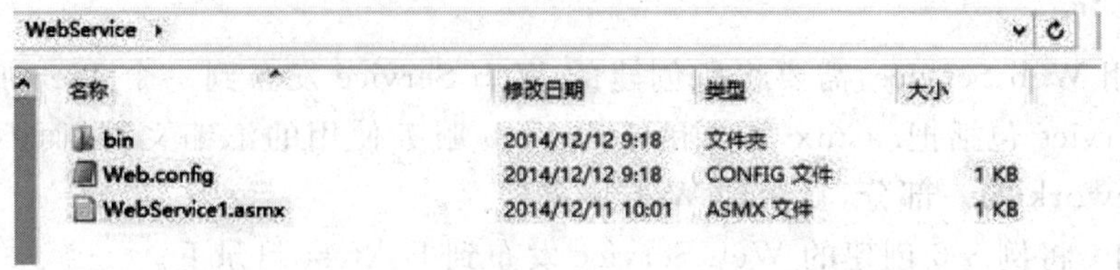

图 8.14　发布文件

8.2.4　使用 Web Service

【例 8-8】　利用例 8-5 所创建的 Web Service 实现四则运算。

（1）首先，打开 VS2013，选择“文件”→“ 新建”→“网站”→“ASP.NET 空网站”命令。将例 8-7 生成的几个文件复制到当前网站文件夹下。

（2）右击刚建的网站，选择“添加”→“服务引用”命令，将出现“添加服务引用”对话框，如图 8.15 所示。

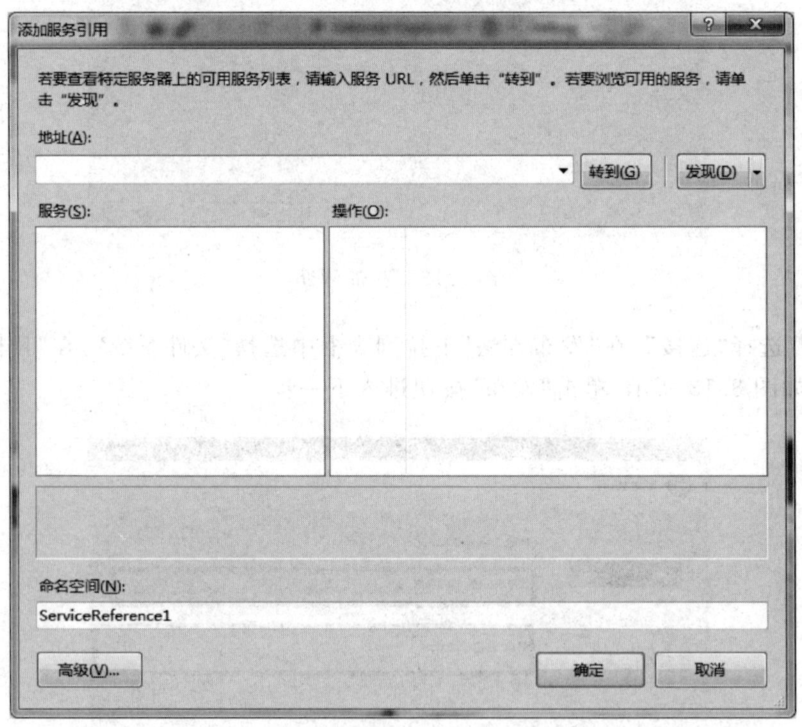

图 8.15　“添加服务引用”对话框

（3）单击图 8.15 中的“高级”按钮，将出现“服务引用设置”对话框，如图 8.16 所示。

（4）在图 8.16 中单击“添加 Web 引用”，将出现如图 8.17 所示对话框。单击图 8.17 中的“此解决方案中的 Web 服务”，结果如图 8.18 所示。再单击 WebService1，结果如图 8.19 所示。

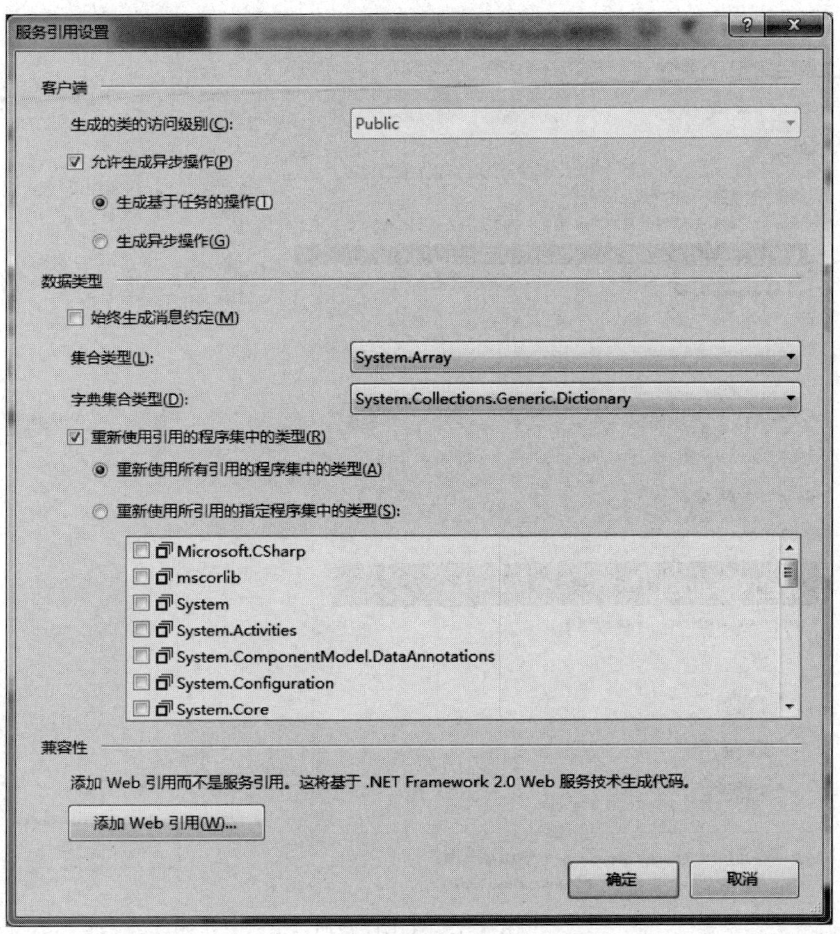

图 8.16　“服务引用设置”对话框

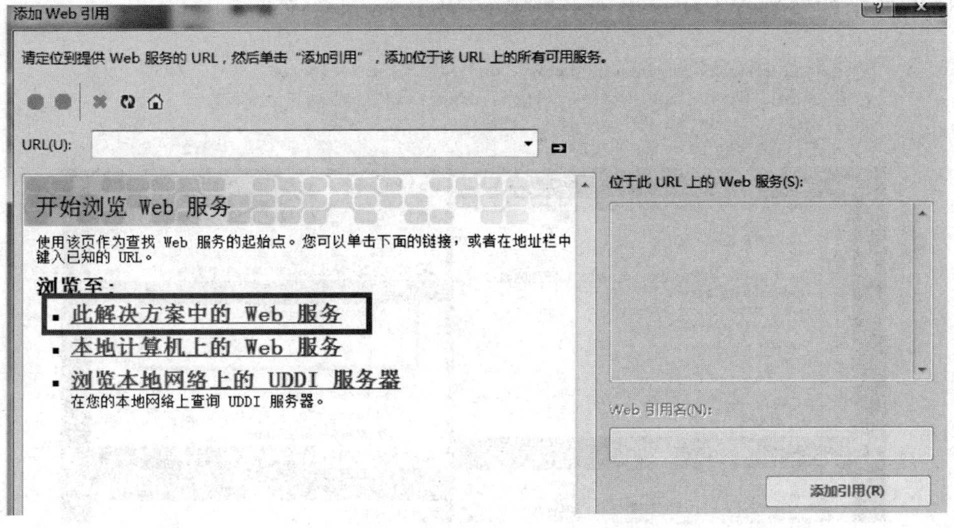

图 8.17　“添加 Web 引用”对话框

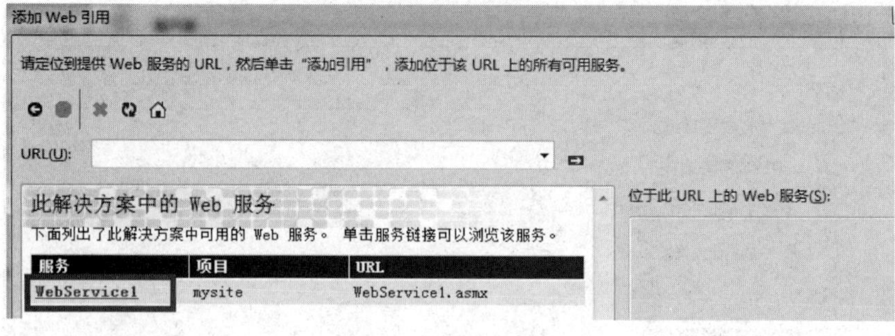

图 8.18　服务选择

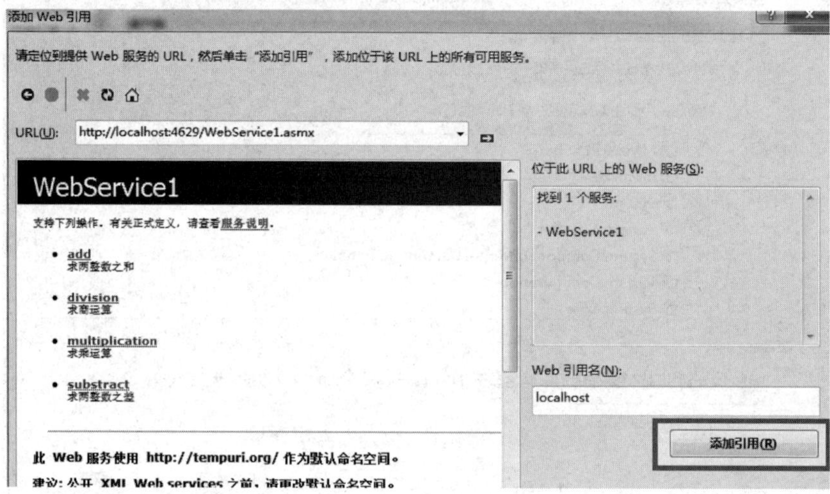

图 8.19　URL 添加

（5）单击图 8.19 中的“添加引用”按钮，就将 Web Service 引用到了当前的工程里面，如图 8.20 所示的解决方案中会出现引进来的 Web Service 文件。

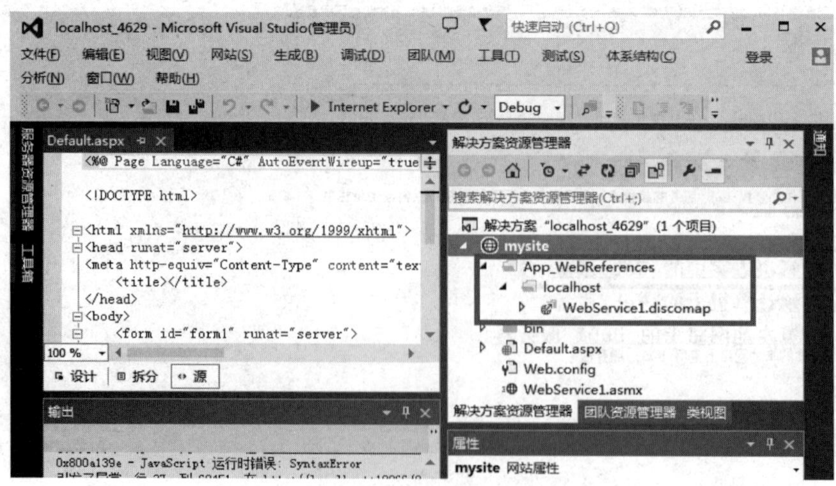

图 8.20　引进的 Web Service 文件

（6）设计网站的前台调用界面如图 8.21 所示。

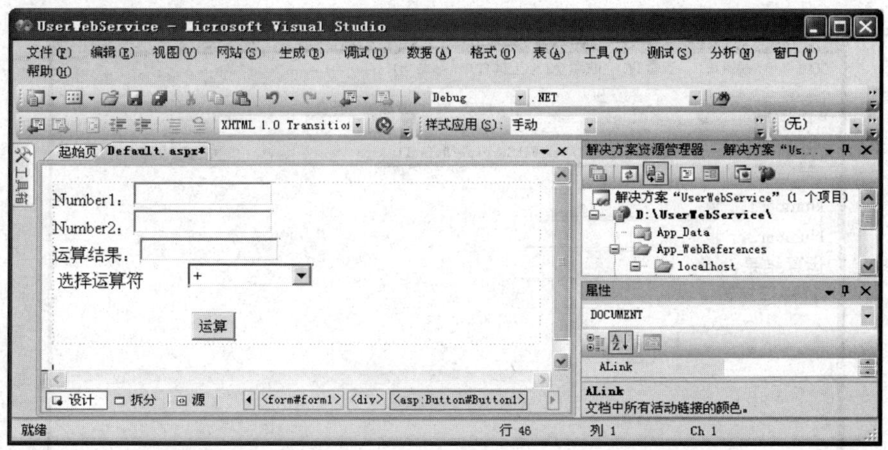

图 8.21 前台界面

（7）编写"运算"按钮事件如下：

```
protected void Button1_Click(object sender, EventArgs e)
{
    if (TextBox1.Text!= "" && TextBox2.Text!= "")
    {
        //实例化引用 Web Service 对象
        localhost.Web Service1 ws = new localhost.Web Service1();
        int operation = DropDownList1.SelectedIndex;
        switch (operation)
        {
            case 0://调用 + 运算
                TextBox3.Text = ws.add(int.Parse(TextBox1.Text), int.Parse(TextBox2.
Text)).ToString();
                break;
            case 1://调用 - 运算
                TextBox3.Text = ws.substract (int.Parse(TextBox1.Text), int.Parse
(TextBox2.Text)).ToString();
                break;
            case 2://调用 * 运算
                TextBox3.Text = ws.multiplication (double.Parse(TextBox1.Text), double.
Parse(TextBox2.Text)).ToString();
                break;
            case 3://调用 * 运算
                TextBox3.Text = ws.division (double.Parse(TextBox1.Text), double.Parse
(TextBox2.Text)).ToString();
                break;
        }
    }
}
```

（8）浏览页面，输入相应数据，选择运算符，单击“运算”按钮后，执行结果如图8.22所示。

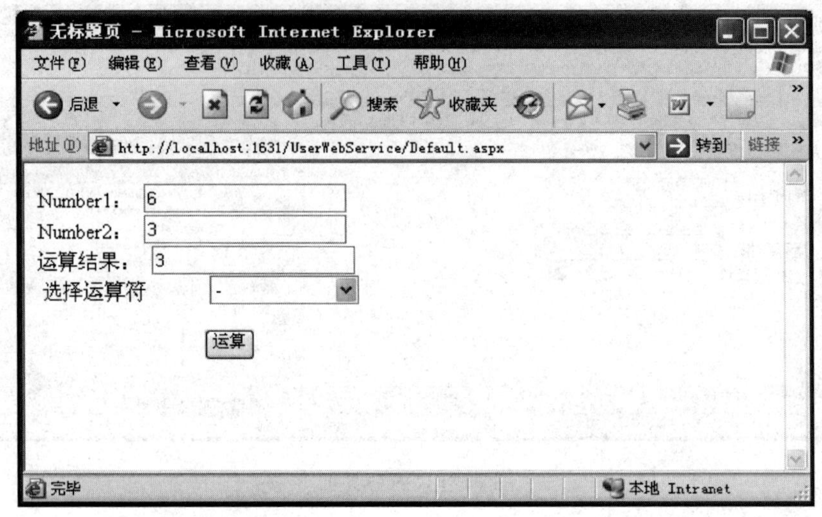

图8.22 执行结果

习题8

1. 简化的XML文档遵从的原则是什么？
2. 通过编程方式创建一个XML文件test.xml，文件的内容如下。

```
<Student version = "1.0">
  <Inform>
    <Name>张三</Name>
    <Age>20</Age>
    <Hobby>唱歌</Hobby>
  </Inform>
  <Inform>
    <Name>李四</Name>
    <Age>20</Age>
    <Hobby>跳舞</Hobby>
  </Inform>
  <Inform>
    <Name>王五</Name>
    <Age>20</Age>
    <Hobby>游泳</Hobby>
  </Inform>
</Student>
```

3. 将第2题中的文件读取并显示在网页中，按照姓名、年龄、爱好的顺序显示，每条记录一行。
4. 简述Web服务的概念。
5. 简述创建与使用Web服务的基本步骤。
6. 设计一个能够实现输入三角形坐标，并计算三角形周长和面积的Web Service。

第9章 设置与发布

介绍与网站发布相关的内容，包括IIS的配置、FTP的配置、网站的发布、Web安装程序的创建以及Web网站安装等。主要实现以下目标：

- 了解Web服务器的基本含义及常用的Web服务器；
- 掌握IIS服务器的安装与基本设置；
- 掌握FTP的基本设置；
- 了解Web网站发布的基本方法；
- 掌握VS网站发布方法；
- 了解Web安装项目的创建与安装的基本过程。

9.1 配置IIS服务器

9.1.1 Web服务器与FTP服务器

1. Web服务器

Web服务器也称为WWW(World Wide Web)服务器，主要功能是提供网上信息浏览服务。

Web服务器可以解析(Handles)HTTP。当Web服务器接收到一个HTTP请求(Request)时，会返回一个HTTP响应(Response)，例如送回一个HTML页面。为了处理一个请求，Web服务器可以响应一个静态页面或图片，进行页面跳转(redirect)，或者把动态响应(dynamic response)的产生委托(Delegate)给一些其他的程序，例如CGI脚本、JSP(JavaServer Pages)脚本、Servlets、ASP(Active Server Pages)脚本、服务器端(Server-side)JavaScript，或者一些其他的服务器端技术。无论它们的目的如何，这些服务器端的程序通常产生一个HTML的响应来让浏览器可以浏览。

Web服务器的代理模型(delegation model)非常简单。当一个请求被送到Web服务器里时，它只单纯地把请求传递给可以很好地处理请求的程序。Web服务器仅仅提供一个可以执行服务器端程序和返回(程序所产生的)响应的环境，而不会超出职能范围。服务器端程序通常具有事务处理(Transaction Processing)、数据库连接(Database Connectivity)和消息(Messaging)等功能。

在UNIX和Linux平台下使用最广泛的免费HTTP服务器是W3C、NCSA和Apache服务器，而Windows平台NT/2000/2003使用IIS的Web服务器。在选择使用Web服务器时应考虑的本身特性因素有性能、安全性、日志和统计、虚拟主机、代理服务器、缓冲服务和集成应用程序等。下面简要介绍几种常用的 Web 服务器。

1）Microsoft IIS

Microsoft 的 Web 服务器产品为 Internet Information Server(IIS)，IIS 是允许在公共 Intranet 或 Internet 上发布信息的 Web 服务器。IIS 是目前最流行的 Web 服务器产品之一，很多著名的网站都是建立在 IIS 的平台上。IIS 提供了一个图形界面的管理工具，称为 Internet 服务管理器，可用于监视配置和控制 Internet 服务。

IIS 是一种 Web 服务组件，其中包括 Web 服务器、FTP 服务器、NNTP 服务器和 SMTP 服务器，分别用于网页浏览、文件传输、新闻服务和邮件发送等方面，它使得在网络(包括互联网和局域网)上发布信息成了一件很容易的事。它提供 ISAPI(Intranet Server API)作为扩展 Web 服务器功能的编程接口；同时，它还提供一个 Internet 数据库连接器，可以实现对数据库的查询和更新。

2）IBM WebSphere

WebSphere Application Server 是一种功能完善、开放的 Web 应用程序服务器，是 IBM 电子商务计划的核心部分，它是基于 Java 的应用环境，用于建立、部署和管理 Internet 和 Intranet Web 应用程序。这一整套产品进行了扩展，以适应 Web 应用程序服务器的需要，范围从简单到高级直到企业级。

WebSphere 针对以 Web 为中心的开发人员，他们都是在基本 HTTP 服务器和 CGI 编程技术上成长起来的。IBM 将提供 WebSphere 产品系列，通过提供综合资源、可重复使用的组件、功能强大并易于使用的工具，以及支持 HTTP 和 IIOP 通信的可伸缩运行时环境，来帮助这些用户从简单的 Web 应用程序转移到电子商务世界。

3）BEA WebLogic

BEA WebLogic Server 是一种多功能、基于标准的 Web 应用服务器，为企业构建自己的应用提供了坚实的基础。各种应用开发、部署所有关键性的任务，无论是集成各种系统和数据库，还是提交服务、跨 Internet 协作，起始点都是 BEA WebLogic Server。由于它具有全面的功能、对开放标准的遵从性、多层架构、支持基于组件的开发，基于 Internet 的企业都选择它来开发、部署最佳的应用。

BEA WebLogic Server 在使应用服务器成为企业应用架构的基础方面继续处于领先地位。BEA WebLogic Server 为构建集成化的企业级应用提供了稳固的基础，它们以 Internet 的容量和速度，在联网的企业之间共享信息、提交服务，实现协作自动化。

4）Apache

Apache 仍然是世界上用得最多的 Web 服务器，市场占有率达 60%左右。它源于 NCSAhttpd 服务器，当 NCSA WWW 服务器项目停止后，那些使用 NCSA WWW 服务器的人们开始交换用于此服务器的补丁，这也是 Apache 名称的由来(pache 补丁)。世界上很多著名的网站都是 Apache 的产物，它的成功之处主要在于它的源代码开放、有一支开放的开发队伍、支持跨平台的应用(可以运行在几乎所有的 UNIX、Windows、Linux 系统平台上)以及它的可移植性等方面。

5）Tomcat

Tomcat 是一个开放源代码、运行 servlet 和 JSP Web 应用软件的基于 Java 的 Web 应用软件容器。Tomcat Server 是根据 Servlet 和 JSP 规范进行执行的，因此可以说 Tomcat Server 也实行了 Apache-Jakarta 规范，且比绝大多数商业应用软件服务器要好。

Tomcat 是 Java Servlet 2.2 和 JavaServer Pages 1.1 技术的标准实现，是基于 Apache 许可证下开发的自由软件。Tomcat 是完全重写的 Servlet API 2.2 和 JSP 1.1 兼容的 Servlet/JSP 容器。Tomcat 使用了 Jserv 的一些代码，特别是 Apache 服务适配器。随着 Catalina Servlet 引擎的出现，Tomcat 第四版的性能得到提升，使得它成为一个值得考虑的 Servlet/JSP 容器，因此目前许多 Web 服务器都是采用 Tomcat。

2. FTP 服务器

简单地说，支持 FTP 的服务器就是 FTP 服务器。下面介绍什么是 FTP(文件传输协议)。

一般来说，用户联网的首要目的就是实现信息共享，文件传输是信息共享非常重要的内容之一。Internet 上早期实现传输文件，并不是一件容易的事。Internet 是一个非常复杂的计算机环境，有 PC，有工作站，有 MAC，有大型机，据统计连接在 Internet 上的计算机已有上千万台，而这些计算机可能运行不同的操作系统，有运行 UNIX 的服务器，也有运行 DOS、Windows 的 PC 和运行 MacOS 的苹果机等，而各种操作系统之间的文件交流问题，需要建立一个统一的文件传输协议，这就是所谓的 FTP。基于不同的操作系统有不同的 FTP 应用程序，而所有这些应用程序都遵守同一种协议，这样用户就可以把自己的文件传送给别人，或者从其他的用户环境中获得文件。

与大多数 Internet 服务一样，FTP 也是一个客户机/服务器系统。用户通过一个支持 FTP 协议的客户机程序，连接到在远程主机上的 FTP 服务器程序。用户通过客户机程序向服务器程序发出命令，服务器程序执行用户所发出的命令，并将执行的结果返回到客户机。比如说，用户发出一条命令，要求服务器向用户传送某一个文件的一份复件，服务器会响应这条命令，将指定文件送至用户的机器上。客户机程序代表用户接收到这个文件，将其存放在用户目录中。

在 FTP 的使用当中，经常遇到两个概念："下载"(Download)和"上载"(Upload)。"下载"文件就是从远程主机复制文件至自己的计算机上；"上载"文件就是将文件从自己的计算机中复制至远程主机上。用 Internet 语言来说，用户可通过客户机程序向(从)远程主机上载(下载)文件。

9.1.2 设置 IP 地址

任何一个站点能够被 Internet/Intranet 中其他用户访问的前提就是该站点拥有一个固定的 IP 地址或域名，如果在服务器中存在多个站点，可能需要在一块网卡上创建多个 IP 地址。Windows 7 允许为一块网卡设置多个 IP 地址。但是数量过多将影响系统的稳定性。配置 IP 地址的方法如下。

(1) 在计算机的右下角有网络快捷按钮，单击它即可打开一个菜单，如图 9.1 所示，然后单击"打开网络和共享中心"按钮，出现如图 9.2 所示对话框。

(2) 在图 9.2 中选择"更改适配器设置"。

(3) 找到想设置的本地连接，右击选择"属性"，打开"本地连接 属性"对话框，如图 9.3 所示，选择"Internet 协议版本 4(TCP1/IPv4)"，然后单击"属性"按钮进入下一步。

图 9.1　打开网络和共享中心对话框

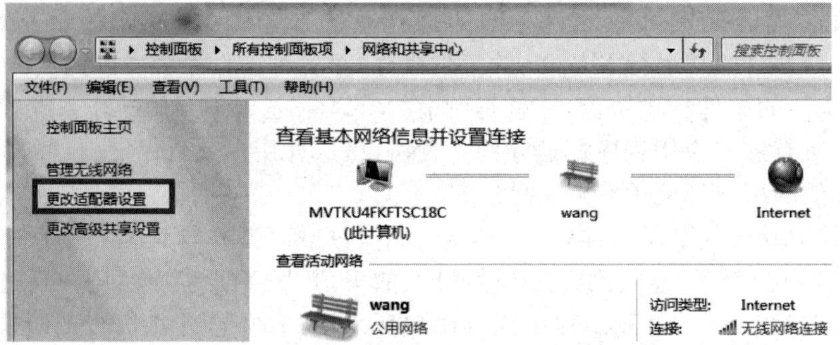

图 9.2　网络和共享中心

图 9.3　本地连接属性

(4) 在图 9.4 中选择“使用下面的 IP 地址”，然后按图中所示输入 IP 地址。单击“高级”按钮进入下一步，如图 9.5 所示。

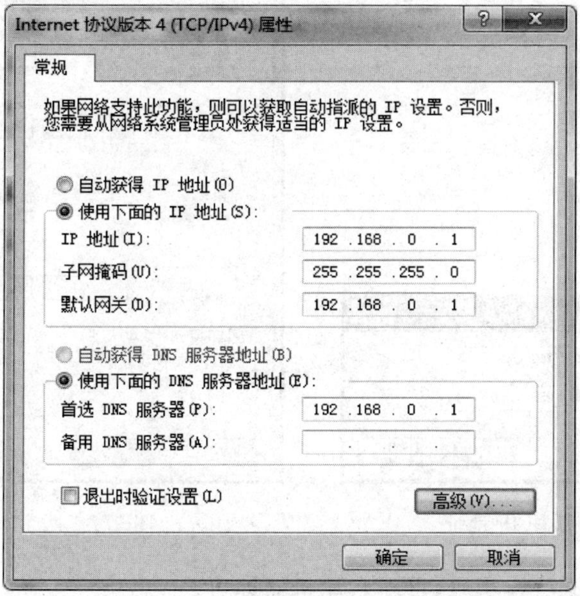

图 9.4 IP 地址设置

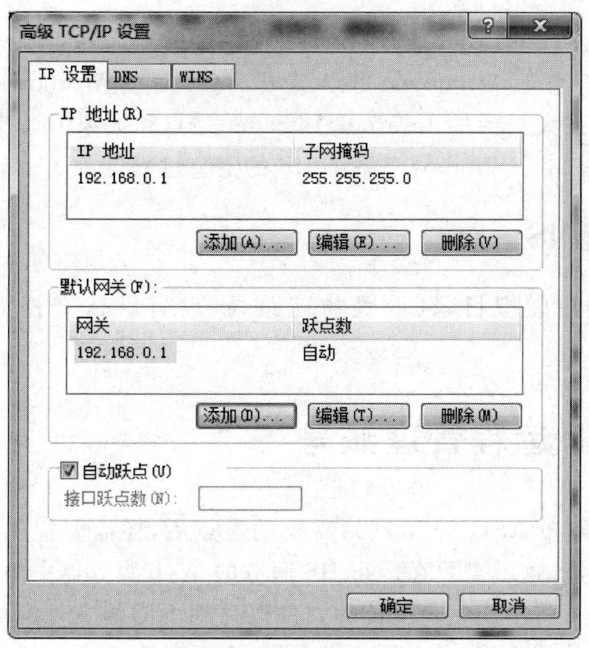

图 9.5 高级 IP 设置

(5) 单击“添加”按钮，输入第二个 IP 地址，如图 9.6 所示。单击“添加”按钮，结果如图 9.7 所示。

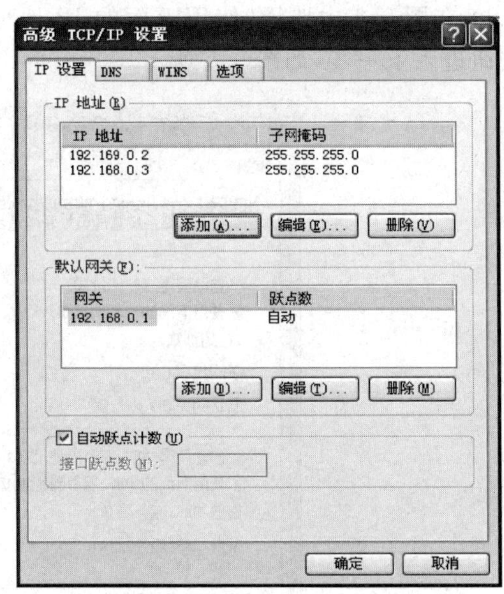

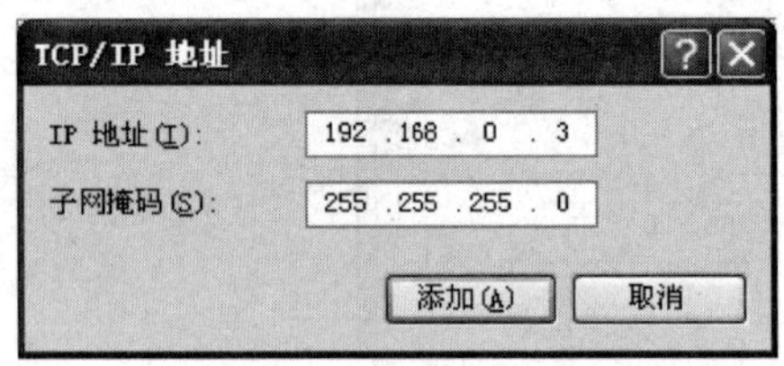

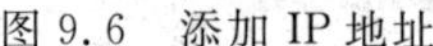

图 9.6　添加 IP 地址　　　　图 9.7　两个 IP 地址

(6) 按照提示完成后续步骤，重新启动机器即可。

9.1.3　安装 IIS

IIS 是随 Windows 一起提供的文件和应用程序服务器，是在 Windows 上建立 Internet 服务器的基本组件。它与 Windows 完全集成，允许使用 Windows 内置的安全性以及 NTFS 文件系统建立强大灵活的 Internet/Intranet 站点。如果安装 Windows 时没有安装 IIS，那么使用前必须安装。Window 7 系统 IIS 的安装过程见 1.3.1 节。

9.1.4　配置 IIS

配置 IIS 包括创建虚拟目录、设置物理路径、设置默认文档等过程。详细步骤见 4.1.2 节。

9.2　创建 FTP 远程管理账号

在 IIS 中创建了发布 ASP.NET 网站需要的站点后，还需要提供一个用于远程上传文件的 FTP 服务器账号。这就需要在运行 IIS 服务的 Web 服务器中还应同时运行一个 FTP 服务器。该服务器负责将不同用户上传的文件保存到不同的文件夹中，而这个文件夹一般就是站点的主目录。使用 FTP 时必须首先登录，在远程主机上获得相应的权限以后，方可上载或下载文件。也就是说，要想同哪一台计算机传送文件，就必须具有哪一台计算机的适当授权。换言之，除非有用户 ID 和口令，否则便无法传送文件。

提到 FTP 服务器，可能大家都会想到 Serv-U、vs-FTP 等软件，其实微软内置在 IIS 里的 FTP 服务已经够用。下面详细讨论 IIS 中 FTP 和账号的设置，步骤如下。

9.2.1　安装 FTP 组件

由于 Windows 7 默认没有安装 FTP 组件，故 FTP 的设置第一步就是安装 FTP 组件。选择“控制面板”→“程序和功能”→“打开或关闭 Windows 功能”命令，如图 9.8 所示选择“FTP 服务器”、“FTP 服务”和“FTP 扩展性”，单击“确定”按钮，安装 FTP 组件。

图 9.8　FTP 组件安装

9.2.2　添加 FTP 站点

(1) 选择“控制面板”→“管理工具”命令，然后双击“Internet 信息服务(IIS)管理器”，在图 9.9 中选中“网站”，单击“添加 FTP 站点”进入下一步。

图 9.9　Internet 信息服务(IIS)管理器

(2) 此时，给 FTP 取名(本例是：MyFtp)，并设置 FTP 站点的物理路径(本例是：C:\ftp)，之后单击“下一步”按钮，进入如图 9.10 所示对话框。

(3)“IP 地址”设置为本机的 IP 地址，“端口”用 FTP 默认的 21，SSL 选择“无”，选择“启用虚拟主机名”，在“虚拟主机”中输入 ftp.chongqing.com，选择“自动启动 FTP 站点”，单击“下一步”按钮，进入如图 9.11 所示对话框。

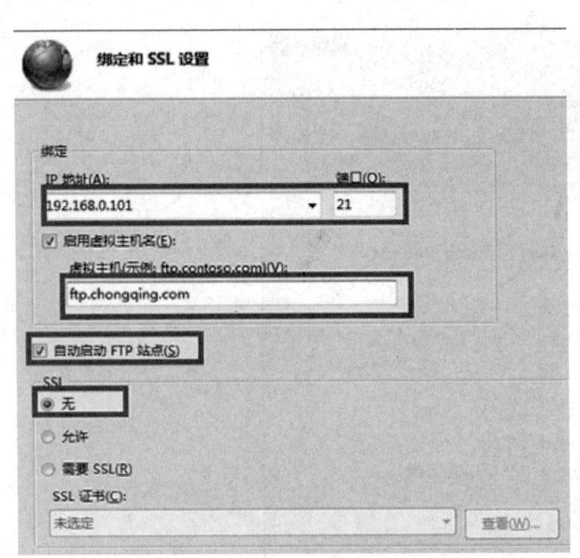

图 9.10　绑定和 SSL 设置

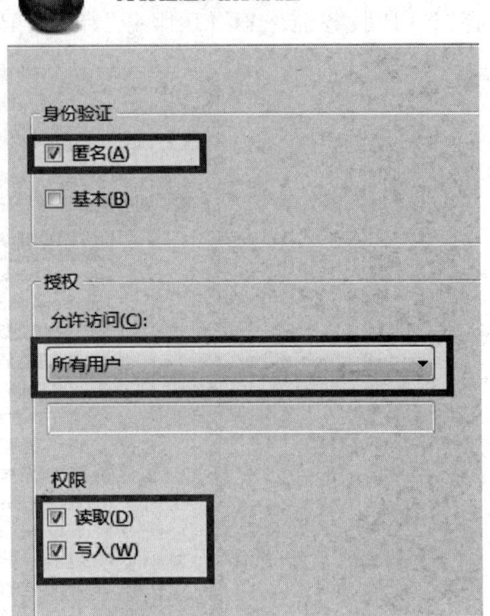

图 9.11　身份验证和授权信息

(4) 按图 9.11 所示选择“匿名”，“授权”选择“所有用户”，“权限”选择“读取”和“写入”，单击“完成”按钮，即完成了 FTP 站点的设置，如图 9.12 所示。

图 9.12　FTP 站点设置结果

(5) 双击“IE 浏览器”图标，在地址栏中输入 ftp://192.168.0.101/后按 Enter 键，结果如图 9.13 所示。

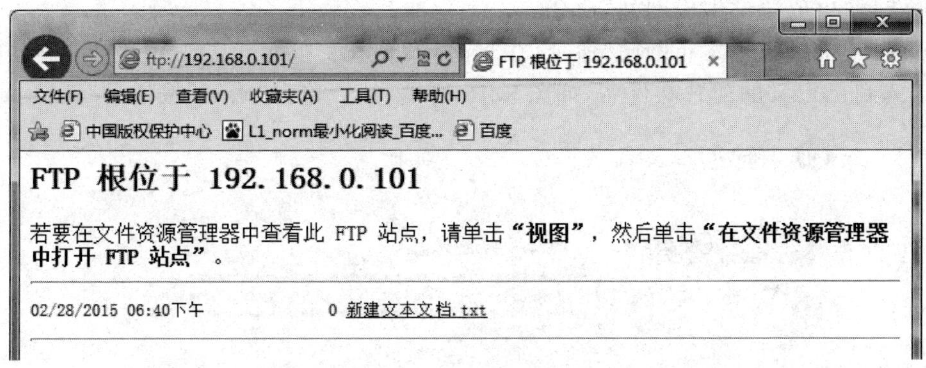

图 9.13 FTP 服务器内容

9.3 发布网站

所谓“发布网站”实际上是对 ASP.NET 网站进行编译，并传送到本地或远程 Web 服务器的过程。在 VS 中，可以通过以下几种方式发布网站。

- 以 HTTP 方式将网站发布到本地或远程服务器。
- 以 FTP 方式将网站发布到本地或远程服务器。
- 以文件系统方式将网站发布到本地文件夹。

9.3.1 使用 FTP 方式发布网站

在发布网站之前必须设计一个网站，这里以前面所创建的 UserWebService 网站为例来详细讲解网站的发布。假设该网站目录为 D:\UserWebService，将其发布到 D:\MyWeb 下。

(1) 利用 VS 打开 UserWebService 网站，如图 9.14 所示。

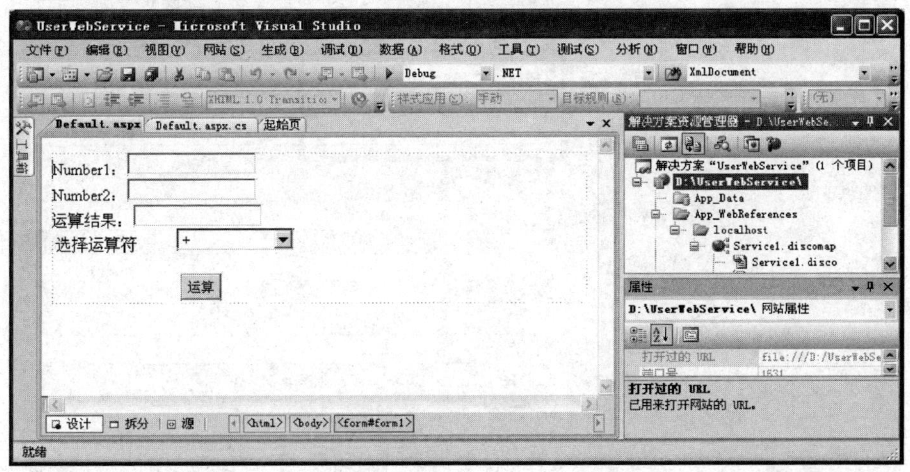

图 9.14 UserWebService 网站

（2）选择“生成”→“生成网站”命令。

（3）选择“生成”→“发布网站”命令，在“选择或导入发布配置文件”中选择“新建配置文件”，并输入自己定义的配置文件名，如图 9.15 所示，然后单击“确定”按钮。

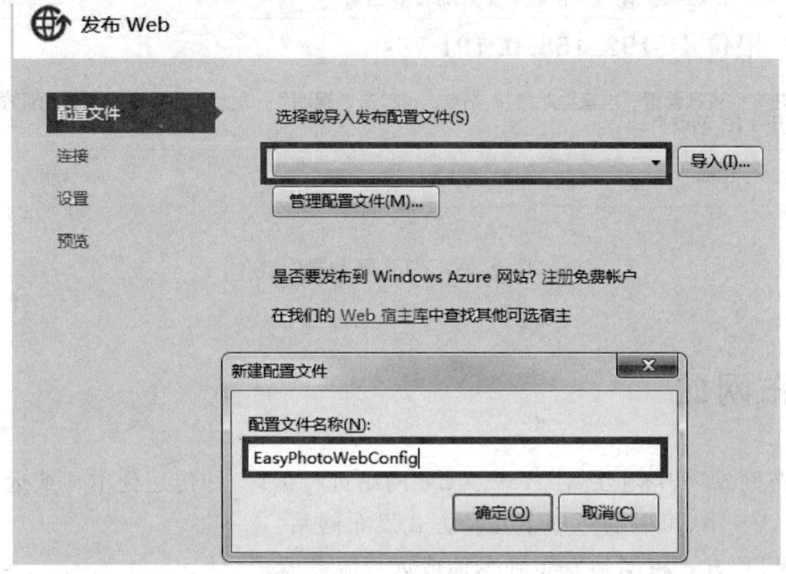

图 9.15 发布 Web

（4）选择连接，然后选择“发布方法”为 FTP，输入 FTP 服务器名，输入站点路径，如图 9.16 所示。单击“发布”按钮，这样可以发布到指定服务器上。

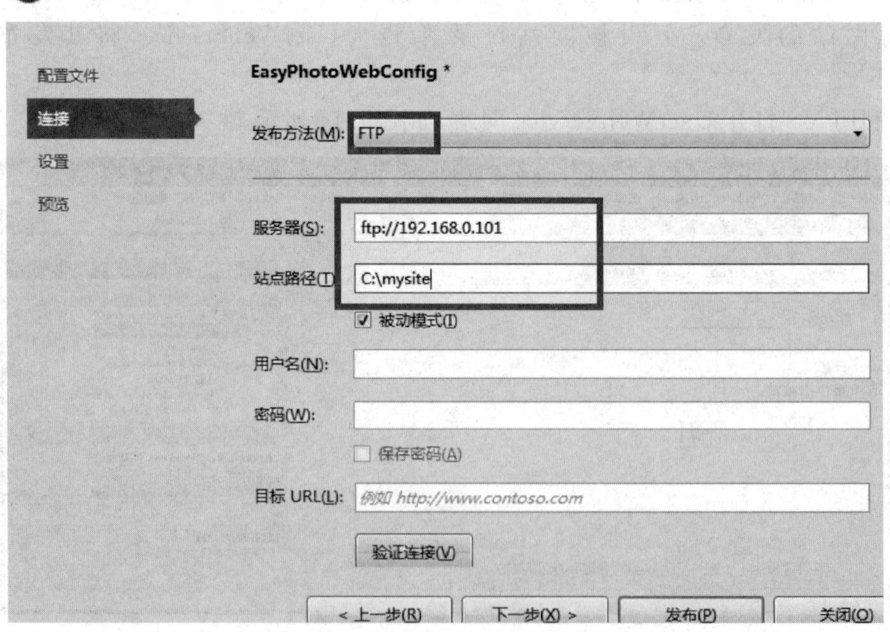

图 9.16 连接设置

(5) 输入登录到 FTP 服务器上的用户名和密码，如图 9.17 所示。单击"确定"按钮，网站就发布到 FTP 服务器上了。

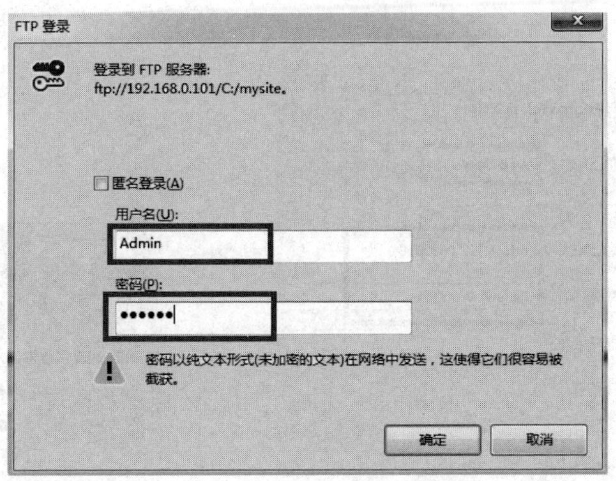

图 9.17 登录到 FTP 服务器

9.3.2 使用 HTTP 方式发布网站

以 HTTP 方式发布网站的步骤与 FTP 方式基本相同，具体如下。

(1) 利用 VS 打开 User WebService 网络，如图 9.13 所示。

(2) 选择"生成"→"生成网络"命令。

(3) 选择"生成"→"发布网站"命令，在"选择或导入发布配置文件"中选择"新建配置文件"，并输入自己定义的配置文件名，如图 9.18 所示，然后单击"确定"按钮。

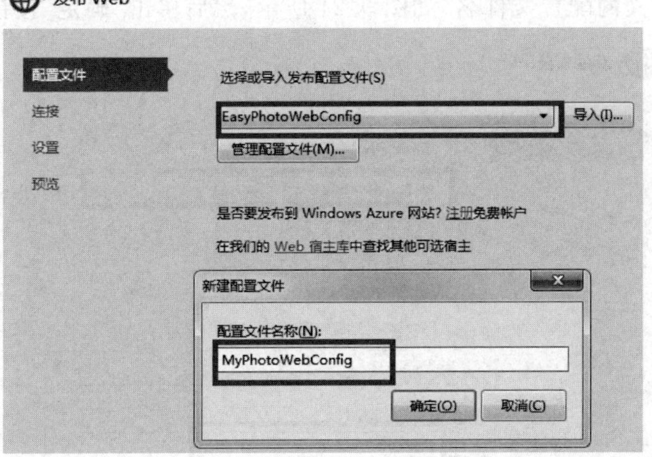

图 9.18 发布 Web

(4) 选择"连接"，然后选择"发布方法"为 Web Deploy，输入 HTTP 服务器名和站点名称，如图 9.19 所示。单击"发布"按钮，这样可以发布到指定服务器上。

（5）输入登录到 HTTP 服务器上的用户名和密码，如图 9.20 所示。单击“确定”按钮，网站就发布到 HTTP 服务器上了。

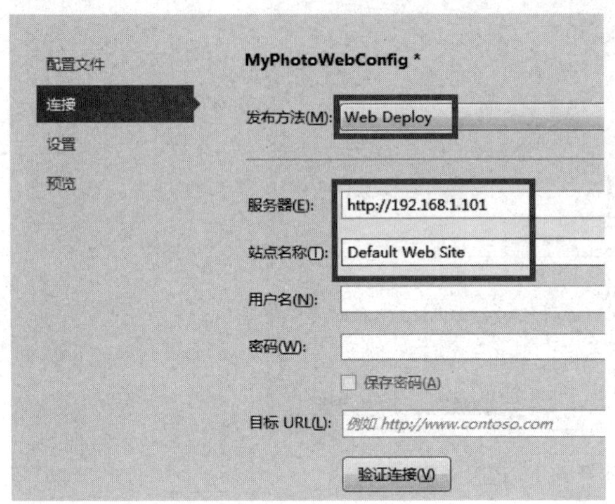

图 9.19　连接设置

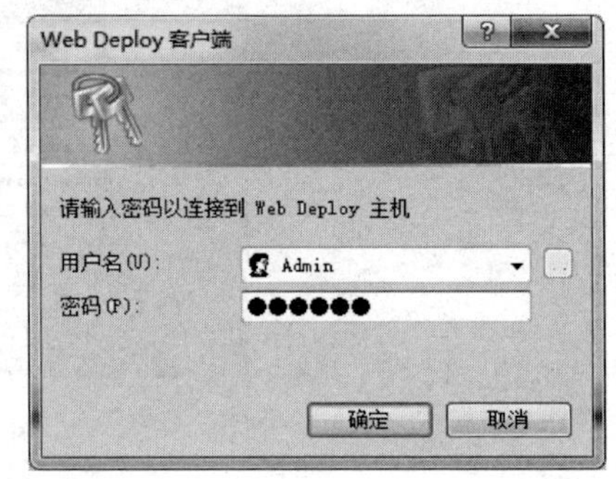

图 9.20　登录到 HTTP 服务器

9.3.3　使用文件系统方式发布网站

以文件系统方式发布网站的步骤与 FTP 方式基本相同，具体如下。

（1）利用 VS 打开 UserWebService 网络。

（2）选择“生成”→“生成网络”命令。

（3）选择“生成”→“发布网站”命令，在“选择或导入发布配置文件”中选择“新建配置文件”，并输入自己定义的配置文件名，如图 9.21 所示，然后单击“确定”按钮。

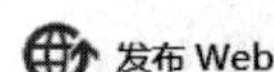

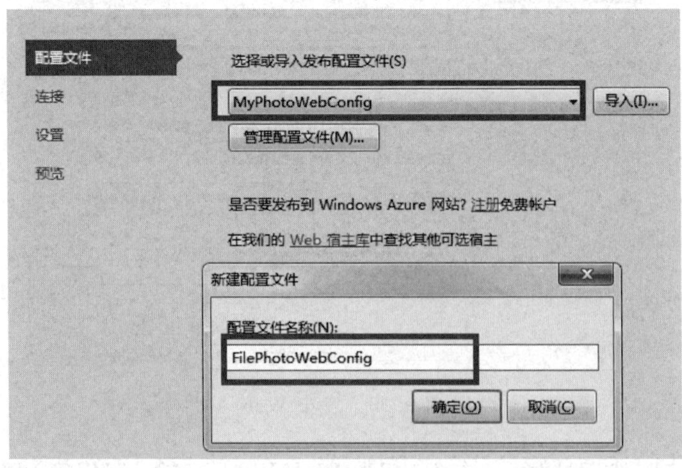

图 9.21　发布 Web

(4) 选择“连接”，然后选择“发布方法”为“文件系统”，输入目标位置和站点名称，如图 9.22 所示。单击“发布”按钮，网站就发布到指定文件夹上了。

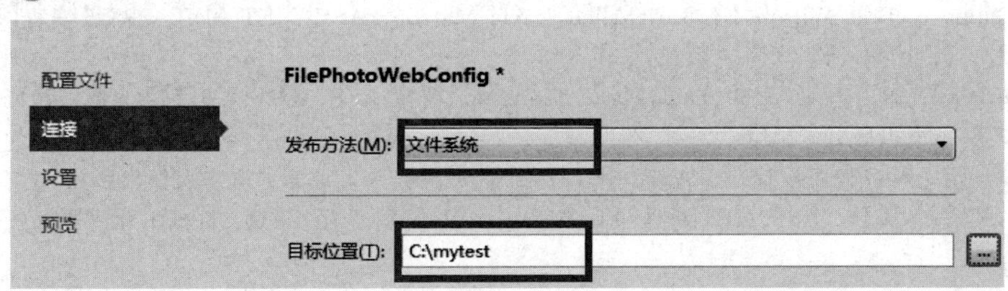

图 9.22 连接设置

9.4 使用 Web 安装项目部署应用程序

网站完成后，需要部署到目标机器上，方法有很多：直接把文件复制到目标机器上，执行 SQL 脚本，配置 IIS，9.3 节的网站发布就做到这点；也可以使用 InstallShield 这样的专业制作软件来打包。从 Visual Studio 2012 开始，微软就把自己原来的安装与部署工具彻底废掉了，转而让大家去安装使用第三方的打包工具 InstallShield Limited Edition for Visual Studio。详细安装与部署过程参考 InstallShield Limited Edition for Visual Studio，这里不再详述。

习题 9

1. 常用的 Web 服务器有哪些？
2. 常用的 FTP 服务器有哪些？
3. 简述 IP 地址的设置过程。
4. 在 IIS 中设置一个名为 MyTest 的虚拟目录，文件目录指向 D:\TestWeb，并设置默认文档为 MyWeb.aspx。
5. 创建一个 Web 安装程序。

参 考 文 献

[1] Jon Galloway,Brad Wilson,K. Scott Allen,David Matson. ASP.NET MVC 5 高级编程[M].5 版. 孙远帅,译.北京:清华大学出版社,2015.

[2] Am Freeman,Matthew MacDonald,Mario Szpuszta. 精通 ASP.NET 4.5[M].5 版. 石华耀,译.北京:人民邮电出版社,2014.

[3] 陈作聪,等. Web 程序设计——ASP.NET 上机实验指导[M].北京:清华大学出版社,2012.

[4] 崔淼,关六三,彭炜. ASP.NET 程序设计教程(C#版)[M].2 版.北京:机械工业出版社,2011.

图书资源支持

感谢您一直以来对清华版图书的支持和爱护。为了配合本书的使用，本书提供配套的资源，有需求的读者请扫描下方的"书圈"微信公众号二维码，在图书专区下载，也可以拨打电话或发送电子邮件咨询。

如果您在使用本书的过程中遇到了什么问题，或者有相关图书出版计划，也请您发邮件告诉我们，以便我们更好地为您服务。

我们的联系方式：

地　　址：北京市海淀区双清路学研大厦 A 座 701

邮　　编：100084

电　　话：010-83470236　010-83470237

资源下载：http://www.tup.com.cn

客服邮箱：2301891038@qq.com

QQ：2301891038（请写明您的单位和姓名）

资源下载、样书申请

书圈

扫一扫，获取最新目录

课 程 直 播

用微信扫一扫右边的二维码，即可关注清华大学出版社公众号"书圈"。